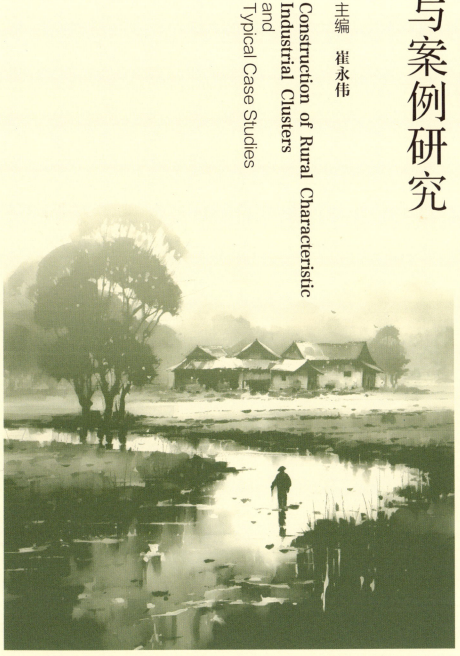

乡村特色产业集群建设与案例研究

Construction of Rural Characteristic Industrial Clusters and Typical Case Studies

主编 崔永伟

社会科学文献出版社
SOCIAL SCIENCES ACADEMIC PRESS (CHINA)

# 编委会

# 前　言

习近平总书记强调："产业振兴是乡村振兴的重中之重，要坚持精准发力，立足特色资源，关注市场需求，发展优势产业，促进一二三产业融合发展，更多更好惠及农村农民。"随着脱贫攻坚战的全面胜利，"三农"工作重心发生历史性转移，全面推进乡村振兴，走好中国式现代化的"三农"道路，成为推进"三农"工作的关键抓手。各地依托农业农村特色资源，强龙头、补链条、兴业态、树品牌，建成产业、形成集群，"菜篮子"更充盈，"果盘子"更丰富，创响一个个"乡字号""土字号"，产业发展向集群化、标准化、市场化、品牌化转变，政府服务由注重支持生产向支持产业后端延伸，利益联结向全产业链利益合理分享转变，特色产业的市场竞争力和可持续发展能力不断增强。

2020 年农业农村部和财政部审核批准在全国建设第一批 50 个优势特色产业集群，旨在通过 3 年建设，支持建成一批年产值超过 100 亿元的优势特色产业集群，推动产业形态由"小特产"升级为"大产业"，空间布局由"平面分布"转型为"集群发展"。因地制宜发展特色产业，既要立足特色资源，又要找到合适的产业发展方向。实践证明，地方特色产业发展潜力巨大，只有善于挖掘和利用本地优势资源，推进产学研有机结合，才能把特色资源转化为致富一方的特色产业。推动特色产业发展壮大，要通过全产业链拓展产业增值增效空间，贯通产加销，融合农文旅，以推动特色产业迈向产业化，持续稳定释放更多发展潜力。

2022 年农业农村部规划设计研究院有关专家承担了农业农村部乡村产业发展司组织开展的"梳理特色产业发展典型案例编制优势特色产业集群发展报告"课题研究，旨在通过分析优势特色产业集群发展典型案例，开展特色产业发展研究，总结优势特色产业集群发展成效，探索特色产业发展内在规律，形成可借鉴可推广的经验做法，助力推进乡村特色产业发展。

受课题研究启发，我们在理论研究的基础上，分析了第一批优势特色产业集群发展整体情况，并选取典型案例进行剖析，以期示范带动优势特色产业集群建设与发展。全书共分为上下篇两部分，上篇为发展篇，共五章，包括集群的理论综述、第一批 50 个集群的总体情况、建设成效、机制创新和亮点经验。下篇为案例篇，包括 18 个优势特色产业集群案例分析，真实生动地总结了各个集群发展取得的成效、推进建设的典型做法、构建的联农带农机制、形成的经验启示。

本书在编写过程中得到了农业农村相关部门、有关企事业单位的大力支持，在此一并表示感谢。

限于编者水平，书中疏漏和不足之处在所难免，敬请广大读者批评指正。

编者

2023 年 8 月

# 目　录

## 上篇　发展篇

## 下篇　案例篇

上篇

发展篇

为贯彻落实乡村振兴战略，加快深化农业供给侧结构性改革，全面构建具有竞争力的现代农业产业体系，农业农村部、财政部决定组织开展优势特色产业集群建设。按照全产业链开发、全价值链提升的思路，选准优势特色主导产业，集中资金资源，着力解决好产业发展中的瓶颈制约和关键环节问题，打造一批结构合理、链条完整的优势特色产业集群，为全面建成小康社会和乡村全面振兴提供有力支撑。这一举措是推动农业高质量发展的必然选择，是推动农民持续增收的现实需要，是推动乡村振兴的重要途径。

2020年农业农村部和财政部审核批准在全国建设第一批50个优势特色产业集群，坚持主体投入和政府引导相结合、全产业链打造和突出重点相结合、省域统筹和市县抓落实相结合的原则，跨县域范围支持建成一批年产值超过100亿元的优势特色产业集群，推动产业形态由"小特产"升级为"大产业"，空间布局由"平面分布"转型为"集群发展"，主体关系由"同质竞争"转变为"合作共赢"，形成结构合理、链条完整的优势特色产业集群，使之成为实施乡村振兴的新支撑、农业转型发展的新亮点和产业融合发展的新载体。

三年来，中央财政对批准建设的优势特色产业集群进行适当补助，采取先建后补、以奖代补、贷款贴息、政府购买服务等方式对相关主体给予支持，并以此撬动更多社会资金投入农业特色产业建设中。重点在加强优势特色标准化生产基地建设、大力发展优势特色农产品加工营销、健全农业产业经营组织体系、强化先进要素集聚支撑、建立健全利益联结机制等方面加大支持力度，开展集群建设，并取得了明显进展。

# 第一章　理论综述

随着经济全球化的发展，产业集群作为一种新的产业组织形式备受关注。从 20 世纪 80 年代迈克尔·波特正式提出产业集群理论至今，该理论一直在产业发展理论中扮演着重要角色。

## 一　产业集群概念

产业集群（industrial cluster），是指在某一特定领域（通常以一个主导产业为主）中，集聚着大量相互关联的公司、供应商、关联产业和专业的制度和协会，通过这种区域集聚形成有效的市场竞争，构建专业化生产要素优化集聚洼地，使企业共享区域公共设施、市场环境和外部经济，降低信息交流和物流成本，形成区域集聚效应、规模效应、外部效应和区域竞争力。[①]

产业集群具有专业化的特征，其成员企业包括上游的原材料、机械设备、零部件和生产服务等投入供应商，下游的销售商及其网络、客户；侧面延伸到互补产品的制造商，技能与技术培训和行业中介等相关联企业，以及基础设施供应商等。集群还具有地理集聚的特征，产业关联及其支撑企业、相应支撑机构，如地方政府、行业协会、金融部门与教育培训机构在空间上集聚，是一种柔性生产综合体，往往代表着区域核心竞争力。

20 世纪 90 年代，随着科技的发展和全球化分工的推进，生产的集中化与区域化已经表现出明显的优势。例如，在意大利中部地区，就存在着诸多产业集群，如艾米利亚—罗马涅大区的汽车制造产业集群，在该产业集

---

① Porter M. E., "Clusters and the New Economics of Competition," *Harvard Business Review*, 1998, 76 (6) : 77-90.

群内已经形成了较为完整的产业链。① 除此之外，国内外还存在诸多著名的产业集群，如美国的硅谷高新技术产业集群、德国的汽车产业集群、韩国的造船与汽车制造产业集群，我国的北京中关村移动互联网创新型产业集群、上海新能源汽车及关键零部件产业集群、苏州生物医药产业集群、扬州汽车配件产业集群、台湾地区的半导体产业集群等。这些产业集群有力地推动了当地产业的发展和经济的增长。

在工业产业集群快速发展的同时，随着农业科技和农业产业化现代化的不断发展，农业产业集群作为一种新型农业产业组织也逐渐兴起和发展。西方农业产业集群发展得较早且较为成熟，例如美国、澳大利亚和法国的葡萄酒产业集群，荷兰的花卉产业集群等，这些农业产业集群对产业和当地经济的发展起到了关键性的支撑作用。近年来，在改革开放持续推进、农业农村经济持续发展的背景下，我国很多地区也出现了农业产业集群，这些农业产业集群依托当地优势农业产业，依靠农业产业链的分工和协作而形成，有力地推动了当地农业和农村经济的发展。

## 二　产业集群的一般理论

产业集群理论主要包括早期马歇尔的产业区理论、韦伯的工业区位理论，后期波特的竞争优势理论、克鲁格曼的新经济学地理学理论等。

### （一）马歇尔产业区理论

有关产业集群的研究可以追溯到 19 世纪末著名的剑桥经济学家马歇尔。他通过对英国工业生产地理集聚的观察，关注了一些产业在特定地区集聚的现象，创新性地提出了"产业区"的概念和理论②，成为产业区研究的鼻祖。马歇尔将产业集群形成的原因归为四个因素：首先是自然条件，如气候、土壤、资源与交通便利性等；其次是民族的性格和当地的社会与政治制度；再次是各种偶然因素及事件；最后是该地区必须要具有商业上的便利。③ 因此，在马歇尔研究产业集群的形成原因时，就已经发现了资源禀

---

① Cooke, P., "Building a Twenty-first Century Regional Economy in Emilia-Romagna," *European Planning Studies*, 1996, 4(1), 53–62.

② 苗长虹：《马歇尔产业区理论的复兴及其理论意义》，《地域研究与开发》2004 年第 1 期。

③ Marshall, Alfred, *Principles of Economics: Unabridged Eighth Edition*, Cosimo, Inc., 2009.

赋、社会根植性以及偶然性的路径依赖对产业集群形成的重要作用。

马歇尔指出，产业区的优势在于相关产业的地理集中。马歇尔认为技术革新、劳动力的流动以及工业消耗品的共享是产业区的优势所在。

技术革新。马歇尔认为技术革新与发展是产业集群得以形成的原因之一。在马歇尔时代，知识、技术在当地的传播与流动要更为容易。因此，马歇尔认为，产业区内的企业可以促进新知识和新技术在企业之间的扩散。

劳动力的流动。马歇尔认为劳动力市场的共享使得大量企业集聚在一起，可以节约企业的劳动力要素成本和搜寻成本等。

工业消耗品的共享。马歇尔认为企业集聚在一定的区域内可以在一起使用专业化的机械设备，降低企业的生产成本。马歇尔早期的产业区理论为后期产业集群理论研究的发展奠定了坚实的基础。

## （二）韦伯工业区位理论

德国学者韦伯 1909 年发表的《工业区位理论：区位的纯粹理论》和 1914 年发表的《工业区位理论：区位的一般理论及资本主义的理论》，系统提出了工业区位论的最基本理论，并对工业区位问题和资本主义国家人口集聚进行了综合分析。[①] 韦伯在其著作《工业区位论》中，从微小企业的区位选择角度，说明了企业之间是否相互靠近取决于集聚的好处与成本的对比。另外，他指出三个一般性的因子决定工业企业在什么地方配置，即运费、劳动力费用、集聚和分散因子。与此同时，他在研究中进一步指出，在一定区域内集聚了众多有密切联系的企业有助于企业采用最新技术，有助于企业之间更好地开展分工与协作，有助于企业共同使用区域内的基础设施。

虽然韦伯的工业区位理论是区域经济学研究领域的重大进步，但是后人认为韦伯的理论有许多不足之处。在当今社会，由于新技术的发展和新产品的不断涌现，不同产业产品的附加值差别较大，运输成本的差异已经不像韦伯认为的那样重要。

---

① 保建：《企业区位理论的古典基础——韦伯工业区位理论体系述评》，《人文杂志》2002 年第 4 期。

## （三）克鲁格曼新经济地理学理论

20世纪90年代，兴起的新经济地理学派为产业集群理论的发展注入了新思想。美国休斯敦大学教授克鲁格曼1991年在其发表的《递增收益与经济地理》一文中，建立了中心—外围模型，他认为工业生产将随着时间的推移而趋向空间上的集聚。[①] 此外，他还认为产业集群的形成具有"历史依赖"性，在他看来，在早期，某个产业集群的形成可能是偶然的，但是这种偶然获得的优势由于路径依赖而被逐渐放大。

克鲁格曼的研究弥补了马歇尔和韦伯观点的不足，但是也有学者认为，他的研究忽视了信息、技术等非物质联系以及人际基于信任的非正常联系。

## （四）波特竞争优势理论

1990年，波特在其《国家竞争优势》一书中正式提出产业集群这一概念。他从竞争力的角度对产业集群现象进行了分析和研究，并提出了"钻石模型"。"钻石模型"主要包括四个方面的基本要素：生产要素、需求条件、相关与支持性产业以及企业战略、企业同构和同业竞争。此外，还有两个附加要素，即政府政策和机遇。

波特认为，产业集群可以让区域内的企业具有竞争优势，主要体现在以下三个方面：一是产业集群提高了区域内企业的生产效率；二是产业集群提高了创新效率，降低了企业的信息搜寻成本；三是产业集群的存在降低了新企业进入和退出的门槛。[②] 总之，波特首创性地提出了产业集群的概念，为产业集群的研究提供了重要的推动力量。

## （五）新产业区理论

20世纪70年代，全球经济发展出现"滞胀"，而意大利艾米利亚—罗马格纳地区由中小企业组成的产业集群却呈现了良好的经济增长态势。Becattini通过对这些地区实地考察研究，提出了"新产业区"概念，他认

---

① Krugman P., "Increasing Returns and Economic Geography," *Journal of Political Economy*, 1991, 99 (3): 483-499.

② Porter M. E., "Clusters and the New Economics of Competition," *Harvard Business Review*, 1998, 76 (6): 77-90.

为，产业区是在一定的自然与社会意义的地域上，由具有共同社会背景的从业人员与企业组成的社会区域生产综合体。[①] 随后，Scott 提出了新产业区理论，他认为，在产业区内，集聚了大量的企业和相关机构，这些企业和相关机构通过经济、社会、文化等多方面的联系，相互交流与学习，加速了当地经济的增长。[②] 同时，一些学者认为，产业集群形成的原因是专业化生产和产业区内的创新环境。首先，专业化生产使得供应商、生产商、消费者相互聚集，进而形成产业集群，产业集群的目的不仅是节约运费，而且可以减少交易费用，更好地为消费者提供服务。其次，共同的社会制度环境和区域文化背景会推动区域创新环境的改善，因而可以进一步推动产业集群的发展。[③]

### （六）产业集群交易费用理论

从 20 世纪 80 年代开始，Scott 和 Walker[④] 等人进一步利用交易费用理论来解释产业集群这一经济现象。如果企业规模过大，随之而来会产生规模不经济的情况。因此，为了避免这种规模不经济的情况，企业开始逐渐与其他一些企业形成较为紧密的联系，这就是产业集群的雏形。产业集群的形成就是为了获得一种交易费用最低的制度安排。在产业集群内集聚了众多企业，企业之间的交易频率较高，交易对象较为稳定，降低了交易风险。与此同时，产业集群内企业在地理上相互邻近，提高了信息的对称性，节省了企业搜寻市场信息的时间和成本，减少了交易中的机会主义行为，从而降低了企业的交易费用。

孙洛平等认为通过地理上的集中来降低交易费用是产业集群形成的基本动力，产业集群在推进分工水平深化的同时，降低了协调分工的交易费

---

① Becattini G., "Sectors and/or Districts: Some Remarks on the Conceptual Foundations of Industrial Economics," *Small Firms and Industrial Districts in Italy*, 1989: 123-135.

② Scott A. J., "Flexible Production Systems and Regional Development," *International Journal of Urban and Regional Research*, 1988, 12(2): 171-186.

③ Capello R., "Spatial Transfer of Knowledge in High Technology Milieux: Learning Versus Collective Learning Processes," *Regional Studies*, 1999, 33(4): 353-365.

④ Walker G., Weber D., "A Transaction Cost Approach to Make-or-buy Decisions," *Administrative Science Quarterly*, 1984: 373-391.

用。① 在研究中他们还对分工做了进一步的解释，将分工分为横向分工和纵向分工，其中横向分工是同一生产阶段的产品和服务进行的多样化细分，纵向分工是沿着从自然资源向最终消费品方向的生产阶段而进行的细分，同时还强调纵向分工对提高生产效率有着极其重要的作用。

### 三　农业产业集群的一般理论

#### （一）农业产业集群的内涵

根据对产业集群内涵的理解，从发展农业的角度来看，农业产业集群是指在接近农产品生产基地的一定区域范围内，同处或相关于某一特定农业产业领域的大量企业和关联支撑机构，由于具有共性或互补性而与农产品生产基地相对集中在一起，从而形成的一个有机群体。简单地讲，农业产业集群就是农业生产基地和农业关联产业在一定区域范围内的集群现象。一方面，集群区内为生产某种农产品或联合农产品的若干个同类企业提供初级原材料的农户，通过农业合作组织等关联机构与企业、科研机构等产业进行广泛合作，实现农业生产基地布局规模化、生产专业化和科技化、运营企业化，从而有利于优化农业产业结构、调整供应结构、抑制成本；另一方面，集群内的企业，在生产经营过程中进一步专业化分工，并在市场交易与竞争过程中与农户、支撑机构彼此之间形成密集的合作网络，从而实现共同协调发展、增值增效，最终使农民收入增加。

#### （二）农业产业集群的影响因素

农业产业集群是由集群内、外诸多因素共同作用而形成的。随着农业产业集群的发展，我国学者对农业产业集群的专业化分工有了更新的认识。黄海平等认为农业产业集群与工业产业集群具有明显的差异性。农业产业集群的分工主要是垂直性专业化分工，主要分为产前、产中、产后的专业化分工和侧面相关服务支撑体系。②

一是资源供给端。农业生产条件和资源禀赋是农业产业集群形成的重

---

① 孙洛平、孙海琳：《产业集聚的交易费用模型》，《经济评论》2006 年第 4 期。
② 黄海平、龚新蜀、黄宝连：《基于专业化分工的农业产业集群竞争优势研究——以寿光蔬菜产业集群为例》，《农业经济问题》2010 年第 4 期。

要因素。农业是一个对自然资源依赖性很强的产业，不同的农产品所需的生长环境不同，因而不同区域具有不同的特色农业。而在特色农业集聚区，容易形成农业产业集群。国外学者在对葡萄酒、花卉苗木等产业集群进行研究时，都特别指出农业资源禀赋，如当地的地理和气候条件、水土资源等自然条件对当地农业产业集群形成产生重要的作用。由于不同地理区域的土地、气候等农业生产环境的差异性，农业产业集群的形成往往与当地优势农业紧密相关，因此农业资源禀赋差异是农业产业集群形成的基本条件。

二是制度环境。地方政府对农业产业集群的形成具有推动作用，行业协会等组织对农业产业集群的形成产生带动作用。政府不仅要解决市场失灵问题，更需要促进市场发展，提高农业产业集群的专业化程度，提供公共产品和服务以克服经济的负外部性。行业协会等组织作为一种制度安排，不仅为企业之间的合作创造了平台和条件，更重要的是协调了集群内的集体行动，加强了对集群内各主体的约束。

三是消费需求端。国际化和本地需求推动了农业产业集群的形成。农业为了适应消费需求多元化以及消费档次的不断提升，农业产业集群的农户、农业企业和农民专业合作社等主体集聚在一定的地理空间上，通过分工与协作以及彼此的监督，生产出适应国际和国内市场需求的农产品。

### 四 我国农业产业集群基础现状

进入 21 世纪以来，我国各地发挥当地资源优势，发展乡村特色产业，一村一品、一乡一业、一县一特的发展格局逐步形成，在此基础上，农业产业集群发展速度明显加快，有力促进了农村产业发展和农民增收。

### （一）主要特点

一是发展势头强劲。虽然我国农业产业集群发展还处于起步期，但是发展速度较快。许多省市都把发展农业产业集群作为加强农业基础地位、提高农业产业竞争力的重要抓手和举措。

二是政策不断出新。在国家支持优势特色产业发展的政策激励下，一些地方制定了相应的政策措施，加快产业集群培育和发展。例如，福建省委省政府在《关于加快产业集聚培育产业集群的若干意见（试行）》中明确提出要培育一批具有地方特色的农副产品加工产业集群。陕西省委提出要加强农业科技创新能力和技术推广体系建设，围绕六大特色产业打造产业集群。河南省出台推进"四优"产业发展工作方案，明确改革任务，在以"四优四化"（优质小麦、优质花生、优质草畜、优质林果，布局区域化、经营规模化、生产标准化、发展产业化）为主线推进农业供给侧结构性改革的基础上，增加方式绿色化、产品品牌化，形成新六化方向，谋划实施"十大行动"，促进优势特色产业集群发展。

三是具有鲜明特色。农业产业集群在一些地区已形成一些以大型龙头企业为带动的产业集群雏形，有的地区产业集群已发挥出强农富农的重要作用。湖北宜昌把培育龙头企业作为推进农业产业化经营的重要途径，带动柑橘、茶叶、畜牧、蔬菜等特色产业发展。小麦大省河南，在以三全、思念为代表的面食深加工企业的带动下，发展成为我国第一粮食加工大省。依托草原优势，集聚了以伊利、蒙牛为代表的乳业企业，内蒙古发展成为我国乳业的中心。

四是沿海发达地区发展较快。各类农业产业集群中，沿海发达地区外向型农业产业集群发展迅速，大中城市郊区和城乡结合部农业产业集群的发展程度相对较高。相比较而言，内地粮食主产区和西部偏远地区农业产业集群发展明显滞后。

五是农业产业集群成效显著。农业产业集群充分发挥了农业规模优势和经济优势，提高了农业竞争力。从实践中来看，凡是农业产业集群发展快的地方，农业比较效益明显提高，农民的就业门路也比较宽阔，呈现促进农业发展、带动农民增收的良好势头。

## （二）主要作用

一是农业产业集群发展有利于增加非农产业就业岗位。农业产业集群发展，对用工的需求增加，从而转移了大量农村剩余劳动力。如湖北随州市香菇产业集群的发展，带动从事香菇专业和季节性运销的人员达15万人以上，其中从事专业运销的人员已超过10万人。

二是农业产业集群发展有利于提高农民收入。湖北随县三里岗镇靠发展香菇产业致富后，不少农民购买了摩托车、汽车等代步工具，生意忙时，驾车走南闯北联系业务，搜集信息；生意闲时，和家人到城市购物、到景区旅游。香菇产业集群发展大大增加了该区域农民和城镇居民的收入，使人民生活水平有了很大的提高。

三是农业产业集群发展有利于提高产业竞争力。集群以农业产业为中心，集聚大量具有共性和互补性的专业化的相关企业及机构，包括品种研发、籽种培育、农机服务、农资供销、田间管理、粗精加工、包装仓储、交易物流、品牌广告、金融保险等各环节相互合作支撑，由农户、企业及市场形成密集柔性的网络合作群体。集群把产业发展与区域经济、分工专业化与交易便利性结合起来，同行企业扎堆，关联企业被吸引集中，企业在技术、原料、配套、用工等方面既竞争又合作，成本大大降低，效率大大提升，形成了一种高效的生产组织方式，成为区域经济发展的引擎。

四是农业产业集群发展有利于加快农村城镇化步伐。产业集群发展为小城镇的建设提供了大量资金，支持当地政府加强基础设施建设，城镇硬件水平得到提高。另外，产业的集聚，使乡镇企业不断发展壮大，也带动了产业工人的集聚，从而带动当地的商业、饮食服务业、房地产业、金融业等第三产业发展，促使产业结构升级，在整体上提高了城镇化水平，使产业集群成为农村工业化和城镇化建设的重要载体。

### （三）存在的问题

与国际农业产业发展相比，我国农业产业集群发展总体上处于起步阶段，存在一定短板，发展还存在差距。

一是集群具有一定的农产品生产优势而加工业发展短板明显。我国农产品加工企业区域分布不均衡，全国约 70% 的农产品加工企业集中在东南沿海地区。有关资料显示，我国农产品加工业主要集中在东部和中部地区，这两个地区产值近几年均占全国农产品加工业总产值的 70% 以上，西部和东北地区农产品加工业发展依然相对比较薄弱。东部地区部分加工集聚区与农产品原料产地相分离，而既有原料又有市场潜力的中西部地区农产品加工企业及集群则为数不多。

二是现有农业产业集群数量少、规模小，优势不强。除了苏浙等东南沿海发达地区集群发展较早，且发展较为成熟，中西部省份农业产业集群数量较少，而且有很多还处于雏形阶段，对区域经济的带动作用不明显。

三是集群企业联系不紧密，竞争激烈，合作不足。由于产品趋同，产业集群中加工企业间存在低价竞争。多数企业单打独斗，相互竞争的多，信息共享、相互合作的少，产业集群和园区缺乏规制管理以及行业或产业自律，缺乏区域合作，企业间尚未建立有效的信任机制，使得一些产业集群难以做强做大。

四是技术含量低，与科研机构联系弱，人才、科教优势没有得到充分发挥。很多集群农产品生产基础较好，推出上市的农产品质量上乘，但产品大多停留在初级整理或浅加工阶段，深加工程度不高，没有太多技术含量。集群内企业与科研机构合作少，传统产品多、创新产品少，新品种研发和技术创新能力弱，不适应市场消费多样化的需要。

## 五　推进我国农业产业集群建设的重点

党的十八大以来，习近平总书记一直高度重视发展乡村产业，强调指出要把产业振兴作为乡村振兴的重中之重，积极延伸和拓展农业产业链，培育发展农村新产业新业态，不断拓宽农民增收致富渠道。为加快深化农业供给侧结构性改革，全面构建具有竞争力的现代农业产业体系，农业农村部、财政部决定组织开展优势特色产业集群建设，加快打造一批有竞争力的产业集群，发展成为带动农业农村发展的新动力。

一是加强优势特色标准化生产基地建设。立足市场需求、资源禀赋、生态条件和现有基础，提升农产品生产基地规模化、标准化、商品化生产水平，打造标准化的"原料车间"。加强优良品种选育和推广，优化品种结构。推广适应性广、实用性强的绿色技术模式，增加优质绿色农产品供给。

二是大力发展优势特色农产品加工营销。支持农产品仓储保鲜、烘干、分级、包装等初加工，推动产地型冷库及预冷设施建设，引导龙头企业发展农产品精深加工，促进农产品综合开发利用，延长产业链、提升附加值。推动创建农产品区域公用品牌和知名商标，建立顺畅的营销体系，确保产业增值增效。

三是健全农业产业经营组织体系。发挥龙头企业在开拓市场、品牌营销等方面的优势。发挥农民合作社在生产组织、农资采购、技术指导等方面的优势，支持发展订单农业。发挥家庭农场、农户在家庭经营生产方面的优势，支持其参与组织化生产。推动各类新型农业经营主体融合发展，形成差异化竞争、功能互补的良好格局。

　　四是强化先进要素集聚支撑。围绕优势特色产业全产业链发展，推动各类金融机构对接优势特色产业集群发展，引导和推动更多资本、科技、人才、土地等要素向产业集聚。搭建市场信息服务平台，引导建立行业协会、信息网站等，实现服务设施互联互通、公共服务互惠共享。

　　五是建立健全利益联结机制。将增加农民收入作为培育优势特色产业集群的重要目标，带动农户参与产业发展，让农民分享产业发展红利。培育一批布局合理、功能互补的农业产业化联合体，做实利益联结。鼓励各地推广多种形式的利益联结形式，构建互惠互利、多方共赢的长效机制。

# 第二章 基本情况

根据 2020 年 3 月《农业农村部办公厅 财政部办公厅关于开展优势特色产业集群建设的通知》（农办计财〔2020〕7 号）要求，经各省（区、市）申报、农业农村部和财政部审核，第一批批准建设 50 个优势特色产业集群（见表 1）。

表 1　2020 年批准建设的 50 个优势特色产业集群名单

| 序号 | 集群名称 | 主导产业 |
|---|---|---|
| 1 | 北京设施蔬菜产业集群 | 设施蔬菜 |
| 2 | 天津都市型奶业产业集群 | 奶业 |
| 3 | 河北越夏食用菌产业集群 | 食用菌 |
| 4 | 河北鸭梨产业集群 | 梨 |
| 5 | 山西旱作高粱产业集群 | 高粱 |
| 6 | 内蒙古河套向日葵产业集群 | 向日葵 |
| 7 | 内蒙古草原肉羊产业集群 | 肉羊 |
| 8 | 辽宁小粒花生产业集群 | 花生 |
| 9 | 辽宁白羽肉鸡产业集群 | 肉鸡 |
| 10 | 吉林长白山人参产业集群 | 人参 |
| 11 | 黑龙江食用菌产业集群 | 食用菌 |
| 12 | 黑龙江雪花肉牛产业集群 | 肉牛 |
| 13 | 上海都市蔬菜产业集群 | 蔬菜 |
| 14 | 江苏中晚熟大蒜产业集群 | 大蒜 |
| 15 | 浙江浙南早茶产业集群 | 茶 |
| 16 | 安徽徽茶产业集群 | 茶 |
| 17 | 安徽酥梨产业集群 | 梨 |
| 18 | 福建武夷岩茶产业集群 | 茶 |

| 序号 | 集群名称 | 主导产业 |
|------|----------|----------|
| 19 | 江西鄱阳湖小龙虾产业集群 | 小龙虾 |
| 20 | 山东烟台苹果产业集群 | 苹果 |
| 21 | 山东寿光蔬菜产业集群 | 蔬菜 |
| 22 | 河南伏牛山香菇产业集群 | 香菇 |
| 23 | 河南豫西南肉牛产业集群 | 肉牛 |
| 24 | 湖北三峡蜜橘产业集群 | 柑橘 |
| 25 | 湖北小龙虾产业集群 | 小龙虾 |
| 26 | 湖南早中熟柑橘产业集群 | 柑橘 |
| 27 | 湖南湘猪产业集群 | 生猪 |
| 28 | 广东南粤黄羽鸡产业集群 | 肉鸡 |
| 29 | 广东金柚产业集群 | 金柚 |
| 30 | 广西三黄鸡产业集群 | 肉鸡 |
| 31 | 广西罗汉果产业集群 | 罗汉果 |
| 32 | 海南天然橡胶产业集群 | 橡胶 |
| 33 | 重庆柠檬产业集群 | 柠檬 |
| 34 | 重庆荣昌猪产业集群 | 生猪 |
| 35 | 四川川猪产业集群 | 生猪 |
| 36 | 四川晚熟柑橘产业集群 | 柑橘 |
| 37 | 贵州朝天椒产业集群 | 辣椒 |
| 38 | 云南花卉产业集群 | 花卉 |
| 39 | 云南高原蔬菜产业集群 | 蔬菜 |
| 40 | 西藏青稞产业集群 | 青稞 |
| 41 | 陕西黄土高原苹果产业集群 | 苹果 |
| 42 | 陕西关中奶山羊产业集群 | 奶山羊 |
| 43 | 甘肃甘味肉羊产业集群 | 肉羊 |
| 44 | 青海牦牛产业集群 | 牦牛 |
| 45 | 宁夏六盘山肉牛产业集群 | 肉牛 |
| 46 | 新疆库尔勒香梨产业集群 | 梨 |
| 47 | 新疆薄皮核桃产业集群 | 核桃 |
| 48 | 新疆兵团红枣产业集群 | 红枣 |
| 49 | 北大荒蔬菜产业集群 | 蔬菜 |
| 50 | 广东农垦生猪产业集群 | 生猪 |

## 一 产业分布

从大的产业类型数量分布来看，第一批 50 个集群种植业多于养殖业（见图 1）。

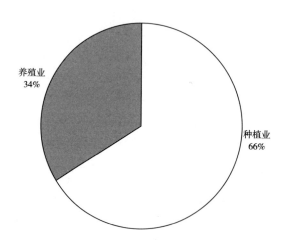

**图 1 第一批产业集群种植养殖类型分布**

按照小类细分，50 个集群中有 17 个集群是以重要农产品为主导产业，覆盖生猪、肉牛、肉羊、蔬菜、水果、乳制品、天然橡胶、食用植物油等重点品种，以水果、畜类（不包括水产、禽类）、蔬菜占比最大（见图 2）。

自启动优势特色产业集群建设以来，各级农业农村和财政部门聚焦省域主导产业，不断提高生产效率、优化产业链条、增强发展动能，构筑稳固的产业基础，加快推进全产业链现代化，展现了广阔的发展前景。据初步测算，超过 80% 的产业集群引进各类种畜种禽超过 50 万头（只），建设标准化生产基地超过 1000 万亩，增加加工产能超过 2000 万吨，增加储藏交易能力超过 6000 万吨，建设各类数据信息平台超过 100 个。

## 二 地区分布

第一批 50 个产业集群分布在全国 31 个省级行政区以及新疆生产建设兵团、北大荒农垦集团、广东农垦集团，覆盖了一批特色产业优势明显的区、

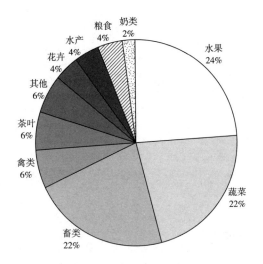

**图 2 第一批产业集群产业细化分类**

市、县。集群建设聚焦省域内地位突出、规模较大、业态丰富的主导产业，打破行政区划局限，统筹布局产业链功能板块，实现不同区域优势互补、错位发展，突出串珠成线、连块成带、集链成群。

## 三 实施主体

第一批 50 个产业集群，三年建设期有家庭农场、农民专业合作社、各级各类龙头企业、事业行政单位和其他类型实施主体参与集群建设。其中，主要是企业和农民专业合作社，市级尤其是省级以上龙头企业起到了重要的作用，各集群坚持全产业链发展，着力补齐生产、加工、流通等环节短板，做大做强优势特色产业。

# 第三章　总体成效

第一批 50 个产业集群，经过建设，产业链条不断延伸，关键环节不断完善，产业竞争力不断提升，产品品牌市场影响力不断扩大，取得了明显的成效。

## 一　条件改善明显

集群通过改造原有生产基地，完善基础设施，增加科技装备，改进生产技术，推行绿色发展，提高综合机械化水平和数字化水平，实现节本、提质、增效，生产条件得到快速改善，生产能力和生产水平全面提高。

### （一）繁育基地供种能力不断增强

北京设施蔬菜产业集群重视集约化育苗基地建设，规模化育苗产能进一步提升，全市蔬菜种苗自给率进一步提升。云南高原蔬菜产业集群新增优良种子种苗生产基地 2.6 万亩，年增加育苗能力 21.9 亿株。[1]贵州朝天椒产业集群推进"良种工程"，建设标准化基地，推动集中育苗率从 2019 年的 20% 提高到 60% 以上，基地良种覆盖率提高到 90% 以上。河南伏牛山香菇产业集群开展菌种良种生产繁育基地建设，引进新品种 8 个。山西旱作高粱产业集群累计建设种子基地 1971 亩，引进品种 29 个，示范品种 42 个，完成新品种培育 16 个，供种 42.92 万公斤，"晋杂 22 号"高粱成为众多高端酒酿造原料的专用品种，已被全国 20 余家酒厂大量应用。四川晚熟柑橘产业集群构建"1+1+3"良繁体系，已经建成市级母本园、良繁中心，以及县级品比园，共选育 5 个新品种，引进储备 46

---

[1] 《云南花卉和蔬菜产业集群项目中期评估居全国前列》，云南省人民政府网，https://www.yn.gov.cn/ztgg/zxylcyfzqy/cypyzds/202208/t20220814_245715.html。

个优新品种。① 建成区域良繁中心，"三园三圃"全年可提供无毒苗木。湖南早中熟柑橘产业集群加快良种育繁推一体化步伐，加强柑橘种业创新和无病毒良种繁育体系建设，抓好柑橘品改，创建不同类型示范点。对无病毒苗圃进行提质改造，新建无病毒优良苗木基地，增加优良无病毒出圃苗木供给，极大地弥补了产业链在无病毒苗木生产供应环节的短板，解决了盲目引种的问题。四川川猪产业集群积极建设西部生猪种业高地，启动国家区域生猪种业创新中心建设，建成国家级生猪核心育种场 3 个和唯一的省级川藏黑猪育种场。重庆荣昌猪产业集群依托西南大学荣昌校区、重庆市畜牧科学院等农牧科研院所资源，由政府牵头，采取"科研院所+保种场+企业"方式，成立"荣昌猪"种质创新试验示范科企联合体，遴选成功"荣昌猪"国家级核心育种场，建设国家级、市级荣昌猪保种场、备份场，国家级区域性重点畜禽基因库，逐步形成了"基因库+保护区+保种场"的荣昌猪三级保护体系，荣昌猪品种核心进一步强化。湖南湘猪产业集群以宁乡猪、大围子猪、沙子岭猪、湘猪黑猪等湖南地方猪为重点，突出优质湘猪种质资源保护和良种繁育工程，做大做强地方猪种特色产业。以地方猪种保护为基础、以保障产业发展为核心，建成了 1 个宁乡花猪国家级保种场、1 个宁乡花猪国家级保护区、4 个一级扩繁场，建设了宁乡花猪保护中心、宁乡花猪种公猪站和宁乡花猪遗传资源基因库，率先形成了较为完善的种质资源保护体系，存栏宁乡花猪种母猪近 2 万头、配种公猪近 800 头，保存冷冻精液 1.2 万支、冷冻卵母细胞 1400 多个。集群探索"保种场+保护区""扩繁场+保种户"沙子岭猪珍贵种质资源保护新模式，实施异地分散保种 259 头母猪、20 头公猪。② 泸溪县进行浦市铁骨猪种源保护与良种繁育基地建设，引进浦市铁骨猪后备种猪 600 头。内蒙古草原肉羊产业集群推动优质肉羊种源基地建设，采取加强资源保护利用、育种创新和优良品种推广等措施，推广"核心育种场+种羊场+扩繁场"联合育种模式，突出地方良种选育，加大选种选配力度，打造国家级和自治区级核心育种场，培育生产性能优良、适应生态环境的肉羊新品种（系）。对核心育种场给予项

---

① 《产业集群建设近 3 年 四川晚熟柑橘交出怎样"答卷"》，四川省人民政府网，https://www.sc.gov.cn/10462/10778/10876/2022/12/14/0244c7986e8b4edba585281f4b2c2fc9.shtml。

② 《湘潭沙子岭猪特色产业领衔"湘猪"集群项目》，湘潭市人民政府网，http://www.xiangtan.gov.cn/109/171/174/content_919675.html。

目扶持，稳步推进核心育种场实施肉羊品种良种登记、性能测定等基础性育种工作，加快品种选育进程，搭建以企业为主体、以市场为导向、产学研相结合的商业化育种体系。甘肃甘味肉羊产业集群加强良种繁育体系建设，重点扶持建设种羊场20个，引进纯种澳洲白、杜波、萨福克等肉用种羊。开展扩繁场建设，引进湖羊、小尾寒羊、滩羊等优良地方品种。对肉用种公羊采购进行补贴，配套新建人工授精站点。年供应种公羊能力达到7.8万只、授配母羊12.6万只。陕西关中奶山羊产业集群以建设6大奶山羊核心育种场为抓手，加快良种繁育推广，加强良种引进，健全奶山羊人工授精网络，构建良种繁育体系。重点实施了核心育种场、良种繁育场2类22个重点项目，打造以千阳、陇县为核心的奶山羊良种繁育输出基地。

## （二）生产基地建设水平加快提升

江苏中晚熟大蒜集群通过实施基地提档升级工程，建设大蒜良种繁育基地、标准化生产（出口示范）基地、农机农艺融合示范基地、富硒特色大蒜基地、新模式示范基地、数字化生产基地等六大基地，配套生产环节设备设施，标准化生产能力显著提升。河北鸭梨产业集群对标国际市场标准和需求，加强传统梨园改造升级和品种改良，恢复鸭梨、雪花梨传统风味，提升水肥配套设施，建设优质高效示范基地，完善采后贮藏加工，打造多个精品示范基地样板区，亩节水率、基地优果率显著提高，成为"全国一流""世界领先"的鸭梨产业示范标杆。湖北三峡蜜橘产业集群加快建设柑橘标准化生产示范基地及品改示范基地，示范带动柑橘标准化生产。宜昌市夷陵区推进3000亩标准橘园建设，亩产达到3000公斤，比普通橘园增产15%以上，优质果率达到85%以上，比普通果园增收70%。四川晚熟柑橘产业集群加快建设现代基地，提升高品质生产能力。实施"五改四减"（改土、改品种、改树形、改基础设施、改科技装备，减密度、减肥水、减农药、减人工），大力推进20万亩老果园标准化改造，标准化果园占比提高到65%以上，优新品种占比提高到85%以上，水肥一体化设施装备覆盖范围大幅提高，综合机械化水平、果品优质率显著提高，经济效益显著提升。青神县坚持绿色发展，建立"三机制、资源库、标准和红黑榜"的4114模式，实施老果园改造，推广"林下种豆、生草栽培、绿色防控和水肥施药"系统，显著提升了全县基地标准化水平。湖南早中熟柑橘产业集群通过高位嫁接淘汰品质退化品种、提质优良品种、改造低产园老龄园等措施，推进低产园改造示范基地建设，使果品糖酸比指标达到优质标准，优质果率、商品化率全面提升，投产期缩短，采摘供应期延长。广东金柚、重庆柠檬、山西旱作高粱、河南伏牛山香菇产业集群等新建和改造标准化生产基地、数字化生产基地，生产能力和效率有效提升。新疆薄皮核桃产业集群墨玉县是新疆薄皮核桃主产区之一，在集群建设带动下，仅2022年就新建了85个示范园，面积达1.9万多亩，通过示范园带动，墨玉县建成了20.3万亩标准化核桃种植基地。海南橡胶产业集群推动胶园管理及采胶装备智能化升级，加强适应丘陵山地小型多用机械的研发应用，提升胶园现代化水平，有效提高了劳动效率，解决了劳动力短缺问题。重庆荣昌猪产业集群与国家生猪大数据中心"容易管"平台有机结合，建设荣昌猪智慧养殖基地。陕西关中奶山羊产业集群新建奶山羊产业示范园区、标准化规模养殖场，标准化改造提升一批奶山羊养殖场，建设数字化养殖基地，配套奶山羊智能化自动饲喂系统，新建优质牧草种植基地、优质饲草料综合开发基地，配套建设集饲草种植、加工、检测及配送于一体的饲草配送中心。甘肃甘味肉羊、广西三黄鸡、湖北小龙虾等产业集群新建和改造一批标准化、数字化生产基地，生产能力快速提升。

## 二　强链补链有效

集群聚焦产业链关键环节发展，以补链延链强链为重点谋划项目，突出从产地初加工、精深加工，到仓储物流、产品推广销售、社会化服务保障，再到旅游、康养、研学等延伸，完成全产业链全面发展和提升。初步构建起"产加销服""科工贸金""农文旅教"上下游关联无缝对接、同类主体合作共赢的发展态势，产业体系进一步完善，提升了产业链供应链现代化水平。

### （一）加工能力不断增强

上海都市蔬菜产业集群在闵行、奉贤、青浦等8个涉农区和市属企业建设多个采后加工基地，提高蔬菜商品化处理能力。江苏中晚熟大蒜产业集群重视挑选、分拣、清洗等初加工和酱菜、腌制菜等深加工设备生产线建设，购置加工设备，加工能力快速提升。加快系列化大蒜加工产品开发，调整优化黑蒜、大蒜调味品、大蒜酒以及蒜粒、蒜片、蒜粉、蒜蓉等系列产品结构，进一步培育做强大蒜初加工产业。依托现有平台，引进国际领先的大蒜精深加工研发团队，组织开展大蒜新食品、保健品、药用品特别是原研药技术攻关。组织大蒜精油、大蒜多糖、大蒜黄酮等产品开发，加快大蒜活性成分提取产品研制进程，全力推动以大蒜提取物为原料的溶血栓活性多肽益生菌、降"三高"的大蒜素等产品实现产业化。贵州朝天椒产业集群加快烘干设施建设，集群烘干能力大幅度提升，机械化、自动化、智能化水平显著提高。辣椒加工有9大系列70多种产品，从以辣椒干、辣椒面等为主的系列调味品，扩大到适应年轻人消费需求的香辣脆、辣椒冰淇淋、辣椒巧克力等休闲食品，推动加工产品类型逐步多样化。加强加工产业园建设，支持龙头企业实施技术改造，扩能转型升级，重点打造贵州北部辣椒调味品加工产业中心、黔中辣椒食品加工产业中心和黔东南酸汤系列辣椒加工产业中心。针对不同消费群体和时代发展形势，支持科研院所和企业联合研发辣椒食品新工艺，开发新食品，提升辣椒加工附加值和产品市场竞争力。河南伏牛山香菇产业集群进行烘干设施升级改造，开发香菇酱、香菇耗油、香菇多肽等精深加工产品，建设加工生产线，购置加工设备，新增和改造烘干设备，加工产能明显提升。河北越夏食用菌产业集群依托承德森源绿色食品、河北美客多食品集团、平泉市爆河源食品、遵化亚太食品等企业研发了由传统的干品、腌渍、速冻、罐头到面条、蘑菇饮料、速食汤、脆片、蘑菇粉、灵芝孢子粉等50多种加工产品，产品销往美国、日本、韩国、泰国、澳大利亚等20多个国家和地区，食用菌精深加工产品附加值不断提升。集群推动以香菇、杏鲍菇、滑子菇等鲜菇菇柄为原料，综合运用生物发酵技术、酶解技术、分子控制技术、生物膜分离技术等，研发高品质素肉松、素牛肉、素肉条等"菌菇人工合成肉产品"，促进自动化与智能化的深度融合，实现食用菌鲜菇菇柄的综合开发利用，年可消耗食用菌边角料3500吨，填补了食用菌边角料现代化生产素食食品的空白。山西旱作高粱产业集群围绕酿酒和酿醋，进行高粱深加工关键技术研发，购买深加工设备和技术专利，补齐短板，突破发展瓶颈，新建晾晒场、高粱烘干塔等设施，建设加工车间及精深加工生产线，购置仪器设备256台（套），加工转化能力超过36.5万吨。带动全省醋产量增长至90万吨，居全国第一位。河北鸭梨产业集群在产后分选环节建设智能化分选线，推进精深加工数字化，晋州长城、辛集诚和、威县农投、辛集中翠、泊头东方等企业引进建设智能化全自动选果线和适宜电商的生产线；河北长城果品股份有限公司引进日本智能化选果生产线，建成国内首家现代农业鲜梨智选中心，实现鲜梨重量、外观、糖度、内部病害四维智能化分级筛选，填补了国内鲜梨智能化分选空白；河北鹏达食品有限公司建成果蔬罐头全自动化生产线，年生产能力 5 万吨；河北雄瀚农产品股份有限公司引进德国先进智能化精深加工设备，与国内同样设备相比节能 30%，建成国内一流的梨果精深加工科创中心，梨干、梨茶、梨营养粥等健康、速食深加工产品不断推陈出新，有效拉长了产业链条，提升了梨果产品附加值。四川晚熟柑橘产业集群建设智能生产线赋能柑橘加工，青神县支持家庭农场、合作社、公司等新型经营主体购买柑橘生产线，做好柑橘初深加工；眉山市果真妙农业有限公司新增 9 条柑橘生产线，可实现对柑橘按重量、颜色、形状、大小、密度、表面瑕疵和内部品质（糖度、酸度等内部指标）等进行精确分选，通过做好柑橘初加工，有效提升柑橘的综合利用能力及价值，增加柑橘销量，带动橘农增收；[①] 集群发展精深加工，开发"果小酒"等系列产品，年深加工柑橘 200 万斤，全面提升产地加工和冷链物流水平。山东烟台苹果、广东金柚、湖北三峡蜜橘产业集群通过新建和改扩建加工厂房，建设加工生产线，配套各类设施设备，水果商品化处理能力明显提升。重庆柠檬产业集群核心产区潼南区，依托潼南农产品加工示范园，围绕饮料、绿色食品、美容护肤品、生物医药及保健品等领域开展柠檬深加工，开发出柠檬饮用水、柠檬糕、柠檬面膜、柠檬香皂等 5 大体系350 多种产品，培育出重庆汇达柠檬科技集团有限公司、重庆檬泰生物科技有限公司等 10 多家专业化柠檬生产、加工龙头企业。福建武夷岩茶产业集群大力发展茶加工，聚焦"功能化"，推进深加工，以丰富的产品线赢得市场份额，推动茶叶全价利用加工技术攻关，将茶叶广泛应用于食品、医药、保健、日用、化妆品、化工等领域。浙江浙南早茶产业集群实施茶叶深加工项目，对中低档茶片、茶末和茶梗进行深加工，提高茶叶附加值，带动农民增收、企业利润增加。安徽徽茶产业集群建设一批黄山毛峰、六安瓜

---

① 《聚焦四大方面 推动全产业链高质量发展——青神打造全国晚熟柑橘产业集群核心区重点县》，《中国食品安全报》2021 年 11 月 19 日。

片清洁化、连续化、智能化茶叶加工生产线，建设智能化分级包装、物流打包生产线，加工能力和效率明显提升。新疆薄皮核桃产业集群7县市狠抓核桃产业加工能力提升改造，新建及升级改造核桃初加工中心、仓储保鲜库、精深加工生产线等，产业链不断延长，含金量不断提高。仅在阿克苏地区，就已建成以林果为主的农副产品加工园区9个，培育林果加工企业196家、林果农民专业合作社818家，实现果品年加工能力达112万吨。叶城县引进一批核桃加工企业，形成了县有龙头、乡有基地、村有合作社的发展格局，构建全产业链体系。加工企业从核桃青皮中提取单宁，用作化工原料，核桃壳被加工成活性炭，成为石油生产中的堵漏剂，核桃分心木被加工成保健茶，以核桃仁为主辅料的即食食品、饮料、糕点有20多种，核桃树每年修枝后废弃的大量树枝，被加工成合成板。核桃加工已实现从树枝、青皮到外壳、果仁全利用，构建起了完整的产业链。新疆兵团红枣产业集群进一步增强红枣精选、分级、冷藏、包装等初加工能力，新增全自动烘干生产线，实现红枣加工干湿度稳定控制；新增红枣光电精选生产线，红枣加工智能设备使用率、挑选次品准确度明显提高。吉林长白山人参产业集群开发生产人参食品、药品、保健品、化妆品、生物制品五大系列1000多种产品，实现了人参的全株开发利用。重庆荣昌猪、湖南湘猪、广东农垦生猪、四川川猪产业集群加强生猪生产与屠宰环节的对接，满足在后非洲猪瘟时期生猪产业转型升级的产业发展和市场需求，促使产业链上下游密切配合，良性互动；完善生猪加工屠宰生产线，购置肉品加工设备，肉品加工能力不断提升；建设精深加工车间，专线加工灌汤猪蹄、芝士香肠等预制菜和西式低温肉品，解决困扰地方猪发展的瘦肉率低肥膘厚难题。河南省豫西南肉牛产业集群新增屠宰、牛排加工、牛副熟食产品精深加工等生产线，产品加工能力明显提升。内蒙古草原肉羊产业集群新建和改造肉羊精深加工车间及屠宰加工生产线，购置饲料加工生产线和屠宰深加工及制冷设备设施，产品加工转化率进一步提高。甘肃甘味肉羊、广西三黄鸡产业集群购置生产环节设施设备，提升屠宰加工产能；研发生产绿色、安全、高生长效能的肉类深加工产品，研发生产从基地到餐桌的可追溯健康食品。

## （二）仓储水平不断提高

北京设施蔬菜产业集群在大兴、通州等 8 个区，布局建设农产品产地冷藏保鲜设施，蔬菜仓储能力明显提升。云南高原蔬菜产业集群新增冷库 57 座，增加冷藏设施库容 13.5 万立方米。① 砚山县新建冷藏保鲜库 10 座，容积 2.87 万立方米，储藏蔬菜产品 5740 吨。② 河南伏牛山香菇产业集群新增改造常温仓储库容 15.8 万吨，新增和改造冷藏库容 3.48 万吨。河北越夏食用菌产业集群新建产地冷藏设施 7 座，产后冷藏能力提升至 26 万吨，其中，阜平国煦生物科技有限公司建成了亚洲单体规模最大的冰温库并投入使用，储藏能力达 3.4 万吨，保鲜期延长一倍，有效提高了市场调节能力。山西旱作高粱产业集群新建改建高粱仓储库 1.63 万平方米，仓储能力超过 25.6 万吨。新疆库尔勒香梨集群通过实施冷藏保鲜库建设及升级改造，库体容量在原基础上明显增加；通过引进先进的保鲜设备，有效提升了果品品质，同时实现节省电费 20% 以上，提质降耗效果显著。四川晚熟柑橘产业集群青神县在椪柑现代农业园区核心区投入 2.6 亿元建设青神县农产品冷链物流园，包含面积 5.6 万平方米全市最大的区域性农产品仓储冷链物流中心，同时建设中小型冷链点 40 个，全县以此形成了以青神冷链物流园区为核心，各乡镇（街道）、柑橘产区冷藏库点状式分布的"1+N"冷链格局，保障农产品品质，增强农户应对市场、价格波动的底气，基本解决了遏制产业发展的"最先一公里"问题。广东金柚、湖北三峡蜜橘、重庆柠檬产业集群持续完善仓储设施，新增或改造一批常温仓库、冷库、贮藏库、保鲜库。重庆荣昌猪、湖南湘猪、河南豫西南肉牛、甘肃甘味肉羊、广西三黄鸡等产业集群完善仓储设施建设，通过新建或改造等方式不断提升冷藏库容。内蒙古草原肉羊产业集群加强冷链物流配送、包装仓储等基础设施和收购网点、物流设施标准化、信息化建设。

---

① 《云南两大农业产业集群排名全国前六》，昆明市呈贡区人民政府网，http://www.kmcg.gov.cn/c/2022-04-07/5886187.shtml。

② 《砚山县 2021 年度云南高原蔬菜优势特色产业集群实施方案》，砚山县人民政府网，http://www.yanshan.gov.cn/view/zdjctz/147470.html。

### （三）流通销售不断提升

上海都市蔬菜产业集群建设多个冷链物流基地，提高商品化处理能力，探索与配送企业开展合作，形成线上线下相结合的"互联网+菜园子"产销新机制。江苏中晚熟大蒜产业集群改造和新建批发市场 5 个。河南伏牛山香菇产业集群新建改造批发市场 5 个，批发市场交易总量和交易总额逐步提升。贵州朝天椒产业集群依托省部共建全国唯一的国家级辣椒批发市场，形成了以遵义市新蒲新区虾子批发市场为龙头，以播州区、绥阳县等重要产地乡镇集市为纽带的市场流通体系。陕西黄土高原苹果产业集群以洛川国家级苹果批发市场为龙头，形成自上而下引领省、市、县（果业主产）和乡镇四级果品批发市场体系。洛川国家级苹果批发市场拥有 50 多家规模企业、300 多家小微企业，从业人员 5000 多人，洛川已培育电商企业 729家，建立网上销售店 3600 余家，一大批年轻人返乡创业，加入"苹果大军"行列。四川晚熟柑橘产业集群建设区域商贸物流中心、电商集聚中心、川果智慧冷链物流中心和农产品加工冷链物流园区。初步构建了以丹棱区域商贸物流中心为核心，以东坡晚熟柑橘电商交易中心、仁寿晚熟柑橘期货交易中心、青神农产品加工冷链物流园区、井研产地初加工中心为补充的加工物流"1+4"格局。浙江浙南早茶产业集群实施茶叶交易市场建设提升，打造浙西南高山茶叶交易市场、三江茶青交易市场、仙源茶青交易市场等，有效提升了市场流通效率和交易能力。云南花卉产业集群升级斗南花卉交易模式，建设新型一体化花卉集成交易与供应服务平台，建立了规范化、标准化的市场交易服务体系。内蒙古草原肉羊产业集群推动产地批发市场转型升级，完善交易专区、集配中心、电子结算、检验检测等设施设备。甘肃甘味肉羊产业集群建设提升肉羊交易市场，培育屠宰加工企业，扶持建设了一批饲草料种植、收贮、加工企业和线上营销企业。湖北小龙虾产业集群在潜江市建成了全国最大的小龙虾交易中心，形成了覆盖全国 480 多个大中城市的鲜活潜江龙虾冷链物流网，并开通了物流专线。

### （四）融合发展不断加强

贵州朝天椒产业集群以第二产业为突破口，稳定第一产业，带动第三产业，抓好一二三产业深度融合发展，大力发展辣椒食品精深加工，形成以老干妈为龙头引领的辣椒加工企业雁阵，以及贵州黔北—黔西北干制与发酵辣椒加工中心、黔中辣椒调味品加工中心和黔南—黔东南发酵辣椒加工中心三大加工中心"雏形"，提升产业链附加值。山西旱作高粱产业集群在加强高粱种植与醋、酒生产的基础上，打造了"老西醋博园"国家4A级旅游景区、潞酒工业园等一批多业态发展综合体，形成了以种植、酿造为基础，以旅游、康养、研学一二三产业融合发展的布局。河北鸭梨产业集群初步建成内容涵盖种植分析、产销对接等七大板块的"河北省梨全产业链大数据平台"，8个集群县和510家梨果企业、7家物联网基地入驻，有6万亩基地实现赋码追溯，覆盖梨生产基地35万亩；建成威县威梨电商孵化中心，孵化培育本地梨果电商企业12家，线上成交额同比增长150%；建成魏县梨产业信息服务平台，3000亩密植梨园实现全景视频监控、农事动态记录、图片适时上传。四川晚熟柑橘产业集群实施三次产业融合行动，提高产业综合效益。开展柑橘全产业链大数据试点，建成智慧气象数字果园2个，建立生产监测、病虫害防治、产地销售、市场研究等大数据系统。打造示范园，建成晚熟柑橘博览园和博物馆，建成万亩晚熟柑橘融合示范园10个，积极开展观光采摘、农事体验、科普教育等活动，其中青神县椪柑现代农业园区被评为省四星级现代农业园区，丹棱县晚熟柑橘种养循环农业园区被评为省三星级现代农业园区。云南花卉产业集群聚焦集群花卉产业发展短板，围绕加强自主研发创新，在加快补齐种业短板，加强绿色技术示范，助推品质提升，建强平台，打造现代化市场体系等方面强链补链，特别是在品种研发方面，在国际上开创了花卉新品种权保护创新机制的先河，以农业产业化和科技创新为引领推动集群云花产业全产业链发展。广西罗汉果产业集群通过培育科技支撑链、稳定原料供应链、做强产品加工链，形成了涵盖品种选育、基地种植、科技支撑、公共服务、整果利用、甜苷提取、加工转化、残渣循环利用、罗汉果+旅游、罗汉果电商和罗汉果冷链物流等环节的全产业链体系。

## 三　科技支撑有力

集群建设坚持科技赋能，依托科研机构，大力推进产学研协同创新，着力推进生产创新、技术创新、管理创新，增强科技支撑能力，支持国家级龙头企业创建国家级、省级、市级行业技术中心、工程技术中心和企业技术中心，培育和扶持高新技术企业发展，推广示范一批科技成果，推动农科教、产学研合作走向深入，在更大范围、更高层次、更宽领域吸引了资金、人才、技术等要素向乡村汇聚，不断提升产业现代化水平。

## （一）实施创新工程

江苏中晚熟大蒜产业集群通过实施科技创新提升工程，开展数字农业、绿色农业发展及科技支撑体系建设，围绕大蒜产业发展瓶颈，组织科研院所开展相关研究，改造和新建种子种苗繁育基地，培育引进新品种。建设覆盖集群全区域大数据平台，有效提升大蒜产地集散能力、信息收集能力和价格调节能力。山西旱作高粱产业集群大力发展和推广地膜覆盖、水肥一体等专业化有机旱作生产技术，明显提高了农业生态质量。内蒙古河套向日葵产业集群加快高品质及抗病向日葵品种的推广应用，研发推广抗性强、口感酥脆香甜、籽粒长度达3厘米以上的引领型系列新品种，形成向日葵相关技术规范，申报向日葵相关专利。浙江浙南早茶产业集群实施农业"双强"行动，重点研制茶园耕作、植保、施肥机械及名优茶智能化采摘机械等先进装备。海南橡胶产业集群通过分子设计、基因编辑和全基因组选择，促进定向聚合，创造"抗逆高产""胶木兼优""量质兼优"等新品种。天津都市型奶业产业集群建设都市型奶业绿色发展科技创新中心，重点扶持科技创新支撑与技术研发、奶牛疫病防控、乳制品质量安全监控、国际交流合作。江西鄱阳湖小龙虾产业集群创新并示范推广"不挖沟稻虾综合种养模式"和"繁养分离模式"，环鄱阳湖小龙虾重点生产区实现了100%繁养分离，扩大不挖沟稻虾综合种养面积，实现了出早虾、出大虾的发展目标。

## （二）开展创新合作

北京设施蔬菜产业集群发挥首都高校资源优势，在设施蔬菜领域整合各类科研院所行业专家100余名，建立综合试验站26个、农民田间学校工作站105个，打通科技服务"最后一公里"。培育引进番茄、黄瓜、辣椒、茄子品种500余个，建立设施高产高效技术示范点20个，推广"专家+农技人员+基地+主体"的科技入户模式。北大荒蔬菜产业集群与黑龙江省农垦科学院合作，开展科技样板田、北大荒专属新品种展示、黑土耕地种植环境监测等农业科技项目，引进试验示范新品种 36 个，落实科技示范户 58 户、示范区 22 个、示范带 67.4 公里，科技进步贡献率达到 65%。山西旱作高粱产业集群联合全国高粱相关科研院所和酿造、种子企业，开展全链条标准化示范点建设，实现了种子选育、专用种子生产、原粮基地种植、仓储加工、酿造产品的全面升级。重点在沁县打造国家谷子高粱产业技术体系"一县一业"示范县，建立完善"高粱酿酒—酒糟养牛—牛粪肥料化还田—高粱种植"的生态循环产业链。湖北三峡蜜橘产业集群积极与新华社中国经济社合作建立脐橙系列价格指数发布平台，定期发布秭归脐橙系列价格指数，不仅监测全国脐橙市场运行，还将数据技术这一新动能注入脐橙产业零售、收购、批发等多个环节，成为橘农生产、政府监管、贸易决策的"晴雨表"和"风向标"。广东金柚产业集群建立全省唯一一家柚产业研究方向的院士工作站，研究柚产业相关化妆品、护肤品等高附加值产品。在加工环节，集群区域内成立了国内第一个柚产品加工研发中心，拥有自主开发的柚产品全果深加工生产线，已成功研发生产包括蜂蜜柚子茶、柚子酥等深加工系列产品。集群内建设区域性全产业链大数据平台，实时掌控金柚产业链数据变化。重庆荣昌猪产业集群与科研院校建立人才培养合作机制，着力培养农业人才和科技创新团队。荣昌区集聚畜牧科技和创新创业人才 2 万余人，靶向柔性引进院士 8 人、市外专家 61 人，建设荣昌猪全产业链技术创新团队和人才培养基地。[1] 利用大数据技术建设的生猪智慧养殖场已实现生猪精准饲喂和远程监控管理，节约了 50% 的人工成本、8% 的饲料成本，并帮助数个万只级别的大中型养猪场实现增收。[2] 甘肃甘味肉羊产业集群强化产学研结合，集群有关县市与中国农业大学、西北农林科技大学等院校合作，建立产学研基地和新品种研发中心，增强新技术、新产品研发能力。广西三黄鸡产业集群与中国农业大学、华南农业大学、广西大学、中国农业科学院、广西畜牧研究所等科研机构建立科研合作技术平台，大力推进玉林三黄鸡产业品种培育、标准化养殖、精深加工、品牌建设等相关工作。

---

① 别致：《荣昌：做强畜牧品牌 建好国家畜牧科技城》，《当代党员》2022 年第 Z1 期。
② 常宇：《党建引领 智慧赋能 绿色发展》，《中国市场监管报》2023 年 10 月 28 日。

### （三）搭建创新平台

山东寿光蔬菜产业集群拥有全国蔬菜质量标准中心、中国农业科学院寿光蔬菜研发中心、中国农业大学寿光蔬菜研究院等研发机构。安丘市先后与中国科学院、中国农业科学院、中国林业科学研究院、山东产业技术研究院等科研院所合作，设立了根茎蔬菜技术研发中心、安丘大姜良种资源中心、土壤改良中心、山东乡村振兴研究院等研发机构，引进、研发、推广新品种、新技术、新模式，改良、引进生姜、大葱等良种171个，推广有机肥替代化肥和有害生物绿色防控技术等良法82种；寒亭区狠抓种业创新能力提升，实行蔬菜标准化、生态循环种植；临淄区思远农业研发"小稷云""农保姆""齐稷通""齐稷汇"等多个App智能感知系统，开展智慧农业标准化服务。河北越夏食用菌产业集群依托河北省食用菌产业技术体系创新团队和国家食用菌产业技术体系，先后在平泉、临西、宁晋建成了国家食用菌菌种改良中心、国家食用菌工程技术研究中心光明工厂化食用菌新品种研发基地、河北省（平泉）食用菌产业技术研究院、河北省羊肚菌产业技术研究院、河北省大球盖菇产业技术研究院等国家及省级研发平台。山西旱作高粱产业集群在山西农业大学（省农业科学院）建设山西旱作高粱产业公共支撑平台，为高粱产业集群提供信息、技术、检测等服务，推广"山西高粱""山西陈醋""山西清香型白酒"等区域公用品牌。河北鸭梨产业集群立足补短板、强弱项、扬优势，围绕建设"面积最大、品质最优""实力最强、出口最多"的产业集群，组织国家梨产业技术体系、省梨产业技术体系和重点龙头企业联合成立"河北省梨果产业技术研究院"，引导科技要素向梨果产业集聚，提高自主创新能力，突破一批核心技术，推动集群县延长产业链、优化供应链、提升价值链。四川晚熟柑橘产业集群打造晚熟柑橘研究院平台，开展从柑橘新品种选育到采后商品化处理等全产业链关键技术研发、新技术推广、智慧农业开发、成果转化和人才培养等工作，推进产业链高质量发展。重庆柠檬产业集群依托重庆市柠檬深加工工程技术研究中心，加强应用基础研究，荣获多项国家专利。集群内各区县紧密合作，合力推进柠檬产业技术服务中心、检测认证中心等各类综合服务平台建设。抓住成渝双城经济圈建设机遇，联合四川共建柠檬科技创新分中心（大足）和研发分中心（合川）。安徽酥梨产业集群建设安徽砀山酥梨研究院。吉林长白山人参产业集群建立了长白山资源与健康研究院，为集群推进科技创新搭建了良好的研发平台。安徽徽茶产业集群依托安徽农业大学茶树生物学与资源利用国家重点实验室、安徽省农科院茶叶研究所等创新平台和安徽省茶叶产业技术体系、安徽农业大学新农村发展研究院大别山综合试验站、皖南综合试验站等科技创新服务平台，推进"政产学研推用"深度融合发展，提高自主创新、集成创新和示范应用能力。福建武夷岩茶产业集群龙头企业积极发挥创新引领作用，推进"产学研"一体化发展，武夷星茶业设立武夷山市茶叶科学研究所，联合陈宗懋院士建立了院士工作站，与多所科研院校开展研发合作，共同承担国家、省市科研项目近100项，拥有国家发明专利及实用新型专利240余项。云南花卉产业集群依托科研单位和花卉育种企业，建设国际花卉创新中心，引入全球领先的种业公司合作开展技术研发，集群自主培育获得授权的花卉新品种近500个，引进推广的新品种累计达到800余个，新品种推广种植面积达到5万亩以上，收集保存各类花卉种质资源1万余份，自主培育新品种数量及推广面积均为全国第一。广西罗汉果产业集群充分发挥高校和科研院所优势作用，成立了广西罗汉果产业技术创新战略联盟，就罗汉果产业共性关键技术开展联合攻关，成功自主选育多个罗汉果品种，在自治区范围推广种植，并围绕罗汉果精深加工持续开展研发创新，创造独具特色的罗汉果终端产品，覆盖了罗汉果产业链各个环节，形成一套完整的食品安全管理体系。罗汉果干和罗汉果提取物出口不断增长，产品远销东南亚、欧洲等多个国家和地区。湖南湘猪产业集群组建了优质湘猪产业创新联盟，由中国工程院院士等专家团队为集群建设提供智力和技术支撑。省、市、县分别建立了由行业专家和基层技术服务人员组成的技术创新和指导团队，每月定期开展技术指导。宁夏六盘山肉牛产业集群成立了国家肉牛改良中心固原试验示范站和肉牛产业技术研究院，开展肉牛（饲草）良种选育、人工草地建设、中高端肉牛生产、高效养殖等关键技术研究示范，为肉牛产业高质量发展提供强有力的技术支撑。同时，加快良种繁育体系建设，提升肉牛冷配改良站（点），冷配改良母牛，良种率不断提升。

## （四）组建专家团队

河北越夏食用菌产业集群组建河北省现代种业食用菌育种创新团队，

汇集省内外 50 余名业内专家，创制新种质 400 余份，获得认定品种 2 个、专利保护品种 4 个，研发新技术 20 余项，获得国家授权专利 44 件。新建省级食用菌创新驿站 7 个，设立市级综合试验站 5 个，建设 17 个以集成推广关键共性技术为重点的县级创新驿站，引进推广优良品种 13 个，自主培育珍稀食用菌新品种 2 个，集成示范推广食用菌绿色高效栽培技术 18 项，为集群建设提供多层次、网格化科技支撑。通过试验和改良越夏食用菌栽培技术，带动全省食用菌标准化生产水平显著提高，围绕全产业链制定 25 项生产技术标准，优质菇率达 80% 以上，食用菌产量提高 10% 以上，标准化率提高 10 个百分点，推进菌棒集约化、生产规模化、管理标准化、栽培轻简化、产品优质化。山西旱作高粱产业集群成立旱作高粱产业集群专家团队，由有关科研和技术推广部门等单位的 50 名专家组成，为旱作高粱产业集群建设项目和酿品精深加工发展提供技术咨询、技术指导和技术支撑，推动高粱产业"六新"发展。① 河北鸭梨产业集群强化专家教授引领，成立 189 人梨果创新团队，组建集群建设智囊团，共同为集群建设提供种植技术、市场研判、产销对接支撑。强化专业讲师培训，携手天猫生鲜、抖音、杭州农本咨询等，开展网络销售、优质优价等专题培训，不断提高河北梨果在各大电商平台的知名度和销售量。强化农技人员推广，积极组织引导基层农技人员开展先进适用技术推广，成功探索新技术、新模式 4 项，亩节约劳动成本 2500 元以上。②

## （五）制定标准规程

山东寿光蔬菜产业集群坚持以标准体系为核心，强化寿光蔬菜的品质保障，已在全国认证 50 处试验示范基地，完成山东区域粤港澳大湾区"菜篮子"生产基地执行标准汇编、37 种蔬菜的 54 项生产技术规范和操作规程编制，发布 5 项全产业链行业标准、14 项地方标准和 19 项团体标准，探索设施蔬菜全链条标准化生产模式。贵州朝天椒产业集群研究制定《贵州省辣椒种植技术指导意见》《贵州省辣椒根腐病绿色防控技术规程》《贵州辣椒干》等一系列地方标准，大力推进"良种工程"，打造"生态贵椒"，集

① 高飞、赵炜：《如何建成"全国优质杂粮开发示范基地"》，《农民日报》2021 年 8 月 9 日。
② 《河北鸭梨 统筹布局强支撑 聚合优势增活力》，《农村工作通讯》2023 年第 14 期。

群主推"遵椒""遵辣""黔辣"等特色优势品种，稳定提升辣椒品质。遵义市实施朝天椒"换种工程"后，效益显著提升，亩均收入提高 20% 以上。河北越夏食用菌产业集群以平泉市、承德县、兴隆县、宽城县、阜平县等为主，以香菇为主导品种，提升规模化、标准化及商品化水平，建成现代化生产示范基地 8 个，对现有棚室进行提升改造，配备通风设施、微喷或滴灌设施，主推《香菇液体菌种生产技术规程》《工厂化香菇菌棒生产技术规程》《工厂化黑木耳菌包生产技术规程》《日光温室羊肚菌生产技术规程》《设施大球盖菇栽培技术规程》等。① 山西旱作高粱产业集群在企业带动下推进标准化生产，山西晋沃农业科技有限公司等种子企业在种子生产过程中严格执行《高粱种子生产技术操作规程》等标准，保证种子质量。山西国禾天元现代农业有限公司积极推广山西省地方标准《酿造专用高粱栽培技术规程》等，率先开展高粱标准化示范基地建设，实现有标贯标，标准上墙。② 安徽酥梨产业集群坚持标准化生产是实现砀山酥梨品质提升的具体手段，在产地环境、投入品管控、农药残留、产品加工、储运保鲜、分等分级等诸多关键环节坚持实施砀山酥梨标准化，及时修订"砀山酥梨生产技术规程"，新制定《地理标志产品砀山酥梨》地方标准，确保砀山酥梨能够按照生产操作规程进行生产。鼓励支持新型经营主体发挥各自优势，集中连片推广绿色高效农业生产方式，促进砀山酥梨标准化生产。新疆库尔勒香梨产业集群为壮大库尔勒香梨特色优势产业，提高市场竞争力，助力果农增产增收，多措并举，在香梨生产"三品一标"（品种培优、品质提升、品牌打造和标准化生产）上下功夫，努力提升香梨产品品质，推动香梨产业高质量发展。先后出台《特色林果库尔勒香梨绿色生产技术规范》《关于进一步促进库尔勒香梨产业持续健康发展的实施方案》等规范文件，修改完善《库尔勒香梨标准体系》，实施《巴音郭楞蒙古自治州库尔勒香梨产业高质量发展促进条例》，有力促进了库尔勒香梨种植管理先进技术推广，持续提升香梨标准化生产水平。四川晚熟柑橘产业集群制发技术规程 2 个，完善不知火等主推品种生产技术规范 9 个，保障基地建设、种植技术、商品处理和产品品质实现标准化，推行果园生草等绿色生产技术 22 项。青

---

① 《河北省优势食用菌产业集群 2022 年推进方案》，《河北农业》2022 年第 10 期。
② 王秀娟：《以高标准促高质量》，《山西日报》2022 年 2 月 7 日。

神县建立标准，变柑橘产区为示范区，制定了《青神县晚熟柑橘产业集群项目建设标准和要求》。井研县建立健全柑橘生产加工标准体系，发布《井研柑橘绿色生产技术规程》《"井研柑橘"农产品区域公用品牌管理规范》等三项团体标准。云南花卉产业集群积极推广标准化生产技术，制定发布推广鲜切花无土栽培技术规程6套。

## 四　主体培育积极

在集群建设的带动下，从龙头企业、专业合作社、家庭农场到专业大户，激发了主体发展活力和内生动力，形成了企业引领、合作社跟进、农民广泛参与的发展格局。通过加大投入、引进技术、装备设备等措施开展产业集群项目建设，产业技术水平、生产能力、产品质量、销售量等均得到明显提升。集群有针对性的项目建设，有效提升了经营主体的规模化、组织化、产业化、绿色化、市场化水平。集群生产、加工类龙头企业在不断壮大的同时，电商型主体也得到快速发展。

### （一）加快经营主体培育

江苏中晚熟大蒜产业集群徐州市已实现全产业链布局，从事大蒜商贸和加工的企业近300家，其中国家级产业化龙头企业2家、省级10家，在企业带动下，年出口大蒜连续多年超过30万吨，出口额4亿美元以上。贵州朝天椒产业集群重点支持龙头企业实施加工技术改造、扩能转型升级，逐步成为贵州辣椒产业发展各环节"领头羊"和主力军。辣椒加工企业中10余家被纳入"双百"企业培育，多家企业被列入上市挂牌后备企业资源库。"老干妈"公司成为"2020年全国百强农业产业化龙头企业"。依托遵义辣椒生态原产地的优势，贵州省贵三红食品有限公司成为贵州省规模最大的发酵辣椒生产企业，公司在创新研发生产、精深加工上不断发力，为小辣椒赋予"百变身份"，公司生产线配置了国内领先的自动化无尘灌装系统，发酵后的辣椒，经过精挑细选、二次清洗后，通过自动化流水线传送到无尘灌装车间，保证了辣椒品质和产品安全。河北越夏食用菌产业集群的阜平食峰公司成为阜平县乃至全国香菇菌棒生产能力最大的单体菌棒生产厂，实现了菌棒灌装、接种的全自动化。平泉市瀑河源食品有限公司是河北省农业产业化经营重点龙头企业，以食用菌的种植、流通为主业，取得"香菇周年化生产技术成果",设计了能够保温、升温、降温、调湿和可拆解的环保温室大棚,解决了夏季酷热季节出菇大棚的自动降温、冬季快速升温的问题,弥补北方食用菌市场夏季最热季节和冬季无产品的空白,使食用菌栽培由传统的一年一季生产转变为一年两季生产。"瀑河源"牌食用菌获得"河北省著名商标""河北省名牌产品",公司基地取得"良好农业规范认证",年销售鲜香菇16000吨,出口美、日、韩等发达国家,在全国鲜香菇销售领域占有举足轻重的地位。① 河北鸭梨产业集群以扶持壮大龙头企业为抓手,在基地水平提升、联农带农机制、产后处理升级、精深加工迭代、高端市场拓展等方面给予更多的政策资金支持,着力打造"利益共同体",实现企业与农民"双赢"。引导37家生产型主体打造高质高效样板田,优质果率提升5个百分点以上,亩增效益1000元以上。河北鑫鼎农业科技有限公司被认定为国家红梨标准化生产示范基地,引导13家加工型主体做大做强产后环节,生产效能大幅提升。晋州长城建成全国首家单体规模最大、最先进的鲜梨智选中心,泊头市庞龙果品有限责任公司总贮藏能力超1.5万吨,出口量居全国前例,引导13家电商型主体加快发展,不断提升知名度、扩大覆盖面。辛集市翠王果品有限公司成为美团等6大平台的河北梨果直管仓,晋州长城占据京东平台梨自营量的60%以上,成为国内高端市场优质梨风向标。② 四川晚熟柑橘产业集群培育规模种植主体2158个,新培育引进绿源、沃馋等初加工冷链物流经营主体。集群现有农民合作社和家庭农场以及从事柑橘种植、初加工新型经营主体超1000个,带动专业大户发展。青神县百家椪柑专业合作社有种植基地5000余亩,鲜果冻库1500平方米,注册"橘香百家"商标,被四川省农业农村厅评为省级示范社,合作社推广"5+4+1"小农利益联结机制,帮助农民群众增收致富。安徽徽茶产业集群茶产业主体进一步壮大。黄山市有省级以上龙头企业22家,其中国家级2家;有省级(茶叶)示范合作社25家,省级示范联合体17家。徽州区、歙县、休宁县、黟县、祁门县入选"2020中国茶业百强县",祁门县荣获"2020年度茶业品牌建设十强县",徽州区荣获"十三

---

① 《"双创"成果:香菇周年化生产效益明显——河北平泉县瀑河源食品有限公司》,农业农村部官网,http://www.moa.gov.cn/ztzl/scdh/sbal/201609/t20160905_5265212.htm。

② 《河北鸭梨 统筹布局强支撑 聚合优势增活力》,《农村工作通讯》2023年第14期。

五"茶叶发展十强县，影响力进一步扩大。云南花卉产业集群大力培育新型农业经营主体，引导合作社、农户向新兴产区发展，提升经营主体的规模化、组织化、产业化、绿色化、市场化水平。多家省级以上示范社参与产业集群建设，集群新增省级以上龙头企业 9 个，总数达 51 个，花卉合作社共 228 个，花农达 4.1 万户。借助产业集群建设发展契机，育优做强"链主"企业，大力培育"专精特新"主体。2022 年，云南云天化花匠铺科技有限责任公司在晋宁区建设投产晋宁花卉产业现代化示范园，通过整合"科研+种植+水肥+采后处理+品牌流通"，建立了切花月季高效绿色生产体系，实现了采后处理智能化，直接带动周边上千户农户从事花卉生产，户均增收 1.5 万元。禄丰市以链群为抓手，成功引入禄丰锦海农业科技发展有限公司落地开花，新建 307 亩高标准绿色无土栽培花卉基地，实现水肥一体化智能控制系统全覆盖，配套智慧分拣生产线、花卉物联网智慧农业生产管理平台，与传统种植相比可达到减肥 30%、节水 40%、产量提高 30%。①宁夏六盘山肉牛产业集群引进华润集团、福建融侨、山东水发等龙头企业，开展肉牛屠宰、精深加工、冷链物流、市场营销服务等，支持发展企业 12 家、合作社 10 家，有效延长肉牛产业链条。西吉县大力培育养殖大户，打造养殖示范村、建设养牛专业乡镇，带动全县肉牛产业发展，培育标准化养殖场 120 家，打造养殖示范村 188 个、万头养殖示范乡镇 13 个，建成"出户入园"肉牛养殖小区 17 个，发展肉牛养殖户 4.5 万户。河南豫西南肉牛产业集群形成了以国家、省、市三级农业产业化龙头企业为主体推进的发展格局，各类种植养殖大户、农民专业合作社多元参与的发展模式。通过加大招商引资力度，积极引进和培育全国知名肉牛屠宰加工企业，加快推进肉牛产业链式发展。南阳市、驻马店市、平顶山市积极响应省委省政府号召，围绕夏南牛产业化开发，引进重庆恒都农业开发公司，组建了河南恒都食品有限公司；围绕皮南牛产业化开发，引进内蒙古科尔沁牛业股份有限公司，组建了科尔沁牛业南阳有限公司；围绕郏县红牛产业化开发，引进和培育平顶山瑞宝红牛肉业有限公司、河南国润牧业有限公司。现有国家级产业化龙头企业 1 家，为河南恒都食品有限公司，省级产业化龙

---

① 《云南从花卉产业大省向花卉产业强省迈进——集链成群建设世界一流花卉产业》，云南省农业农村厅官网，https://nync.yn.gov.cn/html/2023/yunnongkuanxun-new_1227/403178.html。

头企业 2 家，为科尔沁牛业南阳有限公司和河南国润牧业有限公司，形成了以泌阳县为核心，辐射带动驻马店市的夏南牛；以新野县为核心，辐射带动南阳市的南阳牛；以郏县红牛为核心，辐射带动平顶山市的郏县红牛的肉牛产业集群，打造了从养殖到屠宰加工到物流销售的完整产业链条。青海牦牛产业集群共有 6 家国家级龙头企业、7 家省级龙头企业、14 家市州级龙头企业、129 家农牧民专业合作社参与牦牛产业集群建设，直接带动农户 1.15 万户，集群产业从业农民人均可支配收入增加 1843 元。① 内蒙古草原肉羊产业集群制定实施《培育农牧业产业化重点龙头企业五年行动计划》，推动龙头企业重心下沉，逐步形成了以国家级龙头企业为领头雁，以自治区级肉羊龙头企业为"雁阵"的产业发展模式。

### （二）建立产业化联合体

山西旱作高粱产业集群新培育高粱生产加工企业牵头的产业化联合体，联合体内新增多家农业企业、合作社、家庭农场，带动农户人均收入高于联合体外 20%。内蒙古河套向日葵产业集群产业示范联合体由 14 家增加到 24 家，3 家向日葵龙头企业被市政府列为重点推动上市企业。河北鸭梨产业集群在集群内 4 家国家级龙头企业、23 家省级龙头企业、12 个省级产业化联合体的带动下，河北梨果面积、产量及出口量均居全国第一位。② 湖北三峡蜜橘产业集群宜昌市夷陵区组建一家柑橘联合社，建设柑橘生产基地 10 万亩以上，建立"保底+分红"的利益联结机制，联合社农民人均可支配收入达到 29000 元，比夷陵区平均水平高 20% 以上。四川晚熟柑橘产业集群青神蜀品堂种植专业合作社联合社由 15 家农民专业合作社组成，成员农户 2871 户，种植面积 48700 亩，主要业务有柑橘类果品的种植与销售，农业种植技术培训服务，种植技术开发、咨询、交流、推广等服务。邀请有关专家教授开展技术培训，已培训人次达 2 万多，培训内容包括柑橘的优质高产栽培技术和各类病虫害的防治。通过培训促进果农科学种植，提高柑橘品质，提升种植效益，降低生产成本，促进果农增收。重庆荣昌猪产业集

---

① 《青海：牦牛、藏羊集群总产值分别达 140 亿元、187 亿元》，中国新闻网，https://www.chinanews.com/cj/2023/07-20/10046581.shtml。
② 《河北鸭梨 统筹布局强支撑 聚合优势增活力》，《农村工作通讯》2023 年第 14 期。

群积极推进产业化联合体建设，参与集群建设的主体涵盖生猪养殖、饲料加工、兽药生产、肉制品加工、有机肥生产以及物流等全产业链环节。荣昌区建设的"重牧硅谷"成功获批国家级科技企业孵化器。由龙头企业、科研机构等代表单位发起建立的荣昌猪产业集群科创资金联合体，成员涵盖教学、科研、饲料兽药企业、养殖企业和养殖户、基层畜牧兽医服务机构等，弥补了荣昌猪品牌建设与市场形象维护、集群发展的实体短板，为推动中国地方猪集群式发展提供了现实参考。

## 五  品牌打造持续

集群通过制定农产品品牌提升方案、成立品牌协会、建立品牌建设机制等手段，促进产品获得绿色食品认证、有机农产品认证和地理标志保护农产品认证等，打造区域品牌、企业品牌，提高品牌含金量，"省级品牌+区域品牌+企业品牌+产品品牌"多级品牌体系逐步形成；集群主体联合开展品牌经营，通过产地推介、网络直播、会展平台等有效措施宣传推广，扩大品牌影响力，促进优质特色产品走向更大市场。

### （一）积极推进产品认证

山东寿光蔬菜产业集群寿光市拥有"乐义蔬菜""七彩庄园"2个中国驰名商标，认证"三品一标"农产品300多个，桂河芹菜、古城番茄等15个产品入选农业农村部全国名特优新农产品名录，粤港澳大湾区"菜篮子"产品认证基地达到56家。贵州朝天椒产业集群共有遵义朝天椒等10个地理标志产品品牌，花溪辣椒等4个辣椒区域公用品牌，以及1个省级公用品牌和311个辣椒企业品牌。遵义朝天椒获得了"最具影响力品牌"和贵州省十强农产品区域公用品牌，入选全国首批农业品牌精品培育计划，获评第二十三届中国中部（湖南）农业博览会"金奖"和"最受欢迎农产品奖"。河北越夏食用菌产业集群大力开展品牌提升行动，河北省全省注册食用菌商标达到135个，省级名牌产品达到30个，培育了"平泉香菇""阜平老香菇""遵化香菇"等区域公用品牌和"森源""瀑河源"等企业品牌。"平泉香菇"被评为首批河北省十佳名优农产品区域公用品牌。河南伏牛山香菇产业集群灵宝香菇、汝阳香菇为农产品地理标志产品，西峡香菇为地理标志证明商标产品。内蒙古河套向日葵产业集群共有7家企业新增向日葵绿色食品认证 9 个，全国名特优新农产品新增向日葵方面的 10 家企业共 5 个产品，新增 3 家"河套向日葵"国家农产品地理标志授权企业。安徽酥梨产业集群砀山县有 42 家生产经营主体获绿色食品认证。新疆库尔勒香梨产业集群不断推进库尔勒香梨标准化、规模化生产，建设香梨州、市、乡三级示范园 328 个，绿色食品生产基地 6.4 万亩，认证绿色产品 11 个、有机产品 14 个、地理标志产品 1 个，创建新疆著名商标 11 个、巴州知名商标 10 个。山东烟台苹果产业集群先后荣获中国驰名商标、国家地理标志证明商标、首批中欧地理标志互认农产品等称号，获批创建首批国家地理标志产品保护示范区。四川晚熟柑橘产业集群井研县成功打造"繁盛""沃馋""果味来"等一批具有影响力的本土自主品牌，注册"超果""川柑"等柑橘产品商标 30 个。井研柑橘注册地理标志证明商标，获批筹建省级地理标志产品保护示范区，"井研柑橘"系列元素共获外观专利 8 件、版权登记 14 件、注册商标 12 件。四川果味来农业科技有限公司等 4 家公司获得绿色食品认证。同时，集群引导企业全力抓好认证建设工作，繁盛杂交柑橘专业合作社生产的"春见""爱媛 38"获四川省优质品牌农产品和四川省气候品质认证，"井研血橙""井研水晶柑"获得全国名特优新农产品，"超果杂交柑橘"荣获四川省优质品牌产品。重庆柠檬产业集群"潼南柠檬"获评国家地理标志，被纳入国家生态原产地产品保护名录，被认定为全国名特优新农产品，成功创建国家外贸转型升级基地（柠檬），通过了出口备案基地认证和出口备案工厂认证，出口备案基地已经达到了 2.8 万亩。[①] 广东金柚产业集群新增绿色产品认证数 3 个，绿色食品与有机产品认证累计达 119 个，绿色和有机产品面积达 6.94 万亩。安徽徽茶产业集群黄山茶叶有地理标志证明商标 3 个、地理标志保护产品 7 个、中华老字号 2 个、中国驰名商标 10 个，"黄山毛峰"被评为"中国十大茶叶区域公用品牌"，黄山市荣获"中国名茶之都"称号。福建武夷岩茶产业集群通过 SC 认证企业 834 家，获得茶叶类证明商标 9 件、驰名商标 4 件。吉林长白山人参产业集群白山市落实 28 项人参优质安全栽培技术，28 个产品获得绿色、有机产品标识认证，全市人参绿色、有机认证基地面积达 2481.1 亩，人参良种率达到 85%。

---

① 《潼南：百亿级柠檬产业集群硬核"出圈"记》，重庆市农业农村委员会官网，http://nynew. cq. gov. cn/zwxx_161/qxlb/202307/t20230724_12175965_wap. html。

"抚松人参"产业发展模式入选全国农业生产"三品一标"典型案例。① 重庆荣昌猪产业集群的"荣昌猪"品牌获得国家地理标志证明商标，被纳入国家生态原产地保护产品名单和国家级资源保护名录。宁夏六盘山地区肉牛产业集群成功申报"宁夏六盘山牛肉"区域公用品牌，培育"固原黄牛""西海固""泾源黄牛肉"3个国家地理标志保护产品。河南省豫西南肉牛产业集群获得绿色产品认证7个、国家地理标志保护产品3个、有机农产品认证5个，培育区域公用品牌13个，郏县雪花牛肉被列入全国名特优新农产品名录。培育了"恒都牛肉""夏南牛""伊希达""溢佳香"等知名品牌，牛肉产品600多个品种，"夏南牛""确山脂脖牛肉"获得农业农村部农产品地理标志，数个产品入选生态产品原产地保护名录，获得河南风味名吃、驻马店名吃、河南省我最喜爱的绿色产品等荣誉，品牌影响力、市场竞争力不断增强。甘肃甘味肉羊产业集群"民勤羊肉""环县羊羔肉"获批国家地理标志保护产品。广西三黄鸡产业集群"玉林三黄鸡"商标获得地理标志认证。湖北小龙虾产业集群"潜江龙虾"获农产品地理标志产品、地理标志证明商标注册。

## （二）大力开展品牌推介

贵州朝天椒产业集群加大辣椒特征品质分析与评价研究，大力推进"贵椒"省级公用品牌创建，加大区域品牌、企业品牌培育力度，贵州辣椒知名度、美誉度、影响力不断提升，成为贵州一张靓丽的名片，获得外交部点赞推介、海外"出圈"。河北越夏食用菌产业集群开展食用菌品牌创意和宣传推介，发布"河北蘑菇"省级区域公用品牌，以越夏香菇、栗蘑、羊肚菌三大优势特色品类为核心，形成"省级区域公用品牌+县域公用品牌+企业品牌+产品品牌"协同发展的四级品牌体系，推动全省食用菌产业链条快速发展，全面提升食用菌产业竞争力。组织食用菌龙头企业参加各种宣传推介、展示活动，连续举办京津冀蔬菜食用菌产销对接大会，持续提高"平泉香菇""阜平香菇""遵化香菇""宁晋羊肚菌""迁西栗蘑"5个高端精品的品牌知名度。在CCTV-2、CCTV-7等央媒平台多次投放河

① 《白山："五位一体"打造人参产业集群》，吉林省农业农村厅官网，http://agri.jl.gov.cn/xwfb/sxyw/202212/t20221215_8648916.html。

北食用菌区域公用品牌宣传片、推介短片、公益广告，通过全方位、电子化、信息化的宣传，品牌产品溢价能力提高 10% 以上。阜平县举办了"老乡菇"品牌电商产销对接发布活动，和腾讯"微视"电商平台签署战略合作协议，通过短视频直播电商的方式，提升品牌知名度，促进产品销售，平泉市在京东直播平台举办了"'醉'美平泉、'蘑'力无限"的专题直播助农活动，利用线上平台，推进农产品线上促销，搭建起了全新的立体销售网。河北鸭梨产业集群召开以"梨商网来 冀梨遍天下"为主题的梨电商大会，举办梨王争霸赛。网红经济助推农特产品通过云端走向全国。阿里巴巴授予 8 个集群县"天猫正宗原产地"，28 个直播团队和 73 家企业多渠道进行现场直播，40 多家新闻媒体进行集中报道。与"天猫"平台合作，"线上推""线下展"相结合；组织 37 家企业抱团参加上海第 13 届亚果会，统一布展，集中亮相，并以"世界梨乡 魅力河北"为主题面向全球召开河北特色梨果推介会，省市县领导亲自推介；对接天猫生鲜，新开天猫网店 17 家；携手抖音平台，打造"抖音号+商品橱窗"（号品一体）模式小店 69 家，建立河北梨果网络直播推介体系，并以"冀有鲜梨 清润无比"为主题，定向广东等主销地进行亿级流量推送；在 CCTV-7、CCTV-13、CCTV-17、《农民日报》、新华社新媒体等主流媒体开展"辛集黄冠梨""魏县鸭梨"等河北鸭梨主体相关宣传报道。安徽酥梨产业集群依托"梨花节""酥梨采摘节"等活动，开展公益直播。新疆库尔勒香梨产业集群不遗余力推进品牌建设，加大库尔勒香梨驰名商标的保护、宣传、推广力度，积极引导企业、合作社和果农建立利益联结机制，推广"互联网+林果产品"电子商务营销模式，着力打造"孔雀河畔"等高端库尔勒香梨品牌，并利用各类展会、交易平台，进一步提升库尔勒香梨品牌知名度、影响力和市场竞争力。山东烟台苹果产业集群实施"区域品牌、产品品牌、企业品牌"三位一体品牌建设战略。烟台市蓬莱区发挥蓬莱旅游资源优势，依托百年老果园和古楼，建设苹果文化展示馆，讲好"烟台苹果·蓬莱产区"故事。威海荣成开展一系列品牌宣传、推介和营销活动，打造"荣成苹果"等区域公用品牌和企业产品品牌。[①]湖北三峡蜜橘产业集群通过在宜昌、武汉举办的展览推介活动，以及在北

① 《145.05 亿元！烟台苹果品牌价值 12 连增》，《走向世界》2020 年第 38 期。

京、青岛等多个主销城市举办的各类品牌宣传推广活动，"宜昌蜜桔""秭归脐橙""宜都蜜柑"等湖北三峡蜜橘的品牌知名度得到了极大的提升，"宜昌蜜桔""秭归脐橙"区域公用品牌授权企业已接近200家。四川晚熟柑橘产业集群井研县精心组织"井研柑橘"系列产品推介，走进长三角、大湾区、大西北等多个一线城市开展品牌营销，同时利用网络直播、媒体推荐等打造网红打卡地，"井研柑橘"品牌形象成功进驻成都双流机场和上海虹桥机场。"井研柑橘"已吸引盒马鲜生、云集、宜品生鲜等60余家优质渠道商来研洽谈产销对接。重庆柠檬产业集群"潼南柠檬"获评国家地理标志商标，建成世界首条柠檬果胶生产线，搭建线上"国际柠檬交易中心"，远销30余个国家和地区，柠檬深加工及出口量均居全国第一位。连续举办6届国际柠檬节，"潼南柠檬"品牌享誉全国。福建武夷岩茶产业集群创新实施国际茶文化传播志愿者项目，已覆盖30多个国家，全方位、立体化拓展国内外市场，同时面向国内外食品行业知名品牌特别是茶饮料企业和线下茶饮品连锁店，有针对性地开展产业链新产品技术研发和营销新业态、新模式探索。新疆兵团红枣产业集群搭建大数据招商平台实现精准招商模式，培养数字化电商人才，打通微商社群分销渠道，助力企业品牌全网推广。云南花卉产业集群以提质增效、转型升级为主线，积极打造"云花"品牌，全面宣传展示"云花"品牌形象，强化"云花"品牌价值内涵，云南省花卉技术培训推广中心依托全国重点新闻及地方门户网站传统媒体平台优势，联合云南网、抖音、学习强国、今日头条等多个知名平台，有效提高公众对"云花"品牌的认知力。组织开展"四季云南 世界花园"专题推介活动，宣传推介云南"10大名花"活动，邀请15家"10大名花"获奖企业到场推荐新优品种花卉。在开远市组织举办"对话云花"论坛活动，邀请有关单位、科研院所专家及国际植物新品种保护联盟、荷兰驻重庆总领馆等组织和机构的代表，以"现场+线上"的模式开展交流。开远市、禄丰县、红塔区、晋宁区、呈贡区、马龙区、姚安县7个县市区开展推介直播活动，集中展示重点花卉生产县的创建成果，凸显云南省花卉产业绿色化、数字化、科技化、智能化的发展格局。四川川猪产业集群苍溪县新注册了"嗨充食"食品商标，创建了"翼博牌猪肉""品可品罐头"等品牌，通过农产品展销，不断扩大品牌影响力。绵阳市构建"市级区域公用品牌+县级区域公用品牌+企业品牌"品牌打造体系，全市新增区域公用品牌和企业品牌 13 个。① 湖南湘猪产业集群支持各类主体举办和参加博览会等产品宣传活动，培育了毛氏雪花猪肉、三旺村香猪、豪亿湘猪等一批特色产品品牌。宁夏六盘山肉牛产业集群立足产业，依托宁夏六盘山肉牛品牌及"固原牛肉"国家农产品地理标志及地理证明商标，以"政府主导、企业参与"的形式，通过宁夏六盘山地区肉牛产业集群品牌塑造，突出品牌形象设计、营销策划、宣传与推介，扩大市场影响力，提升品牌知名度，实现肉牛产业提质增效、产品溢价，让宁夏六盘山肉牛产业走上高质量发展之路，带动农户增收致富。陕西关中奶山羊产业集群多措并举打造陕西羊乳公用品牌。联合主办 2020 第五届中国西部畜牧业博览会暨奶山羊产业发展大会，同期举办奶山羊发展论坛；组织羊乳加工企业参加全国乳品博览会、中国奶业大会、孕婴童展等国际国内知名展会；在中央电视台、《人民日报》、《陕西日报》等省级及以上媒体进行宣传报道，有效扩大了"陕西奶山羊"区域公用品牌的覆盖面和影响力。江西鄱阳湖小龙虾产业集群在全省举办多场"鄱阳湖"小龙虾在线销售活动和节庆文化活动，新增多家鄱阳湖小龙虾餐饮店、鄱阳湖品牌小龙虾专卖店。

### （三）品牌影响力不断扩大

北京设施蔬菜产业集群推广"妫水农耕"等区域公用品牌，提升"宏福柿""京果""密农人家"等设施蔬菜品牌，进一步提高蔬菜产品竞争力。江苏中晚熟大蒜产业集群徐州市建成大蒜国家级出口食品农产品质量安全示范区 1 个、省级出口农产品示范基地 15 个，认证面积 70 万亩。贵州朝天椒产业集群以"虾子辣椒市场"为代表的市场品牌享誉海内外，企业品牌也声名鹊起，"老干妈"已经漂洋过海，"辣三娘""苗姑娘"已经登上飞机蓝天翱翔，"山里人""乡下妹""明洋"等品牌已家喻户晓，"南山婆""黔小妹"等后起之秀不断发展壮大，逐渐享誉全国。山西旱作高粱产业集群不断加强品牌培育，"山西高粱""山西老陈醋""山西清香型白酒""上党高粱"等区域公用品牌叫响全国。河北越夏食用菌产业集群打造"河北蘑菇，有'蘑'有样"省级区域公用品牌，以越夏香菇、栗蘑、羊肚菌三

---

① 《川猪产业集群建设迎"大考"——川猪产业集群入选全国首批 50 个优势特色产业集群项目近三年》，农业农村部官网，http://www.moa.gov.cn/xw/qg/202303/t20230320_6423498.htm。

大优势特色品类为核心，形成"省级区域公用品牌+县域公用品牌+企业品牌+产品品牌"协同发展的四级品牌体系，平泉市还举办了"平泉香菇区域公用品牌"授权使用集中签约仪式，规范使用范围，统一使用标准，进一步维护品牌形象，推动食用菌产业链条快速发展，全面提升食用菌产业竞争力。陕西黄土高原苹果产业集群按照"市场导向、企业主体、政府推动、社会参与"的联动机制，重点加大陕西苹果品牌国际宣传力度，提升品牌影响力，站稳高端出口市场，努力把洛川苹果、白水苹果、马栏红苹果、铜川苹果等区域公用品牌，打造成质量水平高、具有较强国际竞争力的知名品牌。河北鸭梨产业集群变抓"产供销"为抓"销供产"，通过举办、参加专业展会，深度对接营销机构，全力打造晋州鸭梨、辛集黄冠梨、赵县雪花梨、威县威梨等"冀字号"梨果品牌，积极举办"冀有鲜梨 清润无比"等主题推送活动，不断拉升河北梨果知名度和美誉度，提高高端市场占有率。2022年河北品牌梨果在高端市场溢价能力普遍提升30%以上。① 四川晚熟柑橘产业集群形成了以丹棱不知火、东坡春见、仁寿清见、青神椪柑、井研爱媛为代表的"一县一品"品种布局，"眉山春橘"入选中国农产品百强标志性品牌。井研县实施"区域公用品牌+企业品牌"的双品牌战略，紧扣品牌富农、品牌兴企、品牌强县目标，通过政策支持、品牌培育、保护管理等多种方式，依托"井研柑橘"区域公用品牌，集中力量、对标补短，实现了"井研柑橘"品牌形象大提升、产品质量大提升、经济效益大提升。湖南早中熟柑橘产业集群通过多种媒体、农商农超对接活动，加大对柑橘品牌的宣传推介力度，"湘南脐橙"区域公用品牌在全国影响力进一步提升，"崀山脐橙""道州脐橙""麻阳冰糖橙""江永香柚""泸溪椪柑"等县域品牌具有了一定的知名度、辨识度，果秀、家家红等企业品牌市场竞争力也有所提高，已构建形成了"1+N"区域公用品牌体系。安徽徽茶产业集群以"黄山毛峰""六安瓜片"两大地理标志产品为重点，加快推进安徽茶叶区域公用品牌、企业品牌、产品品牌建设，推动品牌联合营销。浙江浙南早茶产业集群健全丽水香茶、温州早茶等区域公用品牌管理机制，建设品牌形象店、直播平台，整合发展温州早茶、丽水香茶区域公用品牌，打造平阳黄汤地标保护产品。广西罗汉果产业集群打造了"永福罗汉果"

---

① 《河北鸭梨 统筹布局强支撑 聚合优势增活力》，《农村工作通讯》2023年第14期。

"桂林罗汉果"地理标志区域公用品牌和企业品牌，提升罗汉果在日常健康消费市场的认知度。吉林长白山人参产业集群白山市注重品牌打造，重点推进"长白山人参""抚松人参"两大区域性公用品牌建设，全市共有 8 个人参品牌产品被评为吉林省著名商标，14 个产品被评为吉林名牌。① 四川川猪产业集群重点支持龙头企业发展产品精深加工与品牌培育，已培育"翼博牌猪肉""品可品罐头""枫叶牧场""忆乡"等产品（企业）品牌。天津都市型奶业产业集群按照立足本地、服务京津冀的发展思路，瞄准高品质、差异化、个性化的市场需求，不断培育高端、精品消费市场，海河、津河、华明、中芬、梦得、梦思得露、弗里生、嘉立荷等品牌影响力进一步增强。陕西关中奶山羊产业集群持续推动奶山羊区域公用品牌和知名商标创建，加强在产品主销区开展产品品牌宣传和推介营销，组织羊乳加工企业参加全国乳品博览会、展销会，进一步扩大"陕西奶山羊"区域公用品牌的覆盖面和影响力。通过创新政府与企业分工协作机制，支持羊乳加工企业注册商标，挖掘羊乳地理标志、羊乳文化等资源，申请地理标志产品和绿色、有机食品认证。内蒙古草原肉羊产业集群呼伦贝尔草原羊肉等 5 个区域公用品牌入选"中国农业品牌目录"，锡林郭勒羊肉被评为"国家百强区域公用品牌"，"锡林郭勒羊"品牌成为内蒙古自治区唯一入选农业农村部农业品牌创新典型案例。甘肃甘味肉羊产业集群创建区域公用品牌 6 个，"民勤羊肉""环县羊羔肉"获批国家地理标志保护产品，培育了"东乡手抓""伊佳源""甄程""苏武沙羊"等多个特色品牌。"靖远羊羔肉"逐步建立其独特的原始风味和品牌形象，在全国开设品牌餐馆。

## （四）品牌价值不断提升

山东烟台苹果产业集群"烟台苹果"品牌价值实现 12 年连增，品牌价值达 145 亿元。② 安徽酥梨产业集群着力打造砀山酥梨区域公用品牌（"梨还是砀山的好"），支持优质企业发展砀山酥梨产品生产、加工、销售及品牌相关配套服务，构建完整的砀山酥梨区域公用品牌经济链。通过对砀山

---

① 《白山："五位一体"打造人参产业集群》，吉林省农业农村厅官网，http://agri. jl. gov. cn/xwfb/sxyw/202212/t20221215_8648916. html。

② 《145.05 亿元！烟台苹果品牌价值 12 连增》，《走向世界》2020 年第 38 期。

酥梨公用品牌的培育，砀山酥梨获得中国百强农产品区域公用品牌，区域公共品牌价值达 190.64 亿元。新疆库尔勒香梨产业集群库尔勒香梨是中国第一件注册保护的地理标志证明商标，库尔勒香梨区域公用品牌价值连续多年在全国各地梨类中排名第一，"库尔勒香梨"品牌价值达到 161.20 亿元，入选北京冬奥会指定水果。① 四川晚熟柑橘产业集群"眉山春橘"品牌价值达 116 亿元。② 井研县"井研柑橘"参与中国品牌价值评价，品牌价值达 16.89 亿元。湖北三峡蜜橘产业集群 2020 年"宜昌蜜桔"品牌价值达 159.62 亿元，"秭归脐橙"品牌价值达 26.91 亿元，2021 年"宜都蜜柑"品牌价值达 37.54 亿元，柑橘销售价格、综合效益和品牌价值均得到显著提升。福建武夷岩茶产业集群"武夷岩茶"品牌价值获评 697.53 亿元。吉林长白山人参产业集群"抚松人参"区域公用品牌入选中国农业品牌目录前十，品牌价值超过 200 亿元。重庆荣昌猪产业集群培育出琪金荣昌猪、古昌土猪、艾迪荣昌猪、荣牧猪肉、吉吉荣昌烤乳猪等多个知名品牌，发布全国首个地方猪种系列标准，"荣昌猪"品牌价值不断提升，名列全国地方猪品牌价值榜首。湖南湘猪产业集群持续推进湘村黑猪、罗代黑猪、沙子岭猪区域公用品牌升级，集群产业品牌价值不断提升。湖北小龙虾产业集群聚焦"潜江龙虾"区域公用品牌建设，奋力打造千亿虾—稻产业集群，让潜江龙虾走遍天下、红遍天下、火遍天下。潜江市与 40 个县市 100 多家市场主体开展品牌运营合作，品牌价值不断提升。2020 年，潜江龙虾被评为"我喜爱的湖北品牌"电视大赛金奖第一名，虾—稻综合产值达 520 亿元。2021 年，"潜江龙虾"区域公用品牌价值为 251.8 亿元，同比增长 10.5%。

## 六 竞争力提升显著

通过建设，集群产业链条更加完整，产品品牌更加响亮，产值大幅提升，产业链发展带来了显著效益，带动全域优势特色产业加快发展。

---

① 《品牌价值 161 亿！库尔勒香梨成果农增收致富"金果"销售覆盖全国 90% 的城市》，库尔勒市人民政府网，https://www.xjkel.gov.cn/xjkrls/c110123/202301/22ff1577275440de9eb96f97a989be61.shtml。

② 《产业集群建设近 3 年 四川晚熟柑橘交出怎样"答卷"》，四川省人民政府网，https://www.sc.gov.cn/10462/10778/10876/2022/12/14/0244c7986e8b4edba585281f4b2c2fc9.shtml。

## (一) 生产能力不断增强

北大荒蔬菜产业集群蔬菜种植基地面积达到 30 万亩,其中,设施蔬菜基地面积达到 8 万亩。[①] 山东寿光蔬菜产业集群寿光市蔬菜种植面积达 60 万亩,年产蔬菜 450 万吨,是全国重要的蔬菜集散中心、价格形成中心、信息交流中心和物流配送中心。[②] 江苏中晚熟大蒜产业集群邳州市已实现常年种植大蒜 60 万亩,是全国最大的优质大蒜生产基地。云南高原蔬菜产业集群蔬菜播种面积达 390 万亩(含草果),较 2019 年增加 43.7 万亩,增幅 12.6%;产量达 570 万吨,较 2019 年增加 134.7 万吨,增幅 30.9%。贵州朝天椒产业集群辣椒种植面积 221 万亩,年产量 306 万吨,分别占全省的 38.8% 和 38.9%。河北越夏食用菌产业集群全省食用菌面积稳定在 36 万亩左右,年产量由 165 万吨提高到 175 万吨,增长 6.1%,高标准打造 5 个食用菌示范区。[③] 山西旱作高粱产业集群全省高粱种植面积 157.14 万亩,总产 7.18 亿公斤,平均单产 457 公斤,比 2019 年全省种植面积增幅超过 9.8%,总产增幅超过 58%,平均单产增幅超过 43%。陕西黄土高原苹果产业集群洛川县苹果种植面积 53 万多亩,年产量 105.86 万吨。四川晚熟柑橘产业集群眉山市柑橘种植面积 106 万亩,年产量 176 万吨。井研县作为全国柑橘产业 30 强县,柑橘年产量达 28.1 万吨。湖南早中熟柑橘产业集群项目实施区柑橘生产基地面积由建设初期的 176.2 万亩增加到 185.5 万亩,增长 5.3%;柑橘种植平均每亩单产由 1700 公斤左右提高到 2000 公斤以上。重庆柠檬产业集群潼南区柠檬种植面积已达 32 万亩,年产鲜果 28 万吨,柠檬出口量 3.98 万吨,占全国柠檬出口总量的 40% 以上。新疆薄皮核桃产业集群阿克苏地区 2022 年核桃种植面积达 248.2 万亩,年产 54 万吨以上,墨玉县核桃种植面积 44.56 万亩,年产量达 8 万吨,叶城县核桃种植面积 58 万亩,年产核桃 13 万吨。[④] 云南花卉产业集群鲜切花年产量达 85.6 亿枝,占

① 《北大荒集团瞄准优势特色主导产业推动产业集群发展》,北大荒集团网,http://m. chinabdh.com/h-nd-148.html。

② 《寿光市培育品质蔬菜产业集群有效举措》,寿光市人民政府网,https://www.shouguang. gov.cn/zwgk/FGJ/202304/t20230407_6187249.htm。

③ 《河北省优势食用菌产业集群 2022 年推进方案》,《河北农业》2022 年第 10 期。

④ 《小核桃咋撬动百亿元产值》,农业农村部官网,http://www.moa.gov.cn/xw/qg/202302/ t20230222_6421301.htm。

云南省产量的一半以上，带动全省花卉产业发展，鲜切花产量世界第一。广西罗汉果产业集群甜苷牢牢占据国际同类市场的头把交椅，2021 年广西罗汉果产量达到 20.38 万吨，仅桂林市永福县产量就占世界总产量的 70% 以上。四川川猪产业集群建设了一批高标准生猪养殖场，提档升级改造一批生猪屠宰场，培育培养一批猪肉及相关制品精深加工企业，一些新的科学技术在生产中得到更好运用。集群 5 个县（市）生猪存栏 284.71 万头，能繁母猪存栏 27.18 万头，出栏 444.25 万头，同比分别增长 31.84%、35.26%、31.62%。① 重庆荣昌猪产业集群荣昌区荣昌种猪存栏 2.2 万头，每年生猪出栏 40 万头以上。湖南湘猪产业集群年出栏能力达 109.7 万头，较建设前增长 56%，向社会提供优质生鲜猪肉及产品 11.7 万吨，加工肉品 18.2 万吨。广东农垦生猪产业集群生猪出栏增加到 300 万头。天津都市型奶业产业集群奶牛存栏达到 10.4 万头，生鲜乳产量达到 56 万吨。② 陕西关中奶山羊产业集群富平县奶山羊存栏 82 万只，年产羊乳 23 万吨，先后建成奶山羊产业示范园区 4 个，100 只以上规模养殖场、家庭牧场 600 个，发展 10 万只养殖大镇 2 个，名列中国奶山羊养殖基地 25 强第一，产业规模稳居全国第一位。广西三黄鸡产业集群培育引进种鸡 4163 万羽，提供优良种鸡 32725 万羽，出栏 17641 万羽，提供三黄鸡产品 41.64 万吨。江西鄱阳湖小龙虾产业集群带动全省小龙虾养殖面积达 215 万亩，小龙虾养殖产量达 22 万吨，同比增长 15.79%。

## （二）产值不断提高

北大荒蔬菜产业集群一二三产业规模进一步扩大，产业集群总产值达到 115 亿多元，比 2019 年增加 50 亿元。其中，第一产业产值 25 亿元，第二产业产值 55 亿元，第三产业产值突破 35 亿元。农产品加工业产值与农业总产值之比达到 2.2：1。③ 江苏中晚熟大蒜产业集群总产值达 428.29 亿元，

① 《川猪产业集群建设迎"大考"——川猪产业集群入选全国首批 50 个优势特色产业集群项目近三年》，农业农村部官网，http://www.moa.gov.cn/xw/qg/202303/t20230320_6423498.htm。
② 《市农业农村委参加全国优势特色产业集群绩效评价视频汇报会》，天津市农业农村委员会官网，https://nync.tj.gov.cn/sy0/xwdt152013/xydt152014/202401/t20240111_6506673.html。
③ 《北大荒集团哈尔滨有限公司：蔬菜产业集群凝聚发展合力》，新浪网，https://cj.sina.com.cn/articles/view/2810373291/a782e4ab02002g698。

较 2019 年增长 3.3%。邳州市大蒜产业年产值突破 52 亿元，已形成从农户种植到深加工同时延伸至文旅行业的近百亿级产业链。云南高原蔬菜产业集群综合产值达 320 亿元，较 2019 年增加 118.3 亿元，增幅 58.7%。河北越夏食用菌产业集群产值由 145 亿元提高到 155 亿元，增长 6.9%。① 内蒙古河套向日葵产业集群向日葵加工转化率由 63% 提高到 66%，全产业链产值由 133.6 亿元增加到 140 亿元以上，带动全区向日葵全产业链产值达到约 175 亿元。陕西黄土高原苹果产业集群洛川县苹果产业综合产值达到 130 亿元。新疆库尔勒香梨产业集群产值达 161.2 亿元。四川晚熟柑橘产业集群总产值达到 320 亿元，较 2019 年增长 8.9%。产地初加工率提高 4 个百分点，达到 64%。加工产值和农业产值比值达到 2.2∶1。井研县柑橘产值 13.08 亿元，产品已销往全国 31 个省（区、市），在全国柑橘类产品中，综合市场占有率名列前茅，已成为全县的支柱产业。湖南早中熟柑橘产业集群总产值由建设初期的 167.31 亿元提高到目前的 183.51 亿元，增幅 9.7%。重庆柠檬产业集群总产值达 94.6 亿元，较 2019 年增长 61.09%；潼南区柠檬年综合产值超 60 亿元，出口金额 3.29 亿元。新疆薄皮核桃产业集群墨玉县核桃总产值超过 10 亿元。云南花卉产业集群综合产值达 337.08 亿元，较建设前增长 64.21%，鲜切花出口至日本、韩国、澳大利亚、东南亚等 40 个国家和地区，出口额 2.06 亿美元。广西罗汉果产业集群罗汉果总产值 124.15 亿元，广西罗汉果甜苷在代糖这一细分领域牢牢把握话语权。四川川猪产业集群生猪年综合产值 347.6 亿元，比建设前新增 112.47 亿元。其中，绵阳市项目县（市）生猪年综合产值 257.02 亿元，比建设前新增 95 亿元，广元市项目县生猪年综合产值超 90.58 亿元，比建设前新增 17.47 亿元。② 重庆荣昌猪产业集群总产值达 160.1 亿元。建成重庆纳比微特技术服务中心和重庆华衡检测认证中心，开展动物病原微生物、饲料兽药、环境卫生等检验检测公共服务；建成国家生猪交易市场、2 家电商平台，开展荣昌猪及产品的线上销售；建设国家生猪大数据中心，数字化赋能荣昌猪产业发展。集群荣昌区荣昌猪年综合产值达到 120 亿元。湖南湘猪产业集群年综合产值

① 《河北省优势食用菌产业集群 2022 年推进方案》，《河北农业》2022 年第 10 期。
② 《川猪产业集群建设迎"大考"——川猪产业集群入选全国首批 50 个优势特色产业集群项目近三年》，农业农村部官网，http://www.moa.gov.cn/xw/qg/202303/t20230320_6423498.htm。

超 101 亿元，较集群建设实施前增长 99%。广东农垦生猪产业集群生猪产值从 68.69 亿元增加到 115.60 亿元。青海牦牛产业集群一二三产业总产值达到 140 亿元。天津都市型奶业产业集群百亿级低碳优质都市型奶业全产业链全面建成，全产业链总产值超过 116.8 亿元，奶业总体竞争力走在全国前列。① 陕西关中奶山羊产业集群富平县带动奶山羊养殖户 3 万余户，全产业链产值达到 120 亿元。广东南粤黄羽鸡产业集群全产业链总产值达到 95 亿元，比建设实施前增长超 35%。广西三黄鸡产业集群总产值 120.15 亿元，比 2019 年增加 10.78%。江西鄱阳湖小龙虾产业集群全省全年小龙虾省内消费达 12 万吨，输出省外达 9 万吨，综合产值近 200 亿元。

## （三）质量不断提升

江苏中晚熟大蒜产业集群核心区邳州市先后制定地方标准 7 个，备案企业标准 20 个，建成省级以上出口示范基地 16 个，GAP 认证全覆盖。河北越夏食用菌产业集群高标准打造 5 个食用菌示范区，优质菇率由 60% 提升到 85% 以上，集群内优质菌种率由 90% 提高到 95% 以上。② 湖北三峡蜜橘产业集群夷陵区通过应用宽行窄株、起垄栽培、生态覆膜、水肥一体、行间种草、化肥替代、绿色防控、机械作业等一系列优质高效栽培集成技术，提升标准化水平，优质果率达到 85% 以上。湖南早中熟柑橘产业集群项目实施区优质果率由 70% 提高到 80% 以上，商品化处理能力由 30% 提高到 40% 以上，贮藏能力由 25% 提高到 30% 以上，产销对接更加顺畅。天津都市型奶业产业集群成母牛年均单产超过 10 吨，高于全国 9.2 吨的平均水平；奶牛养殖规模化率实现 100%，良种优质冻精使用率 100%，TMR 设备和机械化挤奶设备配套率达到 100%，规模养殖场粪污处理设施装备配套率 100%，规模牧场生鲜乳乳蛋白、乳脂肪等指标达到奶业发达国家水平，乳制品抽查合格率位居全国食品行业前列，生鲜乳监督抽检合格率达到 100%。③

---

① 《市农业农村委参加全国优势特色产业集群绩效评价视频汇报会》，天津市农业农村委员会官网，https://nync.tj.gov.cn/SYO/XWDT152013/XYDT152014/202401/t20240111_6506673.html。
② 《河北省优势食用菌产业集群 2022 年推进方案》，《河北农业》2022 年第 10 期。
③ 《市农业农村委参加全国优势特色产业集群绩效评价视频汇报会》，天津市农业农村委员会官网，https://nync.tj.gov.cn/SYO/XWDT152013/XYDT152014/202401/t20240111_6506673.html。

## （四）效益不断提升

贵州朝天椒产业集群发布的中国干辣椒系列价格指数（遵义朝天椒、新一代、三樱椒和印度椒）成为全国辣椒产业的价格风向标，逐步打造全国辣椒信息发布中心、价格形成中心和产品交易中心，"中国辣椒、遵义定价、买卖全球"的格局正在形成。山西旱作高粱产业集群在集群建设带动下，新上市的高粱价格与亩产产量均有显著提升，每亩增收达 400 多元。湖北三峡蜜橘产业集群各县市区温州蜜柑、橙类等柑橘市场销售均价均有上升，亩均收入 7000 元，比普通果园增收 70%。各地与苏宁、京东、阿里巴巴、抖音等国内各大电商平台对接合作，衍生出"网红小镇""田间直播"等数字经济新业态。集群柑橘产品线上销售额超 44 亿元，涉农电商主体达5662 家，龙头企业电商应用率达 81%。宜昌夷陵红生态农业开发有限公司等 13 个主体已分别在北京、太原等 15 个主销城市开展了宜昌柑橘推介活动。通过市政府、柑橘产业协会牵头举办的各类产品推介会、农超对接洽谈会，签订各类供销合同近 40 亿元。首家"宜昌蜜桔"品牌直营店"宜昌特优农产品展销馆"在北京新发地揭牌，品牌产品市场口碑极好。云南花卉产业集群建设极大地推动了云南向全国乃至亚洲地区花卉创新中心和交易中心、全球高品质花卉生产地及全国主要花卉旅游目的地的发展目标迈进。湖南湘猪产业集群成为全国生猪产业排名靠前的优势产区，项目实施取得积极进展，养殖农户收益得到有力保障。

## 七　农民增收加快

集群在发展产业、壮大主体的同时，注重强化带动农户分享产业发展的增值收益。通过以龙头企业为引领、以专业合作社为纽带、以家庭农场为基础，扩大产业联合体覆盖面，增强集群产业链对农户的吸附能力；通过股份合作制、"保底收益+按股分红"、订单农业、保险赔付、强化培训与服务、稳定村集体收入等形式，把第二和第三产业留在农村，把全产业链增值收益和就业岗位留给农民，保障农户生产收益，并使农户分享到全产业链收益，大大增强了产业富农能力。

北京设施蔬菜产业集群带动农民增收效果明显。江苏中晚熟大蒜产业集群徐州市集中连片绿色种植基地面积稳定在 100 万亩以上，带动 90

万人就业。邳州市已有大蒜行业从业者近 20 万人，大蒜经纪人近万人，蒜农亩产收益平均达到 6000 元至 8000 元，大批农民转化为产业工人，年工资性收入平均增加约 2 万元。云南高原蔬菜产业集群累计带动农户 35 万户，带动农户比例超过 50%，带动农民 122.35 万人，从业农民人均可支配收入达 1.75 万元，实现增收近 40 亿元。贵州朝天椒产业集群带动 22 万户 90 余万人口增收。山西旱作高粱产业集群长治市上党区高粱规模化种植，亩均产量达到 1500 斤，亩增产 10%，可增收 15%。陕西黄土高原苹果产业集群洛川县农民收入的 95% 来自苹果，洛川苹果已经成为县域经济的主导产业，2022 年户年收入 10 万元以上的高达 89%。四川晚熟柑橘产业集群眉山市带动 103 万从业人员人均年收入上万元。湖北三峡蜜橘产业集群通过分工协作、资源共用、利益共享、风险共担的方式，将龙头企业、专业合作社与农户紧密连接，发挥联农带农富农利益联结机制的优势，集群内橘农人均收入明显提高。夷陵区建成柑橘产后处理生产线 141 条，其中光电分选线 6 条，冷藏保鲜库 15 万立方米，覆盖全区 10 个乡镇 114 个村，带动近 16 万橘农，2022 年鲜果销售均价 3.16 元/公斤，创历史新高。重庆柠檬产业集群潼南区 10 余万人吃上"柠檬饭"，带动户均增收超 2 万元。广东金柚产业集群始兴县通过示范基地建设，带动基地果农 2944 户，户均增收 5000 多元。梅州金柚康健康科技有限公司实施金柚功能食品精深加工技术研发与产业化示范项目，与农户签订协议，向农户提供技术指导，及时收购生理落果、采前落果、疏除的小柚果和残次果进行深加工，带动农户 3 万户以上，户均增收达 1000 元以上。新疆薄皮核桃产业集群墨玉县核桃产业已成为该县种植面积最大、产量最高、受益人口最多的农业特色产业，农民人均核桃收入超过 1700 元。四川川猪产业集群带动 600 多个代养场，生猪出栏 150 万头以上，每头结算价不低于 170 元，带动农户增收 2.55 亿元以上。重庆荣昌猪产业集群带动农户 1.6 万余户，集群产业从业农民人均可支配收入超 2.4 万元，较 2020 年增长 30% 以上。广东农垦生猪产业集群通过农场入股、土地承包、出栏分红等方式，与当地农民、农场职工建立了紧密的利益联结关系，带动参与集群项目的农民增收致富。宁夏六盘山肉牛产业集群西吉县以宁夏四丰万亩绿源家庭农场、宁夏向丰农牧业开发有限公司等 3 家龙头企业为领航，充分发挥示范带动作用，通过"托管代养""红利反哺""牛粪银行"等模式，建立联农带农利益联结机制，带动养殖合作社 210 家，带动脱贫户 1.2 万户，受益人口 4.2 万人，人均增收 5400 元。湖北小龙虾产业集群潜江市建设虾稻共作基地发展小龙虾产业，带动 20 万人就业增收，2 万人脱贫致富。

# 第四章　机制创新

产业集群发挥龙头企业和新型经营主体带动作用，创新模式，探索建立了多种联农带农机制，推进优势互补和专业化分工，实现小农户和现代农业的有机衔接，在推动产业发展的同时，带动农户分享产业发展红利。

## 一　"产业化联合体"模式

以龙头企业为带动，通过引入农机合作社、农技服务合作社等社会化服务组织，完善利益分配、技术服务、市场销售等，使农户更多分享产业发展收益，建立形成产业化联合体利益联结模式。

江苏中晚熟大蒜产业集群龙头企业在与农户签订大蒜收购订单的同时，与合作社签订服务订单，利用合作社规模化采购、规模化服务形成的价格优势，为农户提供低成本服务，并借助合作社专业技术和贴近农户的优势，为农户提供及时的技术指导。此外，龙头企业与种植专业合作社签订分等分级定价的生产订单，由合作社统一按企业要求组织大蒜生产，进行技术指导和产品分级，企业按照大蒜品质分等定价，对于优质率高的合作社，企业在售后给予二次返利，合作社按照质量和数量向社员分红。借助合作社增加农户与龙头企业的谈判能力，也为龙头企业节约了管理成本，形成质量风险共同承担的机制，奖优罚劣，促进产品质量提高。河南伏牛山香菇产业集群的灵宝市形成风险共担、利益共享的利益联合体。省级龙头企业河南灵宝昌盛食用菌有限责任公司通过菌种供给、菌棒加工和免费技术培训，帮扶和带动500户农户，每户年增收2万元以上。山西旱作高粱产业集群新培育高粱生产加工企业牵头的产业化联合体近20家，联合体内新增56家农业企业、42家合作社、6家家庭农场，带动农户13.4万户，人均收入高于联合体外20%。[1] 湖北

---

① 王秀娟：《山西旱作高粱产业集群上榜特色产业集群建设名单》，《山西日报》2022年2月9日。

三峡蜜橘产业集群的枝江市创建了以枝江市桔缘柑橘专业合作社为龙头的"产业化联合体",推行代种代管、订单农业、二次分红等紧密型利益联结方式,形成资金入股、土地租金、就地务工等农户多元化的收益机制,实现小农户全产业链增值共享。宜都市土老憨集团按照"一股份三合作"的模式成立利益联合体,企业按照保底订单通过联合社收购橘农加工果,通过科技创新提高产品附加值取得的增值收益年底进行分红,联合体内的湖北宜都蜜柑服务合作社对社员实行"六统一"管理服务,实现了每户社员增收节支。浙江浙南早茶产业集群内茶产业联合体带动农户比例达60%以上。泰顺三杯香省级茶产业联合体,各成员制定共同章程,建立了长期稳定的联盟,不仅通过契约实现产品交易的联结,更通过资金、技术、品牌、信息等融合渗透,实现"一盘棋"配置资源要素。通过产业联盟切实增强了企业和农户共同抵御市场风险的能力,实现了农民增收、企业增效。遂昌县茶产业农合联按照"容易学、喜欢听、听得懂、用得上"的原则,每年开展茶技人员和生产者技术培训,提高从业者的技术水平。新疆核桃产业集群积极培育核桃产业联合体,带动上下游企业、农民专业合作社、农户发展核桃生产,完成核桃销售。联合体通过核桃的托底收购,有效稳定了核桃的收购价格,促进了农民增收。广西罗汉果产业集群内桂林莱茵生物科技股份有限公司、桂林吉福思罗汉果有限公司、广西贰元植物制品有限公司等罗汉果龙头企业牵头成立罗汉果产业联合体,带动永福县、龙胜县、临桂区等联合体成员1100多人,辐射周边罗汉果种植户3150多户,实现人均增收1000元以上。内蒙古草原肉羊产业集群产业化联合体,汇集种养、加工、物流、销售等产业链各环节经营主体,实现产加销一体化经营,带动牧民享受到加工、销售环节的部分收益,实现增收,龙头企业与农牧民建立利益联结机制比例达到83%。天津都市型奶业产业集群培育奶业农业产业化联合体1个,带动一批经营主体不断发展壮大,上下游产业联结更紧密,形成产销联合体,推动产业升级。依托蒙牛、伊利、光明、完达山、三元等一批国内知名企业与本土企业共同推进集群建设,在原有巴氏奶、UHT奶、酸奶等产品基础上,逐渐衍生出奶酪、冰淇淋等多元产品,逐步形成产业多元、产品多元、消费多元的发展格局。

## 二 保险带农保农增收机制

集群建设地区围绕特色产业发展进一步扩大政策性农业保险的覆盖面，丰富保险险种，在政策性保险基础上，引入天气指数保险，简化理赔认定手续。同时，进一步加大农业保险保费的政府补贴力度，提高补贴比例，鼓励农民加入农业保险。

江苏中晚熟大蒜产业集群探索建立"保险带农保农增收"模式。建立涵盖农户、家庭农场、企业等各类经营主体的保险体系，降低自然风险、市场风险带给农户的损失，建立稳定的增收机制。进一步完善大蒜价格保险，提高保险覆盖率。集群建设地区农业农村部门与物价管理部门、保险机构等加强合作，不断完善大蒜价格指数保险，探索大蒜目标价格保险，开发差别费率、差别目标价格区间的保险险种。同时，加大出口信用保险支持力度，优化农产品出口企业承保条件，降低承保费率，扩大承保规模。至 2022 年底，集群保险覆盖率达到 40% 以上。贵州朝天椒产业集群推广自然灾害险和目标价格险，探索气象指数险，为经营主体兜底保障，为产业发展保驾护航。通过资金政策的保障，强力推进贵州辣椒集群式高质量发展。重庆荣昌猪产业集群荣昌区探索荣昌生猪"保险+期货"，如果生猪市场价格下跌，低于保险合同约定的投保价，便触发理赔机制，即可获得保险公司赔付金。荣昌区在总结经验的基础上，对生猪"保险+期货"进行扩面提质，政府积极整合各类资金，联合大连商品交易所共整合资金 1000 万元用于支持 10 万头生猪"保险+期货"试点项目，保费构成区财政补助 40%，大商所 40%，养殖户自缴 20%。随着生猪"保险+期货"增量扩面，更多生猪养殖户戴上了"安全帽"，穿上了"防护服"，提升了应对风险的能力，推动生猪产业健康、可持续发展。广东南粤黄羽鸡产业集群由中华财险珠海中心支公司与华泰期货联手设计鸡蛋价格指数"保险+期货"产品，在清新区试点推出鸡蛋价格保险，获得广东省农业农村厅、国家金融监督管理总局广东监管局、中国证券监督管理委员会广东监管局及大连商品交易所的指导和支持。当企业投保鸡蛋价格指数保险后，在保障周期内，一旦鸡蛋价格下跌产生损失，企业可以根据结算价格和合同约定的目标价格的差额获得赔付；与此同时，保险公司向期货公司购买场外看跌期权转移风险，使此类价格产品得以可持续发展及后续推广。鸡蛋价格指数"保险+期货"试点项目帮助实体企业解决了产品库存高、原材料紧张、价格波动等实际问题，助力实体企业稳健经营。

### 三 托管服务带动模式

支持龙头企业、合作社牵头建立社会化服务组织，支持职业农民担任农业职业经理，在集群区域内依托社会化服务组织，采取"保姆式""菜单式""订单式"托管模式，开展托管服务。

江苏中晚熟大蒜产业集群建设地区推出耕地、播种、信息、农资等服务，以菜单方式明确服务内容和收费方式，农民可以根据需求，自主选择服务项目，既可以"保姆式"全托，也可以"菜单式"半托，选一项服务，交一项费用，如大蒜和水稻轮作，可以只对水稻种植选择托管。社会化服务托管，可以使土地集中连片经营，可以增加有效种植面积13%～15%，提高机械化水平，每亩增收节支200元左右。广东金柚产业集群大力发展生产托管社会化服务，托管基地和农户节本增效显著，获得当地农户的欢迎。社会化服务公司为了更好地服务广大山区农户，组建和培养了专业的农技服务队伍，传授先进实用的种植技能和管理技术，用落地的技术服务，切实解决农民"最后一公里"的技术服务难题。通过多渠道组织举办技术类培训会，培训农户病虫草害的绿色防控、科学施肥和土壤改良、作物健康、品质种植管理等技术，通过"贴心的农技服务"结合"农机农事服务"，解决农民"怎么种好地"的问题。与农户签订托管合同，运用专业的技术服务团队，给农户提供全程和"点餐式"托管服务，有效降低物化、人工和机械作业成本，实现了农业生产节本增效。

### 四 订单农业生产模式

集群建设地区农户与龙头企业签订产品订单合同，农户根据订单组织生产，龙头企业按照订单回收农民的产品。

河南伏牛山香菇产业集群内龙头企业与农户签订"订单"协议，开展香菇种植及收购合作。企业为农户统一提供香菇菌棒并开展品种、技术培训，同时为农户提供保证收购底价，农户按照合作企业的统一要求和标准开展香菇种植，并将产品出售给企业。西峡县仅仲景食品一家国家级龙头企业就带动农户1万余户，直接新增就业岗位600余个，间接增加就业岗位

5000 余个，对拉动县域经济、壮大优势特色产业发展起到了积极的助推作用。卢氏县带动农户 8500 余户，年户增收 1.8 万元以上。湖北三峡蜜橘产业集群宜都市依托土老憨集团和丰岛食品等龙头企业，与联合社和合作社签订保底订单，每年落实柑橘订单超 10 万亩，引导橘农提升柑橘品质，打造精品品牌。广西罗汉果产业集群永福县专门出台罗汉果订单生产收购奖励政策，每年县级财政安排专项资金 1000 万元，支持企业推行"让果农享受二次以上农户利益分配"措施，与种植户建立更紧密的利益联结机制。

## 五 "龙头企业+合作社+农户"模式

集群建设地区采取"龙头企业+合作社+农户"模式，发挥龙头企业带动作用，依托合作社，带动农户加快推进特色产业发展。

贵州朝天椒产业集群推进巩固脱贫攻坚成果与乡村振兴有机衔接，深入推进"三变"改革，促进企业、合作社、农民三者形成紧密相连的产业发展共同体，让农民充分享受产业发展带来的红利。西秀区贵州绿野芳田有限公司等采取"统一种植规划、统一种子种苗、统一农资供应、统一技术服务、统一保险融资、统一保底收购"的"六统一"服务管理模式发展辣椒种植 10 万亩，亩均收入 4000 元以上。河北越夏食用菌产业集群的承德双承生物科技股份有限公司解决农村贫困人口就业 3000 余人，带动 1 万余农户发展食用菌产业。河北全省共培育规模以上食用菌龙头企业达 320 家，食用菌农民专业合作社 300 多家，省级示范农业产业化联合体 6 家，带动建档立卡贫困户 3.97 万户。建立了"龙头企业+专业合作社+农户"利益联结机制、订单农业利益联结机制、股份合作利益分享机制、"一地生四金"模式，农民由原来单纯"卖菜"，变成租金、股金、薪金、现金"四金"收入，让全民共享发展红利。平泉市"零成本"生产、"零风险"经营、"零距离"就业的"三零"产业扶贫模式和阜平县"六位一体六统一分"现代食用菌产业经营模式，形成企业和农户的利益共同体。新疆库尔勒香梨产业集群库尔勒市坚持以市场为导向，大力推广"企业+农民合作社+农户"生产经营模式，积极发展订单农业，逐步实现种植订单化、生产规模化、产品标准化。四川晚熟柑橘产业集群青神县建立"5+4+1"小农利益联结机制，通过托管方式开展果园标准化改造和专业化管理，按约定比例分配产值收益。实现专业的人干专业的事，提升柑橘品质，享受抱团发展的价格优势。云南花卉产业集群禄丰锦海公司按照种苗、农资、技术、包装、品牌、销售"六统一"产销一体化经营模式，带动种植面积 1.3 万亩、农户 4024 户，户均增收 4.2 万元。① 甘肃甘味肉羊产业集群内的古浪县甘肃甄程农牧科技发展有限公司对接当地合作社，合作社统一向农户提供优良品种，企业负责产品精深加工、品牌创建、市场营销等。这一模式带动合作社 30 家，吸纳脱贫户劳动力 30 人就业，长期稳定带动建档立卡脱贫户 200 户。天津都市型奶业产业集群注重联农带农，让农民分享产业增值收益，引导龙头企业与合作社、农户形成稳定的合作关系，带动更多的合作社和农户进入集群关联产业，不断增加农民财产性、工资性和经营性收入。天津富优公司采取"公司+合作社+农户"和"保底收益+分红"的模式，实施租金、股金和薪金的"三金带动"，累计发放分红资金 1332 万多元，间接带动资金 5000 多万元。② 广东南粤黄羽鸡产业集群共带动十多家合作社、上百家家庭农场共同发展，集群内黄羽鸡产业链带动农户比例超 60%，黄羽鸡产业从业农民 2021 年人均可支配收入较 2019 年增加 20% 以上，集群内农民人均可支配收入比当地农民平均水平高 7% 以上。广西三黄鸡产业集群扶持培育 13 家自治区级及以上农业龙头企业、53 家农民合作社和 31 个家庭农场，带动农户 4.94 万户。2021 年，玉林市集群从业农民人均增收 3000 元以上，人均可支配收入近 2 万元，比 2019 年增加了 12.33%。南宁市兴宁区的龙头企业、专业合作社和家庭农场带动兴宁区及周边农户近万人进行三黄鸡养殖，平均每户年出栏 2 万羽，增加年收入 10 万~16 万元。

## 六 "企业+科研机构+合作社+基地+农户"模式

产业集群内企业联合有关科研院校，以订单形式和合作社签订产品回收订单，合作社组织基地农户进行生产，推进特色产业发展。

浙江浙南早茶产业集群内龙头企业联合中国农业科学院茶叶研究所，推进订单化协作，参与入股社员既通过茶叶销售获得实惠，还可通过二次分配增加收益。缙云县黄贡茶业公司科研基地 200 亩，带动茶园 5000 多亩，

---

① 《云南从花卉产业大省向花卉产业强省迈进——集链成群建设世界一流花卉产业》，云南省农业农村厅官网，https://nync.yn.gov.cn/html/2023/yunnongkuanxun-new_1227/403178.html。

② 《市农业农村委积极打造都市型奶业优势特色产业集群》，天津市人民政府网，https://www.tj.gov.cn/sy/zwdt/bmdt/202311/t20231127_6466686.html。

主要负责种植、加工、销售，为新品种开发、茶叶收购、加工等提供资金；中国农业科学院茶叶研究所为公司提供技术支撑，负责指导茶叶种植、开发新品种；合作社负责组织农户进行茶叶种植、初加工等工作；农户主要负责茶叶种植、采茶、茶叶加工等。内蒙古草原肉羊集群的锡林郭勒大庄园肉业有限公司联合内蒙古农业大学食品科学与工程学院签署了"产学研战略合作协议"，与牧户、生产合作社开展订单收购并签订保底价格，投资建设"牧民之家"，开展肉羊销售一条龙服务，带动牧民增收、形成积极的示范引领作用。

## 七　产销联盟模式

集群龙头企业借助有销售渠道的企业或者联合成立销售企业，统一授权使用区域品牌，进行地理标志保护产品销售和市场开拓。

河北鸭梨产业集群发挥中国梨产业协会纽带作用，深入研判产销形势、总结经营经验、会商经营对策，推动梨产业健康发展。组织 23 家出口企业成立河北鲜梨出口企业联盟，打造千亩以上出口基地 26 个，持续放大出口优势。依托 12 个区域性梨产业联合体，集群产业链持续带动 26 万户，人均增收 1000 元以上，梨产业已经成为河北农业增效的优势产业、农民增收的重要产业、农产品出口的骨干产业。① 广西罗汉果产业集群永福县由永福罗汉果协会牵头组织全县 28 家罗汉果加工、销售企业抱团成立了"永福县福中福罗汉果有限公司"。公司统一开展全县罗汉果从种植到销售产业链发展"一条龙"服务，政府授权公司使用"永福罗汉果地理保护标志"和"永福罗汉果商标"，共同打造永福罗汉果"拳头"品牌，带动当地果农年人均增收 1 万元左右。

---

① 《河北鸭梨 统筹布局强支撑 聚合优势增活力》，《农村工作通讯》2023 年第 14 期。

# 第五章  亮点经验

自优势特色产业集群开始建设以来，各地分别采取有力措施，建立省级统筹协调、市级衔接配合、县区主体责任的工作机制，共同推进，形成了多方面的亮点经验。

## 一  统筹谋划，高位推进

各集群根据实际情况，成立以分管省领导或农业农村厅主要负责人任组长的集群建设项目推进领导小组，负责组织协调、政策统筹、资金落实、指导监督，研究解决产业集群建设中的重要事项和重大问题。省、市、县三级分别成立了以县政府主要领导或分管领导为组长的工作专班，形成省级抓统筹、市级抓重点、县级抓具体的工作机制。

北大荒蔬菜产业集群北大荒集团成立优势特色产业集群领导小组，积极完善运营机制，强化政策保障，从用地保障、资金扶持、金融服务、科技创新、人才支撑等方面加强政策创设，建立完善产业集群支持政策体系，加快建设北大荒优势特色蔬菜产业集群，使之成为北大荒绿色智慧厨房的新支撑、农业转型升级的新亮点和产业融合发展的新载体。[①] 江苏中晚熟大蒜产业集群项目启动后，省农业农村厅会同省财政厅采取实地调研、现场督导、电话调度等多种形式开展日常跟踪，省级多次赴徐州、盐城相关县（市、区）和徐州市农科所进行专题调研，了解所有项目建设情况，督促各地严格按照项目管理要求和实施进度开展工作。铜山区为加强集群建设统筹协调和组织领导，成立推进工作专班，由分管副区长任组长，在农业农

---

① 《北大荒集团瞄准优势特色主导产业推动产业集群发展》，北大荒集团网，http://m.chinabdh.com/h-nd-148.html。

村局设工作专班办公室，专班在区政府统一领导下，统筹协调指导建设实施。① 云南省高原蔬菜产业集群在省、州、县三级均成立了由政府领导任组长、相关部门为成员的产业集群建设工作领导小组，统筹推进项目实施；云南省农业农村厅组建了蔬菜产业专家组和工作专班，积极开展产业发展谋划、项目指导服务。贵州朝天椒产业集群成立了以分管农业的副省长为组长的优势特色产业集群建设领导小组，同时成立项目工作组负责集群建设日常调度。省财政配套 1 亿元辣椒产业专项资金，撬动社会和金融资本1∶10投入产业发展。各项目实施县组建了由县分管领导任组长的建设领导小组及相应的工作专班，建立上下联动机制，集中资源力量，强力推进贵州辣椒产业集群式发展。山西省委省政府主要领导亲自谋划确定山西旱作高粱产业集群方案，主持研究出台了《关于加快推进农产品精深加工十大产业集群发展的意见》，将高粱酿品集群排在首位。成立集群建设工作领导小组，负责组织协调、政策统筹、资金落实、指导监督，研究解决集群建设中的重要事项和重大问题。陕西省黄土高原苹果产业集群多次组织开展集群专题会议，并要求项目实施县（区）按季度定期向省、市报送项目实施进展，省农业农村厅对集群项目多次开展调研检查、项目督导，及时发现问题、开展专题研究并采取相应措施，全力推进项目实施。山东烟台苹果产业集群明确职责抓实抓细，强化先进要素集聚支撑，建立健全利益联结机制。烟台市先后出台了《关于加快推进苹果产业提质升级的意见》《烟台苹果品牌战略规划》，全方位鼓励苹果产业高效发展。河北鸭梨产业集群由省农业农村厅联合省财政厅成立集群建设工作领导小组，组建省、市、县三级工作专班，形成省级抓统筹、市级抓重点、县级抓全面工作机制，形成全省上下协调联动工作格局。② 湖北三峡蜜橘产业集群把推进集群发展作为产业兴旺、乡村振兴的重要抓手，省委省政府高度重视，市州、县市区党委政府积极谋划，形成了上下联动、区域协同、合力共建的良好格局。省农业农村厅拟制了《省级领导领衔农业产业链工作机制》，明确了一个省领导领衔、一个牵头单位负责、一个工作专班推进的"八个一"工作机制，

---

① 《关于成立铜山区中晚熟大蒜产业集群建设项目推进工作专班的通知》，徐州市铜山区人民政府网，http://www.zgts.gov.cn/govxxgk/014088621 - 001/2021 - 03 - 25/2e063bcb - 0943 - 4213 - a4d6 - fd33b0ec7d3e.html。

② 《河北鸭梨 统筹布局强支撑 聚合优势增活力》，《农村工作通讯》2023 年第 14 期。

负责研究发展思路、联系重点企业和重点项目、协调政策支持。同时，制定"三峡蜜橘"产业集群实施方案，建立省、市、县农业农村部门和财政部门共同参加的管理机制，组建工作专班和技术指导专家组，协同推进产业集群建设。各项目县（市、区）把"三峡蜜橘"产业集群建设作为年度重点工作。四川省晚熟柑橘产业集群落实集群建设"一位领导牵头、一个工作专班、一套实施方案"的要求，成立以农业农村厅主要负责人任组长的集群建设项目推进领导小组，省、市、县分别成立工作专班。领导小组定期召开专题会，安排部署产业集群项目建设，省工作专班多次组织召开晚熟柑橘高质量发展专题会议，安排部署项目推进工作。广东金柚产业集群压实"三个一"，规定动作落实到位。成立一个由省农业农村厅厅长任组长、农财两厅参加的工作组，统筹项目遴选、方案编制、项目实施及绩效评价等。制定一套工作方案，印发《广东省 2020 年优势特色产业集群建设工作方案》《广东省 2021 年优势特色产业集群建设工作方案》，将当年的各项工作落实落细。成立现代农业与食品产业集群专班，构建协同推进机制。福建武夷岩茶产业集群成立由厅分管领导任组长、农财两家业务处室为成员的工作专班，建立由厅种植业处牵头、茶叶专家参与的项目推进小组，5个县（市、区）分别成立由政府分管领导任组长的协调指导组。广西罗汉果产业集群成立农业产业融合发展项目推进工作领导小组，农财两部门联合组建了产业集群工作专班。重庆荣昌猪产业集群加强组织领导，明确相关部门、单位职责分工，加强部门协作，建立健全体制机制，实行市级相关部门引导，区（县）政府相关部门负责实施，以企业为主体，社会监督、专家支持的管理体制，不断完善激励机制和考核机制，全力推进集群建设。湖南湘猪产业集群成立集群建设工作领导小组和湘猪集群项目工作专班，明确工作职责。省级印发年度产业集群建设方案，县级细化方案，为项目的规范化管理打下基础。广东农垦生猪产业集群多措并举保障集群高效有序建设，建立了广东省农垦总局、广垦畜牧集团和各子项目实施主体三级组织管理架构，广东省农垦总局成立了产业集群工作专班，广垦畜牧集团成立项目领导小组、项目管理小组、项目督导小组和各子项目建设小组，完善管理机制和工作流程，严格规范项目建设流程，系统化、组织化地推进项目建设。多次召开会议对建设难题、堵点进行研究决策，提升各实施主体的能动性、执行力，确保各子项目高效、有序实施。

## 二　精心部署，督促指导

各省区市按照集群建设方案，结合当地实际，集中攻坚，合力谋划，实施多个项目，努力做优、做强、做精优势特色产业，加快推进集群发展。并实施项目管理责任制，明确专人负责；建立集群项目建设管理台账，适时调度、跟踪、评价，定时上报，掌握工作进展，及时查找问题，提出整改建议；严格绩效考核，细化考核指标，并在后续产业项目和资金优先扶持上予以体现，以有效手段确保产业集群建设出实效。

江苏中晚熟大蒜产业集群省级工作专班不定期召开项目推进现场会，研究部署下一步工作。集群各区县按照省级工作专班及市级的指示积极推进，及时制定大蒜产业集群项目管理办法，加强对项目建设单位履行职责、项目确立和变更以及项目验收等方面规定，确保项目实施、管理有据可依。同时强化政策扶持，加大资金投入，围绕产业集群建设工作任务，在加大税收、用地、用电、金融等方面政策支持力度的同时，充分利用项目资金，整合经营主体资源。此外，积极跟踪服务，通过深入项目区根据企业需求现场办公，重点在用地、融资、水电等方面积极跟踪服务，及时梳理、破解项目实施中遇到的难题。云南省高原蔬菜产业集群省、州、县各级出台《优势特色产业集群项目及资金管理办法》，强化项目建设和资金使用管理。产业专家组通过设立工作站、特派团及定点包片等形式对各州县开展产业发展咨询和指导服务；农业农村厅每月定期调度项目建设和资金使用进度，及时掌握项目推进中的问题和各地建议；工作组多次深入项目县进行调研指导，认真查找项目建设中存在的问题，积极沟通协商解决措施。同时，云南省出台《云南省"十四五"打造世界一流"绿色食品牌"发展规划》《云南省支持农产品冷链物流设施建设政策措施》《支持特色农产品生产加工和冷链物流建设政策措施》等一系列政策文件，省级财政资金对承担集群项目的县给予共计 2.46 亿元资金用于蔬菜产业发展。贵州朝天椒产业集群制定工作方案，明确工作目标，印发《贵州省农村产业革命辣椒产业发展三年推进方案》《贵州朝天椒优势特色集群建设方案》，明确到"十四五"期末，贵州朝天椒产业集群建设实现全省辣椒种植面积稳定在 550 万亩，产量 750 万吨，产值 300 亿元。优化"两带五区"布局，重点打造加工产业带。在黔北、黔中扩大加工型辣椒种植规模，进一步提升加工型辣椒种植比例，黔北、黔中重点发展 300 万亩加工型辣椒，比上年增加 20% 以上，其中朝天椒种植 260 万亩，满足黔北、黔中、黔东南等加工集群原料需求。打造"四大中心"，深入推进"五大工程"。通过深入推进标准化种植工程、加工升级工程、市场品牌建设工程、科技支撑工程、金融创新工程"五大工程"建设，打造全国辣椒新品种研发中心、全国优质辣椒种植中心、国际辣椒食品加工中心、国际辣椒贸易中心"四大中心"，贵州实现由"辣椒大省"变成"辣椒强省"目标。河北越夏食用菌产业集群建立了以中央财政投入为引导、省市县财政投入为辅助、社会资本投入为主体的多元化投入机制，共同推动食用菌产业发展。省级统筹农业创新驿站、精品示范基地、创新型农业企业、农业产业化发展等财政资金 5000 多万元，支持集群建设县发展食用菌产业。各项目县均制定了《越夏食用菌优势特色产业集群项目资金拨付使用规程》，保障资金依规使用，发挥财政资金最大效益。山西旱作高粱产业集群制定《关于加强重大产业项目管理工作的通知》，压实项目管理责任；建立"山西旱作高粱产业集群"微信群，及时沟通交流；确定项目联络人员，明确专人负责；建立项目建设管理台账，落实定期调度制度，及时上报进展；严格绩效考核，细化考核指标，并在后续产业项目和资金优先扶持上予以体现。河北鸭梨产业集群省级专班牵头厅领导对 10 个集群县所有在建项目调研督导实现全覆盖，并与每个集群县县委县政府主要领导和所在市农业农村局负责同志进行沟通交流，传达国家和省对集群建设的决策部署和工作要求，形成梨集群建设全省"一盘棋"。① 四川晚熟柑橘产业集群将集群建设纳入重大项目管理，建立报告、调度、通报"三项制度"。眉山市实施"建立一套台账，每月一次调度协调，每季度一次现场推进，每季度一次工作通报"的"四个一"工作机制，制发多期工作专报、工作进度通报。青神县建立三机制，推动项目落地落实。② 湖北三峡蜜橘产业集群由省农业农村厅、省财政厅在监利市召开县级项目实施方案交流、审核会。省农业农村厅在枝江市举办了现场交流及项目培训活动，推进产业集群建设项目落地实施。项目县市精心组织项目启动、项目评审、

① 《河北鸭梨 统筹布局强支撑 聚合优势增活力》，《农村工作通讯》2023 年第 14 期。
② 《聚焦四大方面 推动全产业链高质量发展——青神打造全国晚熟柑橘产业集群核心区重点县》，《中国食品安全报》2021 年 11 月 19 日。

项目推进、项目培训等一系列活动，在产业集群建设各阶段，有针对性地安排部署推进措施，保证项目有序开展。宜昌市在秭归县召开集群项目推进会，交流三峡蜜橘产业集群项目建设情况、建设进度以及建设实效，并就集群项目谋划、申报与实施提出建设性意见。兴山县财政局、农业农村局联合下发《资金管理办法》，各实施主体签订《项目建设承诺书》，保证项目建设保质保量、合规合法。枝江市坚持政策主导、农民主体、业主主营的原则，积极筹措建设资金，统筹涉农项目资金，打捆使用投入柑橘产业集群建设。当阳市制定产业集群项目以奖代补实施管理办法，明确资金奖补方式、资金奖补对象及原则、资金奖补程序、项目监管措施等，规范流程，细化标准，提高资金使用绩效。广东金柚产业集群建立项目追踪体系，自选动作确保成效。项目县成立由政府分管负责同志挂帅的协调指导组，印发集群财政资金使用方案，细化职责分工，落实好集群各功能区建设。要求实施主体编制具体项目的可行性研究报告，确保各具体项目立项科学，实施过程有据可依。定期开展工作调度，不定期开展全员培训、全覆盖调研工作。安徽徽茶产业集群市县每半年报送一次工作总结，汇报项目进展、工作措施，分析问题、谋划下一步打算，及时做好总结工作。浙江浙南早茶产业集群财政资金安排实行"大专项+绩效目标+任务清单"管理模式，由浙江省农业农村厅会同省财政厅制定任务清单确定绩效目标，各县市业主自主申报、乡镇审核推荐、专家评审等程序，并将项目实施计划予以公示，还要求涉及科技强农、机械强农等"双强"相关资金必须在入库项目中安排。福建武夷岩茶产业集群建立月通报、季调度、年度绩效考核等制度。印发实施方案，规范资金使用，各县（市、区）制定资金使用管理规定，确保资金使用合法合规有效。广西罗汉果产业集群采取倒排工期、挂图作战等方式，加大督促指导力度，建立定期调度指导制度，每季度对各项目建设市、县（市、区）开展调度、督导。重庆荣昌猪产业集群加强沟通协调、联动合作，农业农村、生态环境、林业、规资等相关部门以及项目各属地形成"左右联动、齐抓共推"的工作合力，群策群力解决项目推进的难点堵点问题，确保集群项目建设取得实绩实效。湖南湘猪产业集群实行半月一调度、一月一通报、季度一会议、半年一调研，相继组织召开了省级项目建设推进会、协调会、调度会，了解项目实施进展，明确建设任务与绩效目标，强化资金监管与宣传引导，要求各地倒排工期，挂图作战，加快项目实施，并通过培训与会议，推介树立典型，加强经验交流。启动资金项目监管平台建设，以信息化刚性手段加强集群项目资金监管，确保项目建设效益得到更大发挥。宁夏六盘山肉牛产业集群严格项目管理，做好项目勘察设计和调研论证工作，落实项目建设条件，合理确定项目建设范围、内容、规模、标准，保证前期工作质量和进度。统筹加强年度进度管理，加强年度计划执行情况的评估和调度，项目工作推进小组召开专题会议、工作推进会、调度会安排部署，对标对表建设内容，逐一落实建设主体，明确责任单位和责任主体，推进项目落地落实。创新到户项目巡回监理、项目公示、村民自建等新机制、新办法，使受益村组和农户全面了解项目。此外，严格资金管理，制定《宁夏优质特色产业集群建设项目管理办法（试行）》，杜绝截留、挤占、挪用、虚列开支等违法违规现象，确保资金规范使用，严格按照产业集群实施方案确定的方向使用，明确支出方向、规范程序，做到专款专用。广东农垦生猪产业集群充分发挥工作组（专班）的组织领导作用，建立联席会议制度，在建设难题和堵点问题上及时进行沟通、协调；保障项目用地需求，完善用地手续；进一步加强对项目建设的督导，打通"堵点"；引进和培养专业人才，充实人才队伍，建立人才评价长效机制，保障集群项目建设实施；定期对项目建设现场进行巡回式检查、指导。

## 三 龙头带动，绿色发展

在集群建设过程中，各地依托集群优势，突出龙头企业的带动，推进"绿色、有机、原生态"产品提升；注重生态保护，强化废弃物处理等环保措施；采取政府主导、企业运作、市场运营方式，统筹推进从产地到销售的全过程管理和品牌建设。通过集群建设促进生产的绿色化发展，提升产品品质和价值。

山东寿光蔬菜产业集群内龙头企业与山东农业大学、青岛农业大学、西北农林大学等科研机构开展广泛合作，累计引进多个高层次人才团队、多家涉农院士工作站，搭建多个政产学研科技创新平台。集群取得多项有效发明专利。江苏中晚熟大蒜产业集群依托国家级龙头企业江苏黎明食品集团有限公司建设国家企业技术中心、国家蔬菜加工技术研发分中心两个国家级技术研发平台，大力开展大蒜精深加工技术研发。河南伏牛山香菇产业集群加快推进香菇企业菌棒生产煤改气、改电，推行节能环保灭菌新方式，年节约燃煤 14.1 万吨，减少二氧化碳排放 38.1 万吨。集群规模化食用菌生产企业于 2022 年底全部实现"双改"。山西旱作高粱产业集群组建了山西旱作高粱产业集群专家委员会，下设秘书办、产业技术支撑组、生产指导服务组、精深加工和品牌建设组，为项目实施提供强有力的智力支持、技术支持、研发支持。依托山西农业大学高粱研究所，建设了山西旱作高粱产业公共服务平台。开展"院士山西行活动"，引进了华大基因等行业领军企业，与江南大学院士科研团队签订了共建酿品研发中心战略合作协议，指导集群内企业提升酿造工艺。云南花卉产业集群推进花卉绿色高效种植技术集成示范基地基础设施建设，在马龙区建设绿色高效种植示范推广区，鼓励支持龙头企业应用推广无土栽培水肥循环利用、自动化设施设备及病虫害生物防治等技术，引导合作社及农户应用精准施肥、节水灌溉、高效管理、标准采收等技术，不断提升花卉品质及产出效益。① 重庆荣昌猪产业集群在集群区域内全面推进种养循环农业，鼓励养殖企业流转农户土地作为畜禽粪污消纳地的流转机制。湖南湘猪产业集群广泛分享发展经验，提供优质仔猪和养殖技术，指导协同周边发展优质湘猪的养殖，实现区域联动发展。广东农垦生猪产业集群全面提升了新建大型养殖基地生物安全防控等级，有效切断了区域内运输车辆在猪场与猪场之间、猪场与屠宰场之间、猪场与饲料厂之间交叉运输带来的病毒传播风险。同时，集群内同步完善了病死猪无害化处理、粪污综合治理与资源化利用等配套设施、设备，实现生产端区域防控全覆盖及生猪产业绿色发展，为非洲猪瘟等病毒防疫工作筑牢了铜墙铁壁。内蒙古草原肉羊产业集群采取政府主导、企业运作、市场运营等方式，统筹推进产业区域品牌建设和培育。联合多家龙头企业在四子王旗建成国内最大的杜蒙肉羊交易集散地，全面提升了肉羊精细化深加工能力，进一步提高了产品附加值，完善了肉羊全产业链条。2022 年已签订 50 万只羊、6 万头牛的销售订单，农畜产品深加工取得突破性进展，有效地保障了农牧民养殖效益，带动农牧民稳定增收。

---

① 《云南从花卉产业大省向花卉产业强省迈进——集链成群建设世界一流花卉产业》，云南省农业农村厅官网，https://nync.yn.gov.cn/html/2023/yunnongkuanxun-new_1227/403178.html。

#### 四　梳理图谱，精准施策

集群建设过程中，一些地区按照梳理的全产业链图谱及产业链构成框架，通过找出产业链各关键着力点，落实到具体环节，既实现了全方位发力，同时也保证了精准发力。

山东寿光蔬菜产业集群推行"全链领航"战略，梳理产业链全环节，重点瞄准产业链的两端，在种子选育、种苗推广、功能蔬菜、预制拓展、精深加工、品牌推广等领域全面发力，推动集群构建结构合理、功能完整、特色突出的全产业链条。江苏中晚熟大蒜产业集群梳理大蒜的全产业链图谱及产业链构成框架，通过找出种植、加工、流通、休闲、政策、科技、金融、公共服务、生产服务等九个方面的着力点并落实到具体环节，既实现了全方位发力，同时也保证了精准发力。设计产业链构成框架图，明确初加工和精深加工流程，并针对鲜蒜、干蒜以及不同的加工产品要求，明确加工工艺，对每一道工艺的主料辅料进行挖掘利用，使大蒜每个部分在整个加工的每段过程都得到完全的利用，充分实现价值提升。湖南湘猪产业集群梳理全产业链图谱，着力补齐产业短板，实施重点突破战略。坚持龙头企业带领，将育种、加工等产业发展短板作为重点支持环节，实现全产业链的均衡发展。

#### 五　三产融合，全链提升

在特色产业发展基础上，集群做好特色农业文化的挖掘、弘扬和交流，打造多种"农业+"新模式，加快推动一二三产业融合发展，以点带面推动区域协调发展。

陕西黄土高原苹果产业集群紧抓陕西苹果"北扩西进"战略机遇，通过政策引领、科技支持、行政推动等措施，系统化推进苹果生产、加工、营销、服务等工作。建设一批高标准、专业化生产基地和冷藏保鲜设施，发展加工配套产业，健全科研推广体系、质量检测监管体系和防灾减灾体系，初步建成苹果产业贮运营销网络和市场信息体系。湖北三峡蜜橘产业集群推动柑橘产业与旅游、文化、休闲、电商等有机融合，打破县域界线，从技术服务到产品营销，促进柑橘种植、加工、销售等相互融合和全产业链开发，激发市场主体发展活力，助推柑橘新型经营主体转型升级，壮大市场主体规模，联农带农机制进一步健全，形成协调发展，互促共赢局面。浙江浙南早茶产业集群建设茶叶加工体验中心，培育茶文化展示平台，组织开展形式多样的浙茶宣传、体验活动，大力培育茶文化组织，积极参与国内国际茶文化活动，打造温州早茶探秘之旅、秀山丽水茶香游等经典线路，带动生态旅游观光休闲等特色产业。福建武夷岩茶产业集群发挥武夷山"双世遗"示范带动效应，深入挖掘茶文化，举办国际茶日、喊山祭茶仪式、武夷岩茶（大红袍）传统技艺制茶大会拜师仪式、世界遗产大会百企茗茶品鉴等活动。大力推广发展"茶庄园+"开发模式，打造大型茶业综合体，启动"茶叶小镇"项目建设，培育万里茶路起点下梅村、世界红茶发源地桐木关等特色乡村旅游试点，推出"3·23"沙县红边茶纪念产品，推动"茶+小吃"融合发展。广西罗汉果产业集群永福县通过打造罗汉果小镇，将旅游业和健康绿色产业有机结合，已建成罗汉果产业研发中心、罗汉果展览馆、罗汉果交易市场、文化广场等，打通整个罗汉果产业垂直链条、横向联盟生态链条，逐步建立起以罗汉果为要素纽带的集群产业带。永福县罗汉果产业树立新一代高端甜味剂的产品定位，与世界食品巨头建立稳固的供货关系，成功巩固和拓展了国际市场。永福县现有罗汉果加工企业和专业合作社 166 家，国家、自治区、市龙头企业 10 家，已研发的120 多种加工产品热销国内外。内蒙古草原肉羊产业集群成功申报全国农业全产业链重点链，锡林郭勒盟额尔敦食品有限公司作为全区肉羊产业"链主"企业，呼伦贝尔打造百亿级集群建设，促进全产业链要素的提升，同时，建立供应链平台，全渠道展开销售，并与物流、快递等环节无缝衔接。

## 六 拓展平台，优化服务

围绕创新创业、公共服务、人才培养、交易流通等需求，集群各地积极建设创新创业基地、技术研发中心、集群产业大数据中心，搭建公共服务平台，持续优化服务，吸引大专院校、科研院所、高新企业等各类创新团队入驻，有效支撑集群建设和发展。

山东寿光蔬菜产业集群发挥农科院创新优势和人才优势，在全国层面率先探索农业产业链创新链深度融合的工作机制，服务支撑寿光农业现代化建设。建设国家现代蔬菜种业创新创业基地研发中心，先后与中国农业科学院、中国农业大学等 10 多家科研院校建立了深度合作关系，开展蔬菜良种培育。与中国农业科学院蔬菜花卉研究所合作共建全国最大的产地蔬菜种质资源库。山东烟台苹果产业集群一体化建成烟台苹果科技创新中心、大数据中心、苹果文化博物馆，其中，烟台苹果科技创新中心是全国首家苹果类专业新型研发机构、全省唯一的果业类创新创业共同体；建成苹果综合交易中心和智能物联网平台，通过物联网、溯源平台、交易平台的建立，实现"环境可测、生产可控、质量可溯、交易可查"。陕西黄土高原苹果产业集群围绕"一个中心、四个平台、五大体系、五个环节"，持续推进洛川县国家级苹果产业大数据中心建设。应用大数据、物联网技术搭建综合服务平台，实现对土壤墒情、水肥管理、病虫害灾情、气象灾害、果品质量追溯、苹果市场价格等动态监控。通过对苹果全产业链进行有效动态监管，发挥科学管理、智能决策的指挥作用。依托大数据平台信息资源，在全省推广应用"果信通"手机 App 服务，"苹果大数据+期货+保险+金融"服务在洛川县开展试点。河北鸭梨产业集群产业链大数据服务平台已具雏形，通过"1（省级平台）+N（县级平台）"协同发力，聚合了 205 家企业、7 家物联网基地入驻，实现赋码追溯 6 万亩，已成为河北梨产业发展的新亮点。魏县梨产业信息服务平台为生产提供精准气象服务和管理技术指导，部分密植梨园实现全景视频监控、农事动态记录、图片适时上传，随时掌握梨园实时温度和土壤墒情，溯源管理实现全覆盖。建成威县威梨电商孵化中心，孵化培育本地梨电商企业，在天猫、京东、抖音等平台开设旗舰店、品牌店。辛集翠王成为阿里数农、美团、雨润、菜鸟、云集、支付宝 6 大平台的河北梨果直管仓，直采量全国第一。晋州长城梨果已占京东平台梨自营量的 60% 以上，成为国内高端市场优质梨风向标。新疆库尔勒香梨产业集群实施香梨大数据中心建设，已覆盖库尔勒香梨库尔勒种植区大部分梨园。广东金柚产业集群建设省级农产品加工技术研发中试公共服务平台，辐射带动全省农产品加工提质增效。同时，配套开发微信小程序，为金柚加工企业提供中试放大、技术熟化、技术咨询和技术成果共享等服务。集群重点打造金柚公共服务平台，力争建成全产业链发展的产业集成区。韶关市建设现代农业综合馆和智慧农业管理平台，配套建设农产品展示展销交易中心。大埔县建成"5G+农业大数据平台"，充分发挥 5G和大数据能力，引进智能灌溉、智能采摘机器人、无人机、巡护机器人等智能化的设备，在"种、管、采、卖"方面实现智能化、精准化运作，有效提升了农产品品质和品牌影响力。浙江浙南早茶产业集群推进茶产业大脑建设，开发完善重大应用场景，拓宽数据收集领域和主体应用面。泰顺县成立泰顺茶产业创新服务综合体，建立"三杯香"在线防伪查询平台，丽水市建立了香茶公共服务平台。福建武夷岩茶产业集群利用区块链技术，建立武夷岩茶"认标购茶"溯源体系和福茶网综合服务平台，围绕茶叶生产管理、市场交易、文化推广、大数据服务四大功能，搭建线上销售平台，超 8000 家茶企入驻，建瓯市建立了大数据云平台，打造"茶特派"服务平台。新疆兵团红枣产业集群依托猪八戒网平台资源及服务优势，大力建设红枣产业数字化服务平台，搭建大数据招商平台实现精准招商模式，打通昆玉红枣微商社群分销渠道。云南花卉产业集群建设花卉交易集散中心，昆明国际花卉拍卖交易中心积极拓展线上交易及远程拍卖，开展花卉价格指数保险试点。依托斗南花卉市场，建设产地集货点，完善花卉供应链及配套服务体系，进一步提升斗南花卉交易市场专业化水平，巩固亚洲花卉交易集散中心地位。海南天然橡胶产业集群尝试应用"智能化"割胶等采胶新技术，注重胶园的"数智化"建设，逐步实现胶园"大数据"管理。广西罗汉果产业集群建立罗汉果行业互联网综合交易平台，提升罗汉果原果和产成品集中采购、统一配送和品牌运营能力，建成罗汉果直播间 40 多个，设计罗汉果系列产品形象 30 多款，宣传矩阵初步形成。重庆荣昌猪产业集群依托国家生猪大数据中心，搭建全国生猪全产业链各环节的大数据应用平台，实现行业数据共享交换。依托国家级生猪大数据中心和国家级生猪交易市场，开发生猪产业大数据应用综合服务平台，构建生猪产业监测预警模型，发展"智慧养猪""绿色养猪"。国家级重庆（荣昌）生猪交易市场通过"生猪产销、品牌建设"两大平台，提高荣昌猪品牌影响力，带动生猪销售。湖南湘猪产业集群建成宁乡花猪种业创新中心，重点解决种源技术的"卡脖子"问题，强化科研保障，形成种质资源共建共享共管，推动科研成果转化和共享。广东农垦生猪产业集群发挥广东广垦畜牧工程研究院的人力资源优势，建设金星、火炬、二塘三大公猪站以及广垦地方猪种资源保存利用中心，搭建起生猪良种繁育及优质种群保种公共服务平台，着力推动良种繁育科研能力与产业发展的深入融合；搭建数字化生产、生猪产业综合指数 2 个数字化支撑服务平台，提升广垦生猪兽医卫生技术中心、广垦试验猪场建设，补齐了科技创新与成果推广平台短板，带动集群内生猪全产业链实现资源共建、信息共享，推动科技成果、实用技术更快更好应用于生猪养殖全过程。广东南粤黄羽鸡产业集群探索在原生产端大数据平台的基础上，推动整合各产业链条数据，建设集群大数据平台。建成清远鸡电子商务综合销售平台，采用电商、直播带货新型营销渠道推广清远鸡品牌，取得了良好的社会经济效益。

## 七　要素配套，政策支持

集群建设过程中，各地加大政策支持力度，强化科技、金融、土地等各方面要素配套，加快产业发展。

北京设施蔬菜产业集群坚持政府引导和市场主体相结合，"十四五"期间，北京市每年财政投入 10 亿元以上，全面支持设施蔬菜产业发展。山东寿光蔬菜产业集群稳步推进农村集体产权制度改革，积极探索农村土地"三权"分置有效实现形式，不断完善农业供应链金融服务体系，推进农村金融制度改革。河南伏牛山香菇产业集群卢氏县创建金融助农"卢氏模式"，涵盖金融服务体系、信用评价体系、产业支撑体系、风险防控体系"四大体系"，香菇产业优先享受金融助农"卢氏模式"融资支持。山西旱作高粱产业集群全面落实扶持农业产业化龙头企业发展 10 项政策，优先对集群龙头企业在投资、金融、科技、技改、品牌、土地等方面给予支持，2020 年、2021 年为醋企提供贷款贴息近 300 万元，撬动银行贷款超过 1.5 亿元。山西省政府出台《关于杂粮全产业链开发的实施意见》等一系列政策措施，各市县也积极出台扶持政策。安徽酥梨产业集群加强人才技术引进，砀山县对重点扶持的产业化龙头企业引进企业高层管理和技术人才，享受人才引进奖励政策。运用区块链技术建立"酥梨贷"信用担保体系，解决经营主体资金短缺问题。广东金柚产业集群推动集群建设主体对接"兴农撮合"平台、广东股权交易中心乡村振兴板。"十四五"期间，中国工商银行广东省分行向广东优势特色产业集群等三个农业产业融合发展项目下各类经营主体提供不低于 200 亿元人民币的意向性融资支持。支持规模效益好、发展潜力大、运营管理规范的集群建设主体在广东股权交易中心乡村振兴板挂牌展示，多元拓宽融资渠道，为集群建设主体提供展示宣传、股权报价、投融资对接、规范辅导等一系列金融服务。海南橡胶产业集群扩大橡胶树灾害保险实施试点范围，进一步完善天然橡胶价格（收入）保险机制，启动"胶园土地及橡胶原料收购管理平台建设"，探索与上期所开展"保险+期货"的合作实践。云南花卉产业集群依托昆明花拍交易平台，开展花卉价格保险试点，保险品种、参保花农、覆盖面积、投保花卉数量明显增加，保险费率从8%降至5%，价格保险取得了较好的成效。广西罗汉果产业集群桂林市给予工业园区内罗汉果企业免年租等配套优惠政策，对农产品加工超过5亿元的投资项目优先保障用地。重庆荣昌猪产业集群通过国家生猪市场真实交易价格指导农户养殖，降低养殖风险。通过"养猪贷""售猪贷"等金融服务，解决农户养殖资金不足问题。通过平台直销、优质猪品竞拍等方式，减少中间环节，保障农户收益。建立土地流转预付租金和保证金制度，补偿生产经营过程中农民土地合法权益受到的损失。湖南湘猪产业集群开创农业融资新模式，在全国率先启动建设银行"生猪活体抵押贷款"，破解养殖企业融资难题。为促进集群建设，湖南省农业农村厅与建行湖南省分行、农行湖南省分行、邮储银行湖南省分行签订战略合作协议，合作成立湖南优质湘猪产业集群信贷风险补偿基金，向集群区域内的企业提供贷款。省农担为集群区域内新型农业经营主体提供担保服务，银行、农担按照2∶8的比例分担信贷风险，年化担保费率不高于2%。

## 八 撬动资本，合作共赢

集群充分利用财政资金的撬动作用，出台各种配套政策，积极吸引社会资金、金融资本投入产业集群建设，形成了以中央财政投入为引导、以省市县财政投入为辅助、以社会资金投入为主体的多层次、多形式、多元化投入机制，共同推动集群发展。

北大荒蔬菜产业集群与上海麦金地集团、北京航天智造科技、南京众联中央厨房研究院、深圳金谷园、深圳圣德基5G基站、长春广惠、山东宝源生物科技公司等进行交流合作，引进战略投资伙伴，共同推进集群建设，解决种植、资金、营销渠道等难题。贵州朝天椒产业集群从省级辣椒专项资金中安排资金建立"贵椒贷"资金池，探索产业融资新途径，开通申报"直通车"。河北越夏食用菌产业集群省级统筹农业创新驿站、精品示范基地、创新型农业企业、农业产业化发展等财政资金，支持集群建设县发展食用菌产业，宽城县在对移民发展香菇、木耳等食用菌种植5万棒以上的每棒补助1元，平泉市安排整合资金、东西部协作资金支持集群建设。安徽酥梨产业集群明确县财政每年安排不少于 3000 万元对年产值在 5 亿元以上的酥梨加工和销售企业、被国家认定为高新技术的酥梨产品等水果加工企业，以及获得中国驰名商标、绿色食品、有机食品认证和基地认证等分别给予相应奖励。湖北三峡蜜橘产业集群经营主体与中国建设银行签订长期战略合作协议，为主体提供"柑橘经销贷"服务。建成电商大数据服务平台，通过数据抓取、梳理分析，获得电商平台、快递物流和企业销售等数据信息，在此基础上为柑橘购销市场主体提供专属纯信用贷款服务。在集群建设过程中，从全产业链入手，用好地方政府投入、招商引资、金融产品、建立紧密合作利益共赢机制等五大手段，以社会资本与产业建立稳定合作关系、形成稳定利益共同体为导向，创新利益联结方式，形成紧密合作的利益共赢机制，实现社会资本与产业共享发展成果的目标。安徽徽茶产业集群省市县整合 2 亿元的涉农项目资金，用于茶产业集群培育和重点实施项目的配套和奖补，引导企业通过股权投资等方式，进一步拓宽融资渠道，逐步建立以企业投入为主体、以政府投入为引导的多元化资金保障体系。湖南湘猪产业集群创新中央和省级、市县级财政投入资金使用方式，鼓励采取先建后补、以奖代补、政府购买服务等方式对相关主体给予支持，重点用于支持产业发展的关键环节。广东农垦生猪产业集群积极探索项目固定投资贷款、短期信贷、产业基金等多元化投入方式，保证资金投入。成功引进新希望集团、牧原集团等大型养殖企业以及供给侧基金等金融机构，引入相关产业投资基金，吸纳优质社会资金参与集群建设，共同打造年出栏百万头的生猪养殖基地，努力实现生猪保供、项目增收和产业升级。

## 九 突出亮点，广泛宣传

集群建设过程中，各地加大对农业特色产业集群发展的宣传力度，多渠道宣传做大做强做优农业特色产业集群的重要意义和建设要求，全面展现建设成效，加大典型模式和做法的宣传力度，积极营造全社会共同推进的良好氛围。

山东寿光蔬菜产业集群通过建设线上线下交易平台开拓产品市场，带动特色农产品实现网货化，打造寿光市农村电商品牌。活跃电子商务企业、各类活跃网络商铺从业人员近万人，形成覆盖全面的成熟供应链体系，寿光市种子种苗、生鲜蔬菜在淘宝、京东、拼多多等平台综合排名第 1。云南省高原蔬菜产业集群举办"高原菜展",来自23个省(区、市)28个市的59家企业及科研院所的1053个蔬菜品种进行现场展示。展会累计展示蔬菜品种9246个,参展单位559家,累计向社会推荐新优蔬菜品种736个,推荐品种得到有效推广应用。山西旱作高粱产业集群积极构建宣传交流平台,目前已形成具有山西特色的山西旱作高粱产业集群发展论坛、山西—晋中"一带一路"高粱产业发展论坛、上党高粱产业发展聚力峰会、山西省红高粱庆丰收活动4大主题交流活动。同时注重多维度宣传交流,积极推动山西高粱产业、产品走出去,利用"进博会""夏洽会""粮交会""农交会"等大力宣传展览"山西旱作高粱"产品,促进山西高粱产业社会影响力进一步提升。湖北三峡蜜橘产业集群通过抱团出击、集中宣传、持续推介等方式开展品牌宣传活动,由省农业农村厅指导,宜昌市农业农村局统筹,各县(市、区)政府牵头,各县(市、区)农业农村局主办,重点企业承办实施,市柑橘产业协会协调,实行"五个一"模式举办"宜昌蜜桔"品牌宣传推介活动,有效提升了宜昌柑橘品牌知名度,增强了市场竞争力。湖北广播电视台垄上频道等媒体播放"宜昌蜜桔""秭归脐橙"宣传广告,在《湖北日报》《长江日报》刊发新闻,在长江云等新媒体刊登宣传文章。"宜昌蜜桔""秭归脐橙"区域公用品牌授权企业已接近200家。四川晚熟柑橘产业集群及时总结交流晚熟柑橘集群建设中的好经验、好做法,开展产业集群建设宣传报道,组织开展国家级及省级主流媒体采风活动,举办全省晚熟柑橘产业集群观摩培训,充分展示集群建设成效,发挥集群引领、示范带动作用。广东金柚产业集群推广农产品营销"12221"体系(建设一个全产业链数据平台,组建采购商和经纪人两支队伍,建设产地和销区两个市场平台,策划产区和销区市场两场活动,实现打造品牌等一揽子目标)和短视频矩阵运营模式。创新农产品网络节云展会模式,推动农产品"产得出、卖得好",复制推广"短视频+网红"营销模式。将金柚列入"12221"农产品市场体系六大水果品类重点宣传推介,举办广东柚跨界数字营销活动,组织金柚进房企、进车企等多类型宣传活动,取得良好效果。发布农业领域对接RCEP十大行动计划,支持金柚产业经营主体把握机遇,积极拓展海外市场。广东农垦生猪产业集群创新集群宣传方式,通过网络直播宣讲、与《南方农村报》等主流媒体合作宣传等多种渠道,扩大了集群宣传平台阵地。在宣传内容上,主要围绕集群项目管理、上级检查指导、重要领导讲话和会议精神宣传、工程节点进度完成情况、模范先进事迹等进行宣传，将集群打造成推动农业供给侧结构性改革、助力乡村振兴的"民心工程""明星工程"。内蒙古草原肉羊产业集群以"呼伦贝尔羊""苏尼特羊""乌珠穆沁羊"三大地方优势品种为主导，开展区域品牌营销推广，积极参加农交会、绿博会及各类展销会、美食节等活动，结合文旅开展产品宣传，设计草原肉羊广告形象推广到全国各地。

下 篇

案例篇

# 从"技术为王"到"全链领航"

## ——山东寿光蔬菜产业集群

## 一 集群概况

### (一) 基本情况

#### 1. 山东省蔬菜产业整体情况

在中国,每十斤蔬菜中至少有一斤产自山东,山东蔬菜产量在中国各省(区、市)中常年位居榜首。2021年,山东省蔬菜播种面积2287万亩,产量8801万吨,比上年增长4.34%。山东省经过多年发展,已形成了章丘大葱、安丘大姜、胶东大白菜、金乡大蒜、莱芜生姜、邹城蘑菇等多个地理标志品牌;"中国蔬菜之乡"山东寿光,与美国的加利福尼亚、荷兰的兰辛格兰、西班牙的阿尔梅利亚并称"世界四大蔬菜区域优势中心"。凭借区位与技术优势后来居上的"中国蔬菜第一县"聊城莘县有40万人从事蔬菜产业,每天的蔬菜外运量更是多达2.5万吨。

20世纪80年代末,寿光人最先将冬暖式蔬菜大棚引进山东试验推广,改变了北方冬季餐桌上只有白菜萝卜的历史,让山东人领天下之先,开启了蔬菜的科技之路。近年来,农民不断改进种植技术,在耕地面积有限的情况下,让蔬菜产量增加了5倍多。随着农业科技的不断发展,山东大力发展数字农业,从"经验种菜"跨越到"数据种菜",不断提高劳动生产率,实现农民增收致富。如今山东不仅形成了蔬菜种植规模优势,还打造了集交易、仓储、配送、电商于一体的现代化、多功能农产品集散中心,远近闻名。

#### 2. 集群地市蔬菜产业情况

集群建设范围包括潍坊市的寿光市、青州市、安丘市、昌乐县、寒亭区,淄博市的临淄区等6个县(市、区)。潍坊市作为我国北方最大的蔬菜生产和集散地、闻名全国的"菜篮子",建立了"有基础、有龙头、有市场、有配套"的蔬菜产业链条体系,是全国4个年产蔬菜千万吨级的城市之一。农产品企业数量众多,有447家规上食品加工企业、1028家规上农业龙头企业,全产业链产值突破千亿元。有冷链物流企业100多家,冷链仓储能力300万吨,正着力建设全国骨干冷链物流基地。还拥有近百家食品装备制造企业,并拥有北京大学现代农业研究院、全国蔬菜质量标准中心、国家蔬菜质量检验检测中心等智慧平台,培育起"U饭云餐"等预制菜电商平台,营销网络覆盖国内120多个城市。

潍坊市的寿光市被誉为"中国蔬菜之乡",2021年,寿光设施蔬菜种植面积约60万亩,年产量达450万吨,日蔬菜成交量超1.5万吨。寿光市孙家集镇三元朱村30多年前就率先试验成功日光温室深冬黄瓜种植生产技术,集群在改造、创新日光温室结构,丰富栽培蔬菜种类和品种,优化规范栽培技术等方面,始终走在全省乃至全国前列,有效推动了山东省、黄淮海与环渤海地区设施蔬菜的发展,有力保障了我国北方地区冬季蔬菜供应和南方地区夏季市场供应。①

## (二)经营主体

集群经营主体以各类企业为主,数量千余家,绝大部分龙头企业已覆盖设施蔬菜种植、加工、流通、生产性服务业等产业链条。

寿光蔬菜产业控股集团入选国家农业产业化重点龙头企业500强,是全国知名的蔬菜全产业链运营商。集团拥有国内设施蔬菜重点实验室,组建了专业化的国际化研发团队,培育出52个具有自主知识产权的优良新品种;致力于标准化建设,制定推广覆盖蔬菜全产业链的生产种植标准。多年来,寿光蔬菜产业控股集团持续强力推进品牌建设,2012年,"七彩庄园"品牌被认定为中国驰名商标。2019年,成功注册"寿光蔬菜"商标。集团已建成覆盖全国,辐射日韩、东南亚、欧美等国家和地区的营销网络、仓储物流及服务保障体系。开设线上寿光蔬菜官方旗舰店与七彩庄园食品旗舰店,打通线上优质生鲜蔬菜从"基地"到"餐桌"的直供通道。

---

① 《寿光模式助力乡村振兴》,寿光市人民政府网,https://www.shouguang.gov.cn/news/zhxw/202205/t20220525_6061289.html。

福克斯食品有限公司位于山东省安丘市,主要生产脱水蔬菜、香辛料、复合调味料、腌渍及酱类产品,其中包括大蒜、洋葱、香葱、辣椒 "四辣" 蔬菜,被加工成脱水洋葱片、洋葱粒、洋葱粉、洋葱碎、脱水大蒜片、大蒜粒、大蒜粉、冷冻蒜泥、脱水香葱、辣椒粉等 30 余种预制菜,出口到欧盟、东南亚、巴西等近 30 个国家和地区。

淄博博信农业科技有限公司是集良种研发销售、粮食规模种植、农业综合服务、粮食烘干仓储于一体的现代化农业企业,是省级农业产业化重点龙头企业、国家高新技术企业、专精特新 "小巨人" 企业。公司于 2013 年成立淄博博信农作物良种研究院,开展农作物新品种研发、新品种展示和农业新技术示范等工作,获审定玉米品种 9 个、小麦品种 6 个。现有流转土地 15000 余亩,并配套建设 5 万吨种子标准仓储设施、日烘干 1000 吨的种子烘干设备、1600 平方米的种子加工车间、1500 平方米的良种研发中心、1 万吨的农用物资配送中心和 4S 植保服务站。公司围绕玉米良种培育、新技术集成与推广等主营业务开展粮食规模种植、订单收购、农业技术指导等一系列农业生产服务。现供应良种面积达 120 万亩,订单面积达 5 万亩。

## 二 强链补链

集群龙头企业经营范围已覆盖设施蔬菜种植、加工、流通以及蔬菜生产性服务业等,链条完整、结构合理、布局优化、主体集聚、合作共赢的山东寿光蔬菜产业集群基本形成。

### (一) 产业链条不断延伸

从田间到餐桌,集群全产业链发展实现纵向打通、横向联结、上下游结合,最终服务消费者。从初级产品向精深加工产品的链条延伸,推动了蔬菜产业发展进一步迈向品牌化、高端化。

寿光市以即配类预制菜为代表的食品加工企业发展迅速,2021 年重点培育的预制菜企业有 27 家,产业年产值 78.8 亿元;临淄区有设施蔬菜大棚 2.5 万个,实现蔬菜配送 25 万吨,出口加工蔬菜 2 万吨。通过建设蔬菜优良品种繁育和高标准设施蔬菜基地推进设施蔬菜规模化、标准化生产,确保设施蔬菜产量和产能不断提高;通过项目实现龙头企业科技创新,提升产业智能化水平;通过品牌培育和昌乐西甜瓜品牌推介展示等项目,加强设施蔬菜加工和冷链贮运体系建设，打造国内外知名品牌，推进绿色、有机和地理标志产品认证，增强蔬菜市场竞争力，提升蔬菜品牌价值；同时提升蔬菜质量，改善集群加工条件，运用龙头企业先进的设备和加工工艺保证蔬菜质量安全和流通服务。

昌乐县不断拓展保鲜菜、预制菜市场，形成了以乐港、铭基2家头部企业和13家骨干企业为主的预制菜企业群体，年营收约31亿元；安丘市年产蔬菜近200万吨，其中出口40万吨，出口额近30亿元，规模以上农产品加工企业400多家，年蔬菜加工能力250万吨，拥有"中国蔬菜出口第一县""世界菜篮子"美誉。

## （二）线上线下平台稳步建强

通过建设线上线下交易平台，举办宣传推广会，开拓产品市场，完善电商产业链条，带动了桂河芹菜、浮桥萝卜、羊角蜜甜瓜等22个特色农产品实现网货化，打造了2个区域电商公用品牌和30个农产品网络品牌，形成了寿光市农村电商品牌。电商供应链的建设助推寿光市农业产业化发展，菜农从"菜贩子"向蔬菜全产业链"链主"晋升，从传统农民升级为现代农业产业工人。

## （三）科技创新平台持续建设

全国蔬菜质量标准中心、中国农科院寿光蔬菜研发中心、中国农大寿光蔬菜研究院等一批研发机构落户潍坊。安丘市与中国科学院、中国林业科学研究院等合作建设了葱姜精深加工研发中心，沃华农业建设了土地共享平台；寒亭区狠抓种业创新能力提升，投资1000余万元，在技术集成示范区配套水肥一体化、绿色防控、节水灌溉等一系列新装备，实现智慧化管理、标准化运营，郭牌农业年培育各类型优质嫁接苗、自根苗4000万株以上；临淄区思远农业研发"小稷云""农保姆""齐稷通""齐稷汇"4个App智能感知系统，发展智慧农业标准化服务模式，形成了大数据资源管理、物联网生产示范应用、标准化技术智能推广三大系统，提升了数字化生产经营、管理服务水平。

## （四）蔬菜品牌和育种同步推进

寿光市在品牌建设上攻坚发力，"寿光蔬菜"已成功注册为地理标志集体商标,"潍坊农品""寿光蔬菜""安丘农耕"等品牌影响力稳步提升。全市拥有"乐义蔬菜""七彩庄园"2个中国驰名商标,绿色、有机认证农产品 315 个,粤港澳大湾区"菜篮子"产品认证基地达到 41 家,数量居全国县市之首。寿光菜博会、寒亭萝卜节、昌乐西瓜节助力打造出一系列国家农产品品牌。

为破解种业技术"卡脖子"难题,自 2012 年起,寿光市出台蔬菜种业发展系列扶持政策,培育一批具备自主研发能力的种业企业,其中 7 家获批省级种业技术研发中心、4 家建有种质资源库。建设了国家现代蔬菜种业创新创业基地研发中心,先后与中国农业科学院、中国农业大学等 10 多家科研院校建立了深度合作关系,携手培育蔬菜良种。

寿光市与中国农业科学院蔬菜花卉研究所合作共建全国最大的产地蔬菜种质资源库,种苗年繁育能力达到 17 亿株,自主知识产权蔬菜品种达到 140 个,带动设施蔬菜实现提质增效。寿光蔬菜种业集团建设了高标准的种质资源库、分子育种实验室、种子加工车间、种子周转库,实现育种研发到种子生产一条龙,蔬菜种质资源库库存容量居山东省第一位,已收录种质资源 21000 份,并入选山东省首批农作物种质资源库保护单位。寿光市国产种子市场占有率已由 2010 年的 54% 提升到现在的 70% 以上。

## 三 建设实施

集群围绕育种及生产基地提升建设、加工物流及营销体系建设、主体培育与紧密利益联结建设和先进要素集聚支撑建设等开展四大工程建设。

通过集群建设,引导企业、合作社及种植大户发展适度规模农业园区,推动蔬菜产业集聚发展,延长农业产业链,向规模化、集约化转变。龙头企业牵头负责冷链物流配套设施建设、品牌培育、经营主体全产业链培育、农业产业化联合体培育和健全服务体系等。专业合作社主要开展蔬菜优良品种繁育、生产基地加工和产品精深加工等建设。

## 四 取得的成效

### (一)设施条件得到改善

通过集群项目建设,育苗、生产、加工、流通环节设施条件得到明显改善。寿光市打造了占地 100 亩的"育繁推"一体化数字种苗研发中心，包含数据研发中心、智能育苗温室、生产车间、日光温室、智能拱棚等设备，并配套智能控制系统、传感器等智能化设备，建立起可连接全国种苗生产基地的种苗智能化控制中心"种苗大脑"。"种苗大脑"可接入寿光市各种苗基地，根据自然条件计算"育苗方案"，实现各基地育苗技术、操作流程、出苗的标准化，为种苗繁育装上"数字大脑"。

淄博市临淄区在西单村建设 77 座高标准现代化生态富民蔬菜大棚，形成数字化温室大棚产业区，应用物联网技术，对园内环境、土壤的温湿度、光照强度、二氧化碳浓度实时监控，水肥一体机定时灌溉，放风、卷帘机远程控制，20 倍 360 度变焦球形摄像机全天候监控。统一建设、统一管理、统一销售，使菜农种菜无忧。

### （二）品牌影响力不断扩大

围绕电商品牌开展建设。据统计，寿光市 14 家重点电商企业注册商标 324 个。围绕直播带货做文章，寿光市主动链接网红资源，启动直播电商全平台、全产业链的战略合作，组织 120 名直播大咖走进蔬菜大棚、养殖农场、批发市场等开展助农带货，共直播 2400 多场，累计销售 3600 多万元，实现了寿光市蔬菜产业与电商直播的有效整合。[①]

通过开展蔬菜品牌建设，"潍坊农品""寿光蔬菜""安丘农耕"等区域公用品牌影响力稳步提升，品牌效应得到进一步发挥，品牌溢价收益显著提高。昌邑大姜、寿光桂河芹菜、昌乐西瓜 3 个品牌入选全国知名农产品区域公用品牌，青州银瓜、潍县萝卜、昌邑大姜、昌乐西瓜 4 个品牌入选山东省知名农产品区域公用品牌，七彩庄园牌蔬菜等 38 个产品入选省级知名农产品企业产品品牌，"安丘大姜""安丘大葱"入选中国首批受欧盟保护地理标志。

### 五　联农带农

集群积极引导农业产业化龙头企业、农民合作社、家庭农场与基地农

---

① 《寿光荣登全国"农产品数字化百强县"榜单》，寿光市人民政府网，https://www.shouguang.gov.cn/news/bmdt/202205/t20220505_6049496.html。

户，探索建立 "合作社+农户" "企业+合作社+农户" "企业+基地+农户" "协议收购保民收益" 等多种合作形式，培育了一批布局合理、功能互补的农业产业化联合体，广泛采用长期订单和定制式农业等合作方式，推广 "订单收购+分红" "农民入股+保底收益+按股分红" 等模式，拓宽农户增收渠道。探索农民土地入股、资产入股、劳动力入股等利益联结机制，推进 "资源变资产、资金变股金、农民变股东" 三变改革，不断优化农民参与集群发展的机制，使农户分享更多产业增值收益。

### （一）农业产业化联合体模式

集群蔬菜龙头企业与农民专业合作社和家庭农场等新型农业经营主体分工协作，通过 "订单收购、按股分红" 已打造多个蔬菜、西（甜）瓜产业化联合体，发挥各自优势合作经营、协同发展，带动农民持续增收。

### （二）订单农业模式

立足蔬菜产业资源优势，积极推进农业产业结构调整，通过政府引导、土地流转、合同订单等多种形式，积极发展 "企业+合作社+农户" 的产销模式，开展订单农业生产，切实将千家万户的小生产与大市场联结起来，让广大农户种植有定向、销售有方向，进一步促进了农业增效、农民增收。寿光市稻田镇崔岭西村的众旺果蔬专业合作社，是国家级农民合作社示范社，社员以种植西红柿、甜瓜等果蔬为主。为保证蔬菜品质，在种植过程中，合作社采取订单农业模式，推行农资、技术、管理、检测、品牌、销售 "六统一" 模式，创新 "党支部+合作社+基地+农户+企业" 方式，实现了从单打独斗到抱团闯市场，从分散种植到组织化、智慧化、绿色化、融合化的转变，走出了一条乡村振兴、共同富裕的新路子，其经验做法入选全国农民合作社典型案例。

### （三）土地入股模式

鼓励农民土地入股，把土地变成 "股权"、农民变成 "股民"，以市场化手段为村集体带来稳定收入，最终实现强村富民。寿光市台头镇北洋头村采取 "土地入股、按股分红" 的办法，与村民逐户签订土地集约经营协议，全部土地由村集体经营。村集体对土地进行盘活开发，还清了村债务，壮大了村集体经济。

### （四）农业保险模式

集群通过农业风险基金和设施蔬菜保险，对农民进行交易价格保障。以葱姜目标价格保险试点工作为例，由政府按照农民的种植成本加基本收益确定目标价格，当农产品实际交易价格低于目标价格时，通过保险给予赔付。针对自然灾害发生频繁，蔬菜大棚生产设施和资金投入比较大，面临的风险也相对较大的问题，2013 年寿光创造性地提出在全市范围内开展政策性农业大棚保险试点工作，增强菜农的自然灾害风险防范能力。为进一步加快种业创新发展，打造现代种业高地，2022 年潍坊市农业农村局、潍坊市财政局、中国银行保险监督管理委员会潍坊监管分局，结合全市种业发展实际，制定推出政策性蔬菜制种综合保险，有效降低了自然灾害对企业造成的损失，降低了蔬菜制种行业风险。

## 六 亮点经验

### （一）全链领航

2018 年，习近平总书记对山东作出打造乡村振兴齐鲁样板的重要指示，并在当年全国两会期间到山东代表团参加审议和视察山东时，两次对"寿光模式"给予肯定。2018 年以来，寿光市以创新提升"寿光模式"为根本遵循，推行"全链领航"战略，在持续夯实大棚建造管理、生产运营这一"中端"基础上，重点瞄准产业链"微笑曲线"的两端，在种子选育、种苗推广、功能蔬菜、预制拓展、精深加工、品牌推广等领域全面发力，推动建成结构合理、链条完整的千亿级优势特色产业集群。

### （二）科技支撑

依托寿光市蔬菜高科技示范园、寒亭国家现代农业产业园、潍坊综试区等建设，潍坊农创港、食品国际博览园、国际种业研发集聚区、中国（潍坊）食品科学与加工技术研究院等 8 个重点项目落户集群，集群内龙头企业与山东农业大学、青岛农业大学、山东 16 地市农科院等科研机构开展了广泛合作，组建一流创新团队，打造"科研+基地+企业"创新要素紧密结合的全国样板。寒亭区积极引导广大农业企业、合作社、种植养殖户和传统手工业者不断加大与高校院所合作的力度和深度，以农科驿站为平台，从各大高校院所、企业集聚 48 名专家人才注册为省级科技特派员，建成省级农科驿站 3 家、省级农业科技园 1 处，及时为基层农业生产经营者提供技术指导和生产经营服务，实现了专家、企业、农民的同频共进。

集群搭建产业创新技术平台，促进了设施蔬菜的科研创新、农机农艺基础配套、科技成果转化应用和示范推广，良种覆盖率不断提高，新技术推广面积不断增加，辐射带动效应特征明显。通过开展全产业链重要环节科技攻关，推广互联网+农业，开发农业智慧监管平台和农产品生鲜溯源平台，形成智能设施、智能装备、智能生产、智能经营等，科技研发和信息化水平不断提高；通过加强新型农民技术培训，农民生产技能、科技素质和市场营销水平不断提高。

## （三）产权改革

积极稳妥推进农村集体产权制度改革，集群所在地潍坊市被确定为全国首批现代农业综合改革试点市，寿光市被认定为全国唯一的订单融资引导订单农业发展创新试点市，昌乐被认定为全国首批农村集体资产股份权能改革试点等。集群内已全部完成农村集体资产清产核资、成员身份确认、登记赋码等，积极探索农村土地"三权"分置有效实现形式，不断完善农业供应链金融服务体系，推进农村金融制度改革。

## （四）电商带动

集群不断探索以寿光农村电商为代表的产品销售新模式。寿光市是农业大市，丰富的农产品资源为电商提供了众多的创业机会。寿光市活跃电子商务企业达到 1125 家，各类活跃网络商铺 1.46 万家，从业人员近万人，形成了生产基地、销售、快递、包装、仓储的成熟供应链体系，寿光市种子种苗、生鲜蔬菜在淘宝、京东、拼多多等平台综合排名第 1。寿光围绕电商品牌做文章，重点培育本土特色电商平台，发展"电商+第三产业"新模式，探索"订制农业""基地直供"等特色电商营销模式，突出基地建设、品牌创建、直播带货等关键环节。据统计，寿光市 14 家重点电商企业注册商标 324 个。围绕直播带货做文章，主动链接网红资源，启动直播电商全平台、全产业链的战略合作，组织 120 名直播大咖走进蔬菜大棚、养殖农场、批发市场等开展助农带货，共直播 2400 多场，累计销售 3600 多万元，实现了寿光市蔬菜产业与电商直播的有效整合。此外，寿光市共有 5000 多种蔬菜、种苗，200 多种特色产品实现上线销售，日订单量达到 8.6 万份，形成了"小农户"抢占"大市场"、"小产品"扭动"大产业"的良好局面。

## 七　前景展望

《山东省"十四五"蔬菜产业发展规划》提出，"十四五"山东省蔬菜稳产保供能力将持续增强，生产布局将深度优化，质量效益将明显提高，流通体系将更加完善。

集群将以国家级蔬菜种业创新基地建设为契机，强化蔬菜种业科技创新能力，引导育种企业与中国农业科学院等科研院校开展关键技术交流合作，致力于打造中国蔬菜种业硅谷。同时重点推进产地初加工、鲜切蔬菜、仓储保鲜、冷链配送等冷链物流体系建设，提高商品化处理率，降低蔬菜产品运输损耗，以集群高质量发展带动全省蔬菜产业实现高质量发展。

# 乡村振兴"蒜"你强

## ——江苏中晚熟大蒜产业集群

## 一 集群概况

### (一) 基本情况

1. 江苏省大蒜产业整体情况

江苏省大蒜常年种植面积 180 万亩,总产约 250 万吨,经过多年发展,江苏大蒜产业已具备较为鲜明的区域化、品牌化、产业化等经营特点。全省大蒜产区主要集中在徐州、盐城两市,产业集聚优势明显。全省建成省级以上研发中心和工程技术中心 5 个,已培育邳州"宿羊山"白蒜、大丰"裕华"大蒜、射阳"青龙"蒜薹、徐州"伟楼"糖蒜等知名大蒜品牌。保鲜大蒜、黑大蒜、大蒜胶囊等 30 多种大蒜产品出口到世界五大洲 100 多个国家和地区,大蒜年出口额超 4 亿美元,是江苏出口创汇额最高的单一农产品。

2. 集群地市大蒜产业整体情况

江苏中晚熟大蒜产业集群包括徐州市的邳州市、铜山区、贾汪区、丰县和盐城市的大丰区、射阳县等 6 个县 (市、区)。区域内大蒜种植面积占全省种植面积的 80% 以上,大蒜类产品年产量 200 万吨以上,种类包括白蒜、黑蒜、青蒜、蒜薹等。

徐州是全国 3 个大蒜优势产区之一,基础好、规模大、质量优,特色优势明显,已实现全产业链布局。作为全市重点发展的食品和农副产品加工业中的重点产业,徐州大蒜系列产品在国内外具有很高的知名度和美誉度。徐州从事大蒜商贸和加工的企业近 300 家,年出口大蒜连续多年超过 30 万吨。建成大蒜国家级出口食品农产品质量安全示范区 1 个、省级出口农产品示范基地 15 个,认证面积 70 万亩,产品出口 104 个国家和地区。徐州市邳州市大蒜常年种植面积约 60 万亩，是全国大蒜种植规模 50 万亩以上的三个县（市、区）之一，种植面积位居全国各县（市、区）之首；国际大蒜产业峰会会址定于邳州；邳州大蒜获 2020 年欧盟首批认证中国 100 个地理标志的农产品之一；"邳州白蒜"是江苏三大区域公用品牌之一，品牌价值 142 亿元；拥有中国驰名商标 1 个（黎明食品"ZLM"）、中国名牌农产品 1 个、省名牌产品 5 个、省著名商标 5 个；邳州市农产品出口额连续 10 年位居江苏省县级第一。

盐城市大丰区大蒜产业历史悠久，大蒜常年种植面积约 35 万亩，拥有地标农产品及江苏省名牌产品"裕华大蒜"，常年种植面积 25.7 万亩，分布在丰华镇、大中镇、南阳镇、新丰镇、万盈镇 5 个镇，全年生产青蒜 50 万吨、蒜薹 7 万吨、蒜头 5.8 万吨，年产值 15 亿元。裕华镇是全国闻名的大蒜之乡，先后注册了"裕华牌""裕盛牌""南翔牌"蒜头、蒜薹、青蒜等商标。大丰区以绿丰、盛兴为主体的 24 个恒温库企业，全年生产保鲜蒜薹、蒜头等达 3 万多吨，全区通过建立贸易货栈、购销点，在上海、北京等全国大中城市开设销售窗口等方式，形成了完整的大蒜市场营销网络。盐城市射阳县大蒜产业基础好，种植大蒜历史近百年，作为全国唯一"中国蒜薹之乡"，常年种植面积达 18 万亩左右，年产蒜薹 10 万吨、蒜头 13 万吨，总产值达 10 亿元，近几年亩均产值都达 5000 元以上，比较效益优势明显。全县已建成 3 个万亩大蒜基地，大蒜保鲜加工企业达 100 多家，形成 3.5 万吨保鲜、1.5 万吨腌制、1 万吨脱水、1 万吨制油、6000 吨速冻、5000 吨冷藏的年生产能力，大蒜加工产品丰富，蒜头加工包括脱水蒜片、脱臭蒜米和腌制蒜头等，产品远销全国各地并出口到日本、韩国及东南亚等国家和地区。

## （二）经营主体

集群内大蒜加工商贸企业超 300 家，各级龙头企业达 40 余家，其中国家级龙头企业 2 家，农民合作社近 300 余家、家庭农场近 500 家。拥有农业产业化省级示范联合体 8 个、市级示范联合体 12 个。

集群内农业产业化国家级重点龙头企业江苏黎明食品集团有限公司成立于 2002 年，主营保鲜大蒜、黑蒜、蒜粉、蒜片、腌制蒜米等系列产品，产品远销欧洲、东南亚、北美、南美等 60 多个国家和地区。公司集农副产品收购加工、出口贸易、科技创新、电子商务、信息物流、境外投资等于一体,是全省唯一荣获 2020 年省长质量奖提名奖的农业企业。公司拥有江苏省海关备案的 11 万亩优质出口大蒜种植基地;依托黑蒜、脱水、粉粒、腌渍、罐装、保鲜蒜米、口服液等七大生产线,各类大蒜深加工产品年产量可达 10 万余吨;恒温库年冷藏能力达 6 万余吨,规模高居全国同行业之首。

农业产业化国家重点龙头企业江苏鑫瑞源食品有限公司成立于 2003 年,是集收储研销于一体的蒜业实企,主要从事大蒜收购、初深加工、冷储保鲜、出口贸易等。多年来,公司积累了丰富的优质大蒜培育、种植、生产和品质管理经验,主营保鲜大蒜、黑蒜等系列产品,远销全国及海外市场。

## 二 强链补链

围绕全产业链协同发展的思路,聚焦关键领域和核心环节,集群坚持补短板、强弱项,突出标准化生产、绿色发展,加工提升,广开销路,通过基地提档升级、科技创新提升、产业链价值提升三大工程进行强链补链。

### (一)夯实生产基础

通过良种繁育基地、标准化(出口示范)基地、农机农艺融合示范基地、富硒特色基地、新模式示范基地建设,夯实生产基础。一是建设良种繁育基地,收集评价大蒜地方优势种植资源,完善大蒜原种繁殖、新品种选育、田间资源圃配套等相关设施。二是建设标准化生产(出口示范)基地,主要包括大蒜基地、青蒜基地、出口示范基地建设。三是建设农机农艺融合示范基地,以大蒜收获模式为统领,确定大蒜全程机械化生产技术路线,机械化耕、种、管、收一体化统筹,并实现无缝衔接,让农机农艺深度融合,向专业化、租赁化方向发展,实现跨区作业。四是建设富硒大蒜特色基地。五是建设大蒜—稻鸭综合种养基地、大蒜—辣椒双辣模式基地、大蒜—水稻水旱轮作基地等新模式示范基地。

### (二)做强科技支撑

重点是开展核心技术研发体系、绿色生产技术示范推广体系、数字农业体系及质量控制和品牌体系建设。核心技术研发体系建设主要包括建设大蒜良种品种繁育中心、加工技术研发中心和科技示范基地。绿色生产技术示范推广体系建设主要包括开展大蒜全程绿色生产示范基地、尾菜等农业废弃物资源化利用示范点、农膜回收、农药包装废弃物回收点等建设。数字农业体系建设重点围绕电商平台和大蒜遥感监测云平台开展建设。质量控制和品牌体系建设主要是围绕"邳州白蒜"等区域公用品牌开展宣传和打造，以及开展青蒜产品监测等内容。

### （三）提升产业效益

以提高大蒜初、深加工水平和大蒜文旅等产业价值为目标，强化产地初加工，重点支持龙头企业、家庭农场、农民专业合作社等经营主体建设清选分级车间、保鲜大蒜加工车间、包装车间、恒温保鲜库、冷藏库等设施设备，提高商品化水平，减少产后损失，提高产品档次和附加值，增强市场调剂能力。着力发展精深加工，依托黎明食品、鑫瑞源重点龙头企业和产业化联合体，大力发展黑蒜、蒜油、蒜素、蒜氨酸、蒜粉等精深加工产品，并进一步加大大蒜胶囊、口服液及生物医药等精深加工生产线的技改建设力度，延长产业链，提升价值链。

### 三　建设实施

集群以产业链价值链提升为重点，全力强链补链；在布局上，以徐州市贾汪区、铜山区、丰县、邳州市以及盐城市大丰区、射阳县等大蒜主产区为重点，建设优势特色标准化生产基地，发展优势特色农产品加工营销，健全农业产业经营组织体系，强化产业发展要素支撑，建立健全利益联结机制等。着力打造基地提档升级工程、科技创新提升工程、产业价值链提升工程三大工程，共推进70余个子项目建设。

从建设内容类型看，徐州市贾汪区、铜山区、丰县以大蒜产地初加工及冷链物流为主；徐州市的邳州市作为大蒜主产区中的核心区，项目类型涵盖标准化生产基地、产地初加工、精深加工、冷链物流、品牌建设及文化推广等全产业链各个环节。盐城市射阳县以种苗培育、绿色标准化生产为主；大丰区开展包括标准化基地、仓储冷链加工、品牌营销等建设内容。

集群建设涉及的实施主体包括企业、种植家庭农场、种植专业合作社等，重点突出龙头企业的引领作用，充分撬动社会资本。以种植家庭农场、种植专业合作社为主开展生产基地建设、技术示范推广，以企业为主开展生产基地建设与升级改造、加工厂房及生产线建设、仓储及冷链物流设施建设、交易场所建设等，以及品种改良研究、宣传推广活动、品牌建设等内容，在集群产业生产、加工、销售、科技支撑和品牌建设上均起到了良好的推动作用，推动大蒜产业链的完善和提升。

## 四　取得的成效

经过三年建设，到 2022 年底，江苏中晚熟大蒜产业集群生产基地规模超 160 万亩，出口达 60 万吨以上，三次产业总产值超 430 亿元，较项目实施前增长近 17%；新增大蒜产业相关农业产业化国家重点龙头企业 2 家和省级农业龙头企业 7 家；"邳州白蒜"先后获批国家生态原产地保护产品、国家农产品地理标志产品，并被纳入首批受欧盟保护的中国地理标志产品，品牌价值 142 亿元，江苏大蒜产业成为名副其实的富民增收的金"蒜"盘。

### （一）生产条件整体提升

通过实施基地提档升级工程，新建和改造大蒜良种繁育基地、标准化生产（出口示范）基地、农机农艺融合示范基地、富硒特色大蒜基地、新模式示范基地、数字化生产基地等多个基地，并配套完善生产环节设备设施。

### （二）科技创新突出强化

通过实施科技创新提升工程，突出标准化生产、绿色发展技术应用，重点实施数字农业、绿色农业发展及科技支撑体系建设。围绕大蒜产业发展瓶颈，组织科研院所开展大蒜需肥规律、播施一体机、独头蒜本地化生产技术等研究，改造和新建种子种苗繁育基地，培育引进新品种，推广良种繁育基地超万亩，提供优良种子种苗千万株以上，培训人员数千人次。建设覆盖产业集群建设全区域大数据平台，大蒜产地集散能力、信息收集能力和价格调节能力有效提升，对平稳市场和提高效益发挥了积极作用。

### （三）产业链条更加稳固

通过实施产业链价值提升工程，突出提升初加工、深加工能力，购置加工设备生产线，大幅提升加工产能；改造和新增常温仓储库容近万吨，冷藏库容百万余吨；改造和新建批发市场数个，批发市场交易总量达百万吨以上，交易总额近百亿元，大蒜产业链"强链、补链、固链、延链"取得实质性进展。

### （四）提质增效取得进展

品牌影响力大幅提升，地理标志农产品、绿色食品有机农产品认证数量不断增加，区域公用品牌影响力不断增强。项目核心区邳州市先后制定地方标准 7 个，备案企业标准 20 个，建成省级以上出口示范基地 16 个，GAP 认证全覆盖。

## 五 联农带农

集群建设区域农民人均可支配收入增长较快，位于集群核心区的邳州蒜农亩产收益平均达到 8000~10000 元，通过教育培训、技能比赛、种植能手选拔等方式，大批农村劳动力转化为技术娴熟、专业性强的产业工人，实现了家门口就业，年工资性收入平均增加约 2 万元。同时，集群发挥新型经营主体带动作用，创新联农带农机制，通过建立产业化联合体、创新"公司＋基地＋农户"经营模式、推广大蒜保险等方式，吸引龙头企业、合作社、家庭农场和数万农户紧密联合，带动基地发展几十万亩，实现了亩均增收。

### （一）"产业化联合体"模式

集群核心区邳州市深化"一镇一品"建设，快速推广以龙头企业为引领的发展模式，以大蒜省级龙头企业为核心建立大蒜产业化联合体，并不断吸收大蒜地标企业加入，为农户提供产前、产中、产后服务，建立大蒜收购价保底托底机制，形成企业与农户之间"利益共享、风险共担"的良性循环，增强抵御市场风险的能力，有效拉动蒜农种植的积极性。

### （二）"公司＋基地＋农户"经营模式

集群内农业产业化国家重点龙头企业江苏黎明食品集团坚持助农惠农，与邳州多个村镇签订大蒜购销协议，采取"公司＋基地＋农户"的经营模式，依照"帮助农田建设、负责技术培训、坚持优先收购"的方式推广出口优质大蒜种植,合作蒜农 2.8 万户,基地大蒜种植面积 11.26 万亩,投资千万元完善惠农建设,为蒜农增收致富打牢基础,年出口大蒜连续多年超过 12 万吨,带动当地 30 万农户共同致富。

### (三) 保险带农保农增收机制

由于大蒜市场价格常出现较大波动,为破解大蒜销售 "价低伤农、价高伤市" 的难题,集群通过保险手段来满足农户风险保障需求。一是科学合理拟订大蒜收入保险的条款和费率,将大蒜收入保险纳入省级财政补贴范围。二是提升大蒜保险的保障水平,保险金额参照每亩种植收入、已投保的露地旱生蔬菜保险金额研究确定,并细化档次,充分满足农民多层次的风险保障需求。三是扩大大蒜保险的责任范围,将产量损失、价格波动纳入保障范围,推动农业保险由 "保成本" 向 "保收入" 转型,在减少农户损失的同时,进一步保障农民的收入稳定。

## 六 亮点经验

### (一) 龙头带动,优化产业链条

集群各级各类龙头企业对大蒜产业生产、加工、市场交易、出口贸易、品牌打造等全链条发展起到了巨大的拉动作用,仅邳州市大蒜加工企业直接提供就业岗位就达 5000 多个。在江苏黎明食品等一批龙头企业引领带动下,集群标准化基地数量和规模稳步提升,大蒜加工产品不断丰富,产品出口规模不断扩大,品牌影响力持续增强,形成了集种植、深加工、贸易、研发、市场服务等于一体,一二三产业融通的百亿级完整产业集群。

### (二) 多方发力,做实科技支撑

徐州市农业科学院大蒜研究团队是国家特色蔬菜产业技术体系大蒜品种改良岗位科学家团队,徐州医科大学等驻徐高校在大蒜精深加工技术积累、综合开发利用等方面获得多项成果,江苏黎明食品集团有限公司已建成国家企业技术中心、国家蔬菜加工技术研发分中心两个国家级技术研发平台,这些都为集群在生产和产品研发方面奠定了坚实的基础。

同时,为加快推进江苏大蒜产业绿色化、标准化、机械化发展进程,增强"苏蒜"产业尤其是第一产业的核心竞争力，巩固和扩大产业特色优势及国际话语权，提升产业经济、生态和社会效益，2020 年以来借助江苏中晚熟大蒜产业集群建设平台，江苏启动实施"大蒜机械智能化作业技术攻关与绿色生产技术示范推广"项目。项目由江苏省农业技术推广总站牵头，联合多家科研机构及相关企业，围绕大蒜生产机械化智能化技术装备研究与应用、江苏省蒜田监测与社会化服务平台升级与维护、独头蒜本地化生产关键技术研究与应用、大蒜需肥规律及正芽率对产量影响研究、大蒜地膜减量替代技术研究与示范推广、大蒜病虫害绿色防控技术集成与示范、大蒜绿色生产技术综合价值评估与政策支持研究、江苏大蒜产地环境评价与修复技术研究示范等 8 项任务开展工作，推动"苏蒜"产业绿色健康发展，助力江苏中晚熟大蒜产业集群高质量建设。

此外，为保障和促进集群发展，江苏省气候中心和徐州市气象局牵头成立了江苏省大蒜气象服务团队，扎实推进大蒜生长发育和试验研究、气象监测预报预警和服务业务能力建设。通过开展大跨度、高密度的大蒜分期播种试验、小气候观测、全国大蒜种植区分布调研和全省大蒜种植分布卫星遥感监测研究，提取了全省大蒜种植分布区域。围绕大蒜生长的全过程，提前预报最佳的播种时段，提供农事建议，发布气象灾害预警，开展大蒜产量预报。气象服务信息通过"农技耘"App、微信、短信等多渠道广泛传播，为大蒜种植户提供服务，保障大蒜稳产增产，促进种植户增收。①

### （三）协同推进，确保项目落地

项目启动后，省农业农村厅会同省财政厅采取实地调研、现场督导、电话调度等多种形式开展日常跟踪，省级多次赴徐州、盐城相关县（市、区）和徐州市农科所进行专题调研，了解所有子项目建设情况，督促各地严格按照项目管理要求和实施进度开展工作。根据需要，省级工作专班不定期召开项目推进现场会，全面了解项目实施情况，分析存在的问题，研究部署下一步工作，确保项目顺利实施。此外，在省级及以上媒体多次开展宣传报道，做好宣传工作。

---

① 《江苏："保姆式"气象服务护航大蒜产业集群发展》，中国气象局官网，https://www.cma.gov.cn/2011xwzx/2011xgzdt/202311/t20231115_5888986.html。

## 七　前景展望

集群将从全产业链发展的方向不断提质增效，持续增强大蒜产业区域化、品牌化、产业化经营水平，成为推进一二三产业融合发展、助力乡村振兴的重要支柱产业、富民产业。其中，徐州以中晚熟头蒜为主的集中连片绿色种植基地面积将稳定在 100 万亩以上，以大蒜产业为主业、年销售收入 3 亿元左右的农业产业化龙头企业争取达到 10 家左右，大蒜产品区域公用品牌、企业品牌、产品品牌的影响力和美誉度大幅提升，产业集群总产值力争突破 400 亿元，带动 90 万人就业。

# 引领价格风向标

## ——贵州朝天椒产业集群

## 一　集群概况

### （一）基本情况

1. 贵州省朝天椒产业整体情况

贵州是全国主要辣椒种植省份之一，全省辣椒种植面积常年稳定在500万亩以上，占全国的1/6，产加销综合产值全国第一。辣椒是贵州最具代表性的传统优势特色产业，近年来，贵州省委省政府将辣椒产业作为全省12个农业特色优势产业之一重点推进，全产业链谋篇布局、全方位精准推进、全要素强化保障，产业发展不断壮大。

2. 集群地市朝天椒产业整体情况

集群以黔北区域朝天椒等加工型辣椒和加工鲜食两用型辣椒为主，覆盖范围包括遵义市播州区、汇川区、新蒲新区、绥阳县、湄潭县、凤冈县、余庆县、习水县，毕节市大方县、金沙县、黔西市，黔南州瓮安县、福泉市、贵定县，铜仁市沿河县、石阡县，贵阳市花溪区、南明区、开阳县，黔东南州麻江县，安顺市西秀区等7市（州）的21个县（区），全力推进品种、种植、加工、流通、市场、品牌等全产业链发展。

遵义市是贵州省辣椒种植的主产区，种植面积常年稳定在200万亩以上，居国内辣椒主产区首位，其中朝天椒种植面积160万亩，综合产值达114亿元。遵义市作为贵州省辣椒种植面积最大、加工企业数量最多的城市，培育了"贵三红""遵辣""山里人""辣三娘"等众多品牌，年加工产值40亿元，具有"中国辣椒看西南、西南辣椒看贵州、贵州辣椒看遵义"的行业地位。虾子镇建设了全国唯一的部省共建国家级遵义辣椒市场，2021年干辣椒交易量总计28万吨，交易额约53亿元，带动二级市场干辣椒交易量总计超过 55 万吨，交易额约 90 亿元。①

毕节市已有 400 多年的辣椒种植历史，大方县被授予"中国皱椒之乡"品牌，大方皱椒享有"椒中之椒"的盛誉，获地理标志产品认证和"全国十大名椒"殊荣。2020 年全市辣椒种植 102.54 万亩，商品辣椒种植 20 万亩，建成辣椒产业大棚 8728 栋，建成辣椒规模化种植基地 370 个，辐射带动农户 9.34 万户 34.27 万人。

黔南州辣椒种植面积 73.5 万亩，总产量 102.3 万吨，全州 12 个县（市）均有分布。黔南州青椒占销售总额的 60%，红鲜椒占 20%，干椒占 20%。全州规模以上辣椒生产经营主体 180 个，其中辣椒加工企业 35 家，加工产品主要有酸辣椒、油辣椒、辣椒面、糟辣椒、剁椒等，形成了"市场+龙头企业+合作经济组织+基地"的企业集群，拥有福泉市"荣姨妈"、瓮安"冬秀孃泡酸辣"、瓮安"丁四孃"、三都妮的红酸汤等品牌。

铜仁市属黔东北鲜红椒、干椒兼用型辣椒重要产业带，2021 年辣椒种植面积 55.5 万亩，实现产量 75 万吨，产值 26 亿元。鲜椒分拣包装以及糟辣椒、泡椒、剁辣、红酸汤、豆瓣酱、酱辣椒、糍粑辣椒、油辣椒、干辣椒、辣椒油等辣椒制品加工得到较好发展，打造了以"净山红""和记泡椒""土家小椒妹"等为品名的"梵净山珍·健康养生"系列品牌。

贵阳市辣椒产业围绕 5 大万亩产业带、6 万亩规模化标准化基地、10 个示范点等重点任务，推进绿色化生产。2021 年全市种植辣椒 18.23 万亩，实现产量达 8.44 万吨，培育经营主体 81 家。

黔东南州 2021 年辣椒种植面积 38.13 万亩，集中育苗率为 72.6%，订单化种植占比 82.86%，鲜椒产量 52.89 万吨。

## （二）经营主体

集群现有国家级农业产业化龙头企业 5 家、省级龙头企业 51 家、加工企业超过 200 家，排名前 5 位的加工龙头企业年销售额均达 1 亿元以上。"老干妈"年销售额突破 50 亿元，公司被评为全国 100 强农业产业化龙头企业之一。有辣椒专业合作社 200 家，其中，国家级示范社 3 家、省级示范

---

① 《遵义：辣椒种植面积居国内辣椒主产区首位》，贵州省人民政府网，http://www.guizhou.gov.cn/ztzl/sdnyxdh/sedtscy/lj/202110/t20211008_70792540.html。

社 8 家。通过集群建设带动辣椒经营主体的培育，全省有 46 家辣椒省级示范社、9 家省级示范家庭农场，培养了 5.05 万户职业椒农。2019 年，成立了贵州省辣椒产业协会，全省已有 100 余家企业入会。

贵阳南明老干妈风味食品有限责任公司是全国知名企业、国家级农业产业化经营重点龙头企业，主要生产风味豆豉、油辣椒、鲜牛肉末、水豆豉、风味腐乳等 20 多个系列产品，辣椒制品日产量达 120 万瓶，是目前国内生产及销售量最大的辣椒制品生产企业。

贵州省遵义市播州区虾子朝天椒有限公司 1992 年建成投入使用的播州区虾子辣椒专业批发市场是集产品集散、价格形成、供需调节、信息传递等功能于一体的专业市场，干辣椒主要销往全国各大中城市及美国、俄罗斯、墨西哥、日本、东南亚各国等。

贵州省福泉市供销合作社以辣椒全产业链发展为契机，在 8 个乡镇（街道）和村一级实现基层社全覆盖，举全系统之力围绕"农资配送、栽培管理、技术服务"等创新服务模式和方式，提升服务效率和质量。合作社积极引进贵州满天红农业、重庆海航农业、贵州友华农业 3 家实力强、想发展、能发展、口碑好的辣椒企业进入福泉，带动群众发展辣椒种植，合作建立新品种试种示范基地。持续深化"四双"模式，即"双公司+双订单+双支部+双保险"，2021 年带动全市大户、散户种植辣椒 10.17 万亩。

## 二 强链补链

### （一）优化种植结构调整，保障优质原料供给

开展清园行动，推广绿色高质高效技术，提升绿色标准化基地建设水平，打造现代辣椒产业绿色发展的"贵州模式"。大力推广良种工程，把"换种工程"作为提升和稳定贵椒品质的抓手，围绕重点产区开展大规模换种，进一步提升加工型辣椒种植比例，规模化、标准化基地良种覆盖率达 100%。

### （二）着力提升加工水平，促进加工转型升级

集群以第二产业为突破口，稳定第一产业，带动第三产业，抓好一二三产业融合发展，实施技术改造、扩能转型升级、新工艺和新食品研发，

完善仓储、冷链物流基础设施建设，补齐加工设施装备短板。

大力发展辣椒食品精深加工，开发适应高端市场的高质量辣椒产品，研发青椒酱、辣椒冰淇淋等新食品，支持企业引进智能化装备线，制修订辣椒加工系列标准 10 余项，完善标准化生产体系建设，全面提升贵州辣椒的品质和产品附加值。

集群形成了以老干妈为龙头引领，贵三红、明洋、南山婆、卓豪、苗姑娘、乡下妹等紧随的辣椒加工企业雁阵，以及贵州黔北—黔西北干制与发酵辣椒加工中心、黔中辣椒调味品加工中心和黔南—黔东南发酵辣椒加工中心三大加工中心，提升产业链附加值。

## （三）强化科技指导服务，提升技术支撑水平

搭建研发平台。成立辣椒院士工作站、贵州省辣椒产业技术研究院、贵州省辣椒发酵制品工程技术研究中心、贵州省辣椒加工工程技术中心等。聘请中国农科院蔬菜花卉研究所辣椒首席专家王立浩研究员为贵州辣椒产业发展高级顾问。联合省农科院、贵州大学成立了种加销全产业链的专家指导组。建设完善保存能力 1 万份的贵州辣椒种质资源库，开展本地优良品种提纯复壮。成立辣椒院士工作站、贵州省辣椒产业技术研究院、贵州省辣椒发酵制品工程技术研究中心、贵州省辣椒加工工程技术中心等，选育"黔辣""黔椒"等系列辣椒新品种 183 个。

创新辣椒产业培训方式，通过空中课堂、新时代大讲堂、现场培训、专题培训等方式开展全方位培训。开通集群建设项目和贵州省辣椒产业协会线上交流群，及时发布技术视频和生产技术服务指导，做到了科技人员到地、工作措施到点、良种良法到田、技术要领到人，实现辣椒产业技术服务全覆盖。

## （四）加快市场品牌培育，加快贵椒销售拓展

推动农业农村部与贵州省人民政府共建的全国唯一的辣椒专业批发市场落地遵义，加快推进数据服务平台、产品检验中心建设和交易中心升级改造。

发布和运行遵义朝天椒、河南三樱椒、山东新一代和印度进口椒价格指数等干辣椒系列产品价格指数，中国辣椒城成为大连商品交易所辣椒期

货交割库，发挥产业发展"风向标"、价格波动"晴雨表"、风险防范"避雷针"的作用。创建"遵义朝天椒""湄江明珠""大方皱椒"等区域公用品牌，遵义朝天椒、大方皱椒分别获评"全国十大名椒"之首和第三，辣椒品牌影响力和市场占有率进一步提升。

### 三 建设实施

集群围绕打造全国辣椒新品种研发、全国优质辣椒种植、国际辣椒食品加工、国际辣椒贸易"四大中心"，实施标准化种植、加工升级、市场品牌建设、科技支撑、金融创新"五大工程"。

在辣椒科技支撑方面，集群支持贵州省农科院辣椒研究所建设辣椒种质资源库，在遵义市建设了智慧辣椒云平台，实现辣椒种植、管理、销售智能化监控与管理。在生产基地建设方面，集群重点在安顺市、正安县、道真县、西秀区等县（市、区）建设辣椒绿色化生产基地，保障优质原料供应。在辣椒加工技改扩产方面，集群在新蒲新区、黔西市、福泉市、西秀区等地完善辣椒仓储、烘干、粗加工标准化生产线，在新蒲新区、播州区、绥阳县、福泉市、瓮安县、贵定县、麻江县等地改造提升或新建辣椒豆瓣酱、泡椒、油辣椒、糟辣椒、火锅底料等辣椒制品生产线。在市场与品牌建设方面，集群在新蒲新区建设德庄辣椒食品科技文化产业园、火锅美食城等项目，升级改造遵义虾子辣椒专业批发市场。

### 四 取得的成效

2020年贵州朝天椒优势特色产业集群辣椒种植面积208.43万亩，产量270.02万吨；第一产业产值86.73亿元，第二产业产值122亿元。在集群项目带动下，2020年贵州省辣椒产业取得较大突破，种植面积达到545万亩，产量724万吨，种植产值242亿元，加工产值突破135亿元，加工转化率达77%。[1] 集群辣椒行业新增了1家国家级农业产业化龙头企业、8家省级农业产业化龙头企业、16个市（州）级农业产业化龙头企业，带动143

---

[1] 杜涛、胡蓉、姜昱雯：《贵州朝天椒优势特色产业集群建设成效显著》，《中国食品报》2021年2月25日。

万椒农增收，提供就业岗位 1.7 万个，人均增收 2000 元以上。①

## （一）产业链供应链价值链一体化发展格局初步形成

围绕播州区、绥阳县、大方县、福泉市等辣椒产业集群重点县，在黔北、黔中扩大加工型良种辣椒种植规模达 300 万亩以上，满足黔北、黔中、黔东南等加工集群原料需求。其中遵义市播州区种植面积达到 39 万亩，居全国县域种植面积首位。大力推进规模化、标准化种植，基本形成了"两带五区"格局，各产区实现了差异化发展，既发挥了南北不同地理的气候优势，又实现了全省辣椒市场周年供应，生产布局更加合理。集群重点推进北部辣椒调味品加工产业中心、黔中辣椒食品加工产业中心和黔东南酸汤系列辣椒加工产业中心建设，初步实现了产业链、供应链、价值链一体化发展。

## （二）绿色化生产水平显著提升

大力推进"良种工程"，主推"遵椒""遵辣""黔椒""黔辣"等特色优势品种，基本实现种苗良种全覆盖。2021 年，规模化、标准化基地良种覆盖率达 100%，集中育苗率从 2019 年的 20% 提高到 60% 以上，基地良种覆盖率提高到 90% 以上。研究制定《贵州省辣椒根腐病绿色防控技术规程》等一系列标准化生产规程，打造了 150 万亩标准化规模化示范基地，大力推广水旱轮作、"辣椒套作白菜"、"辣椒套作甘蓝"等高效栽培模式，推行水肥一体化、增施有机肥、绿色防控等绿色高质高效生产技术，技术覆盖率达 100%。

## （三）设备装备水平明显提升

通过建设，集群支持加工企业设备装备提升、扩能升级，研发新产品，延伸加工产业链，推动贵州省辣椒加工业快速发展。加快建设冷库和烘干设施，2021 年集群有烘干线 623 条，日烘干能力 1.17 万吨，烘干能力大幅度提升。辣椒加工有 9 大系列 70 多种产品，从以油辣椒、辣椒干、辣椒面、发酵辣椒等为主的系列调味品，扩大到适应年轻人消费需求的香辣脆、辣

---

① 杜涛、胡蓉、姜昱雯：《贵州朝天椒优势特色产业集群建设成效显著》，《中国食品报》2021 年 2 月 25 日。

椒冰淇淋、辣椒巧克力等休闲食品，加工产品类型逐步多样化。①

### （四）"贵椒"品牌影响力不断扩大

集群形成了以遵义市新蒲新区虾子批发市场为龙头，以播州区、绥阳县等重要产地乡镇集市为纽带的市场流通体系。国家级辣椒市场虾子批发市场逐步成为全国辣椒信息发布中心、价格形成中心和产品交易中心，"中国辣椒、遵义定价、买卖全球"的格局正在形成。②

"省级品牌+区域品牌+企业品牌+产品品牌"的品牌体系初步形成。创建"生态贵椒""贵椒骄"等省级公用品牌和"遵义朝天椒""大方皱椒""花溪辣椒"等区域品牌，着力打造"老干妈""辣三娘""玉梦""山里人"等企业品牌。2021年新蒲新区、播州区荣获"全国辣椒产业十强县"称号，老干妈、贵三红、南山婆、遵辣、卓椒荣获"全国最具影响力品牌"荣誉称号。

## 五 联农带农

集群按照"强龙头、创品牌、带农户"的要求，发挥企业带动作用、合作社组织作用，完善利益联结机制，推动企业、合作社、农民紧密联结。

### （一）推广多种利益联结模式

集群采取"公司+农户""公司+基地+农户""龙头企业+合作社+农户"等多种模式，吸引农民参与辣椒产业发展，促进企业、合作社、农民三者形成紧密相连的产业发展共同体。为更好地促进辣椒加工产业发展、带动农民增收，遵义市出台多项措施，由政府免费为加工企业提供厂房，企业和当地农户签订辣椒回收协议，企业发挥市场营销优势积极开拓市场，还为当地不少失业待业村民、建档立卡贫困户提供了工作岗位。同时，按照就近原则，聘请周边农户为辣椒生产基地管护员。

---

① 《小辣椒大产业走"红"全国》，贵州省人民政府网，https://www.guizhou.gov.cn/home/gzyw/202111/t20211118_71709597.html?isMobile=true。

② 《中国辣椒城：遵义定价买卖全球》，遵义市新蒲新区管理委员会官网，http://www.xinpu.gov.cn/xwzx/xpxw/202207/t20220719_75579309.html。

## （二）推广"四双"发展模式

"四双"模式，即"双公司""双订单""双支部""双保险"发展模式。"双公司"，即培育壮大以市级平台公司为代表的生产性公司，引导参与农田水利基础设施及农业生产配套设施"建、管、养、用"全环节，做好生产配套设施建设，夯实农业基础，大力招引经营性公司，提供生产技术、管理标准、品牌服务、市场拓展等有力保障，"双公司"优势互补，破解企社合作难题。"双订单"，即全面推行订单农业发展，如黔南州福泉市引进广州江楠、重庆海航、贵州满天红等经营性公司订单企业，设置辣椒集中收购点 20 个，解决好"卖给谁""怎么卖"的问题；按照"定规划、画红线、领任务"要求，生产性公司根据销售订单与主体签订生产订单，生产订单解决"种什么"问题，经营性公司按照保底价+预期市场价进行收购，销售订单解决"怎么售"问题，"双订单"利益共享，破解产销衔接难题。"双支部"，即村"两委"班子成员和村集体股份经济合作社管理人员双向进入、交叉任职，村党支部引领"村社合一"发展，采取"单独组建、联合组建、挂靠组建"等方式成立产业党支部，搭建沟通交流、信息共享、人才培养平台，推动区域产业发展，"双支部"齐抓共管，破解组织发动难题。"双保险"，即在重点县推广自然灾害险、目标价格指数险，"双保险"模式实现了"有灾保成本，无灾保效益"的良好效果，通过风险共担，破解保障不足难题。

## 六 亮点经验

## （一）抓实顶层设计，高位推动产业发展

贵州省委省政府将辣椒产业作为农村产业革命 12 个特色优势产业之一重点发展，朝天椒优势特色集群获批后，成立了以分管农业的副省长为组长的优势特色产业集群建设领导小组，和以省农业农村厅厅长为班长的辣椒产业发展工作专班，同时成立集群建设项目工作组，和以省农业农村厅厅长为班长的省辣椒产业发展工作专班，负责贵州朝天椒优势产业集群建设日常调度。省财政配套 1 亿元辣椒产业专项资金，撬动社会和金融资本 1：10 投入产业发展。明确打造"一城、两市场、三基地、四中心"目标，

制定出台了"三年推进方案"和年度实施方案。同时建立上下联动机制，各项目实施县按照要求组建了由县分管领导任组长的建设领导小组及工作专班，形成了省负总责、市县抓落实、齐心协力推进集群辣椒产业发展的良好格局，推动集群辣椒产业进入高位推进、高速发展、高效增收的快车道。

### （二）强化科技支撑，夯实产业发展基础

加强新品种引进、鉴定工作，建设辣椒种质资源库，加强品种培育提纯，为产业发展储备市场需求的新品种。为解决贵州省辣椒品种多乱杂问题，集群实施"换种工程"，主推"遵椒""遵辣""黔辣"等特色优势品种，打造"生态贵椒"。抓住集中育苗关键点，大力建设集中育苗设施设备，利用烟草育苗大棚和原有大棚设施改造、新建育苗大棚等方式，穴盘育苗与漂浮育苗并举，推动育苗从原来的杂乱无章到集中有序。

### （三）加快产能提升，培育壮大经营主体

为解决经营主体小散弱的问题，围绕遵义、贵阳、毕节、安顺等重点产区，加快打造加工产业集群，三年累计投入辣椒产业发展资金4.8亿元，支持贵三红、麻江明洋、秀辣天下等企业加工设施设备升级改造。同时，重点支持南山婆等45家龙头企业实施加工技术改造、扩能转型升级，产能平均提升10%以上，逐步成为全省辣椒产业发展各环节"领头羊"和主力军，引领全省300余家辣椒企业不断发展壮大。产业集群吸引德庄、翠宏、刘一手等一批国内优强食品企业进驻贵州建设基地、投资建厂，三年累计签约项目193个，签约金额90.8亿元，强力带动辣椒食品加工业和销售。推动成立贵州省辣椒产业协会，打造产销联合体，全省已有200余家企业入会抱团发展，凝聚企业向心力，提升发展硬实力，促进产业不断做大做强。

### （四）加强市场营销，增强产业发展后劲

为提升"贵椒"在全国的品牌影响力和市场占有率，在省内推进辣椒产品进机关、进食堂等"七进"行动，在省外开设产品体验店、辣椒销售档口，利用东西部合作和全国农产品交易会等活动，在重庆、成都、广州、上海等地举办推介会。举办贵州·遵义国际辣椒博览会，升级改造国家级遵义虾子辣椒市场，推动干辣椒价格指数上线运行，推进辣椒期货交割库

建设，有效提升贵州辣椒的行业地位，降低市场风险。

### （五）抓实产业融资，缓解资金短缺困境

集群综合运用财政资金、产业基金、金融服务、政策性保险等手段，撬动社会各方资金注入辣椒产业发展，破解经营主体融资难、融资贵问题。积极投入各级财政资金，推进规模化标准化种植基地建设、加工厂设施设备升级改造、市场流通体系建设等，促进产业发展壮大，抵御市场风险的能力不断增强。其中从贵州省级辣椒专项资金安排 4100 万元建立"贵椒贷"资金池，探索产业融资新途径，开通申报"直通车"，推进金融资金落实落地，缓解了企业融资难题。①

### 七　前景展望

贵州省将继续依托朝天椒集群的示范辐射带动作用，不断优化产业布局，在夯实产业基础、增强主体培育、加强产销衔接和强化各方利益联结方面持续发力，同时持续完善省级公共品牌，深挖发展潜力，讲好品牌故事，提升产业附加值。通过充分发挥各方力量，推动全省辣椒产业做优做强，走出一条适合贵州辣椒产业高质量发展之路，让更多椒农增收致富，共享辣椒产业发展成果，助力乡村振兴。

---

① 《关注！"贵椒贷"申报直通车来啦！》，遵义市新蒲新区管理委员会官网，https://www.xinpu.gov.cn/xwzx/xpxw/202110/t20211018_70923744.html。

# 香菇产业推动乡村振兴

## ——河南伏牛山香菇产业集群

## 一 集群概况

### （一）基本情况

河南香菇产量居全国之首，占全国的比重超过 30%。近年来河南香菇生产区域布局进一步优化，已形成以西峡、卢氏为主的伏牛山春栽优质香菇产区，以泌阳为主的桐柏山花菇产区，以信阳浉河区为主的伏牛山秋栽优质香菇产区三大主产区。三大主产区香菇产量约占全省香菇产量的 70%以上。栽培季节周年化，栽培模式多样化，有春季制袋接种，菌袋发好菌转色越夏后秋冬出菇，有秋季制袋接种冬春出菇，有冬季制袋接种夏季入伏后出菇，或早春制袋接种越夏后入秋出菇。栽培设施不断提档升级，产业逐步向工厂化、智能化发展。产业内部分工进一步细化，不仅形成了从菌种选育、菌袋制作培养、出菇管理、后期产品加工、冷藏运输的完整产业链，而且产业链不断延伸，产业效应不断提升。栽培技术精准化，生产流程标准化，产业向集约化、规范化、产业化发展，逐步由传统农业粗放经营向现代农业一二三产业融合发展。市场体系日趋完善，从生产基地到大中城市都建有健全的直销、代销和网络营销体系。

集群范围包括豫西伏牛山地区南阳市西峡县，三门峡市卢氏县、灵宝市，洛阳市汝阳县 4 个县（市）。集群范围内香菇标准化生产基地 450 多个，香菇加工企业近 400 家，有原菇、罐头、休闲、发酵酱类、食品配料调味料、功能保健类 6 大类 200 多个产品，实现从菌需物生产、香菇种植、产品加工到交易流通等全产业链发展。集群覆盖西峡县 15 个乡镇、香菇栽培面积 30 万亩。西峡县是我国第一个以香菇为主导产业的国家级标准化示范区，食用菌年产量 30 万吨，综合效益突破 150 亿元，其中第一产业产值 30

亿元以上，出口 15 亿美元以上，出口额约占全国香菇出口额的 30%，连续 7 年全国第一。西峡县建立了全国最大的香菇集散地，西峡县双龙香菇市场等三个交易市场年交易额达 80 亿元以上，成为全国干香菇的价格形成中心和出口货源集散中心。[①]

卢氏县是香菇集群的核心区域，是河南省香菇一二三产业融合发展先导区、全国香菇产业化建设示范县、国家级出口香菇质量安全示范区、全国优秀主产基地县、全国优秀香菇出口基地县。卢氏县 12 个乡镇香菇栽培面积 9 万亩，香菇产量 25 万吨，加工产量 8 万吨，产值 12 亿元。[②]

灵宝市是全国食用菌产业化建设示范县、食用菌文化产业建设先进县、优秀香菇出口基地县、河南省食用菌先进基地县和国家级出口香菇质量安全示范区。"灵宝香菇"先后通过国家农产品地理标志认证和原国家质检总局生态原产地产品保护认定，并获得国家农产品地理标志示范样板、"2018 中国好香菇"、"中国特色商品博览交易会优秀品质奖"等荣誉。灵宝市 10 个乡镇香菇栽培面积 3 万亩，香菇栽培规模超 1 亿袋，年产鲜品 12 万吨，总产值超 15 亿元，出口创汇 5000 万美元。

汝阳县是河南省食用菌十大基地县、食用菌国家级出口食品农产品质量安全示范区、一二三产业融合发展先导区，"汝阳香菇"获得国家农产品地理标志认证。汝阳县 8 个乡镇香菇栽培面积 5.2 万亩，全县香菇生产能力 1.2 亿袋，产量 12 万吨，产值近 28.5 亿元，综合经济效益 47 亿元。

## （二）经营主体

集群有香菇加工企业近 400 家。其中，国家级龙头企业 1 家，省级龙头企业 12 家，市级龙头企业 14 家，规模以上企业 50 多家。

集群内有农民专业合作社 700 多家，其中西峡县数量最多，约占 65%；汝阳县 100 余家，约占 15%。其中，省级以上示范社 10 多家。

集群内食用菌从业人数超过 50 万人。其中，西峡县近 20 万人，约占从业人数的 37%；卢氏县约 36% 农村的人口近 11.8 万人，占从业人数的

---

① 《西峡香菇从乡土味到国际范儿》，南阳市农业农村局网，https://nyj.nanyang.gov.cn/2024/03-07/398822.html。

② 王小萍、张海军：《卢氏县延长产业链链接致富路》，《河南日报》2022 年 9 月 11 日。

21%；汝阳县21.3万人，占从业人数的39%；灵宝市从业人数近1万人。

集群内食用菌专业村250多个，1000万袋的专业乡镇27个。其中卢氏县食用菌专业村110多个，1000万袋的专业乡镇12个；西峡县香菇专业村140个，1000万袋的专业乡镇15个。

仲景食品股份有限公司（简称仲景食品），专注于调味食品和调味配料的研发、生产与销售，代表产品有仲景香菇酱、上海葱油、鲜花椒油等调味油、黄焖炒鸡等炒菜料和香辛调味配料等，服务于个人家庭、餐饮饭店和食品生产企业，总部位于河南省南阳市西峡县，营销中心位于郑州市郑东新区，是高新技术企业、国家绿色工厂、农业产业化国家重点龙头企业、中国航天事业合作伙伴。仲景食品是国内香菇酱品类的开创者，拥有生物酶解、控温控湿发酵、线性精准温控炒制等多项核心技术，部分产品已出口美国、英国等国家。

洛阳佳嘉乐农业产品开发有限公司是一家产、创、研一体化的大型真菌生产企业。公司具有香菇、杏鲍菇等十余个珍稀食用菌品种的工厂化生产能力，杏鲍菇产品获全国食用菌行业"金奖"。公司在汝阳县陶营乡建设"汝阳县万亩生态农业观光示范园"，占地538亩，其中一期投资约2.8亿元，建设规模为年产1.5万吨多种食用菌。公司产品口感爽嫩、菇味浓厚、安全洁净，曾获"中国有机产品""中国商标""中国名优产品""河南省农产品""河南省商标""全国农产品加工业博览会金奖"等荣誉，市场占有率国内领先，产品畅销北京、上海、武汉等大城市，并远销美国、加拿大、欧洲等国家和地区。

## 二　强链补链

集群围绕香菇产业科技创新、发展精深加工、完善仓储物流设施等重点环节开展建设。

### （一）强化科技创新链

集群所在区县依托香菇产业优势，与中国科学院北京基因研究所、上海农科院、四川农科院、河南农科院、河南农大、北京农林科学院、南阳师院等多家高校、科研院所建设省级食用菌工程技术中心、三门峡市级食用菌菌种工程技术研究中心等科研创新平台，开展香菇育种、生产、储藏、加工等技术研发合作，并依托龙头企业建立香菇加工工程技术研究中心、食品风味物质提取技术工程实验室、菌果结晶纯化工程技术研究中心、果蔬脆片工程技术研究中心等研发平台，集群企业产学研结合和自主创新能力得到不断增强。集群已建成河南省食用菌种质资源库、3 个香菇良种繁育推广基地，培育引进新品种 8 个，获得香菇脱水机等发明专利 5 项。

## （二）做强精深加工链

发展香菇精深加工，有效提高香菇产业的资源利用率和产品附加值。卢氏县招引大企业，重点开发香菇酱、香菇脆、香菇酥、香菇多糖、香菇多肽、香菇保健食品等，实施食用菌精深加工项目，建设香菇酱、香菇酥、香菇脆等食用菌精深加工产业园，新建香菇罐头加工生产线一条、香菇粉生产线一条，建设年产 100 吨香菇多糖、多肽生产线一条，实现初加工向精深加工跃进。西峡县仲景食品、华邦、百菌园、家家宝、森林家、攀润等香菇深加工企业积极开展国家质量管理体系 HACCP 等认证，拓宽销售市场。仲景食品股份有限公司依托先进的香菇深加工技术，创新开发系列香菇酱等精深加工产品，实现年加工香菇酱 1 万吨，香菇酱市场占有率达 70% 以上。汝阳县云之极食品有限公司大力发展香菇深加工，生产的香菇脆等产品远销国内外。

## （三）补强仓储物流链

集群县乡村三级仓储物流体系进一步完善。改造常温仓库、冷藏库，新增库容和仓储能力。改造和提升 5 个批发市场。西峡县在每个乡镇建设 1~2 座香菇保鲜冷库，卢氏县在 16 个乡镇综合服务站，结合电子商务进农村示范项目设立 300 个村级网点，逐步打通了农产品上行通道。卢氏县共建冷库 240 余座，建成冷藏 1.2 万吨的农产品保鲜设施和香菇成套设备产业园 1 处，投资 8500 余万元建设卢氏县农产品冷链物流园，成功入驻企业 27 家。三门峡投资 400 万元建成县级监管、追溯平台和信息发布平台，完善质量追溯体系，保障食用菌品质安全。

## 三　建设实施

集群围绕香菇菌种良种繁育、精深加工、仓储物流、产业信息公共服务平台等重点内容开展建设。以企业和专业合作社为重点，开展菌种繁育基地和香菇精深加工建设，完善相关设施设备，提升生产能力。

## 四 取得的成效

### （一）基地建设水平显著提升

生产标准化程度显著提升。集群新建和改造标准化生产基地 7.15 万亩，新建和改造数字化生产基地面积 1 万亩。卢氏县持续加大标准化基地建设力度，2021 年全县建成高标准出菇基地 70 多个、高标准香菇大棚近 5000 个，全县香菇生产规模达到 2.5 亿袋。灵宝市围绕香菇产业发展需要，先后谋划和建设集中生产种养小区 8 个，菌棒加工厂 5 个，木屑加工厂 12 个，菌棒清洁化加工储运企业 5 个，高标准养菌车间 5 个，香菇标准化生产示范基地 2 个，一二三产业融合示范基地 2 个，香菇养菌、出菇设施大棚 2500 多个。通过标准化技术提高优质香菇的比例，拓宽销售渠道，增加菇农收益。

加工设施装备条件明显改善。在卢氏县规划建设香菇精深加工产业园，吸引精深加工企业入驻园区，提升当地香菇精深加工的集聚效应；支持和引导集聚区域内重点企业，围绕调味品、休闲食品、保健品等，实施精深加工新建、改扩建工程，提升企业精深加工能力。西峡县、汝阳县、灵宝市分别组织在精深加工方面有基础、有潜力的重点企业，建设加工厂房，引进香菇休闲食品、即食香菇食品、香菇代餐粉、香菇罐头、香菇脆等生产线和配套设施设备，提升企业加工能力。

### （二）产业集聚效应更加凸显

经过建设，集群空间布局逐渐由"平面分散"转变为"集群发展"，"九龙食用菌产业化集群""三门峡绿之源生物科技有限公司食用菌产业化集群"等实现了区域组团发展。最早从事食用菌种植的西峡县带动周边卢氏县、灵宝市等周边县市发展香菇产业，灵宝市更是后发强劲，年生产香菇栽培菌种 600 多万公斤，供应周边卢氏、陕州、西峡、新乡等县市区。形成了以西峡双龙、西坪、丁河三个香菇交易市场为中心，辐射周边 300 公里同心圆香菇产业集群，带动三门峡、洛阳、驻马店、周口等地区，辐射陕西安康、汉中、西安、延安等地，山西运城、晋城、长治和东北等全国 20 多个省市上百个县市的食用菌产品交易、技术交流、人才输出，真正形成

"技术普及全国，货源汇通全国，产品销往全球"的产业集聚效应。

## （三）科技支撑和公共服务能力明显提升

集群整合优势力量，搭建产业体系和公共交流平台，实现集群技术成果转化能力、产品市场推广能力、品牌影响力、人才培育能力、数字化管理能力的跨越式提升。集群共申请食用菌产业方面的专利申请近100项，其中香菇深加工方面专利6项，其他类型专利近20项。已选育香菇品种2个，引进示范新品种5个，示范规模超过30亿袋。培育区域公用品牌数量4个，获得绿色产品认证数量21个，获得有机农产品认证数量14个，获得地理标志保护农产品认证数量2个，生产绿色、有机产品20多万吨。集群成功举办了2020中国（河南·南阳）食用菌产业发展大会暨西峡香菇交易会，参加了第24届中国农产品加工投资贸易洽谈会。直播带货等多种形式扩大知名度和影响力，产品行销海内外。①

## 五　联农带农

## （一）"企业+农户"订单模式

龙头企业与农户签订"订单"协议，开展香菇种植及收购合作。企业为农户统一提供香菇菌棒、品种、种植技术等，并保证收购底价。农户按照合作企业的统一要求和标准，进行香菇种植，产品出售给企业。企业与农户形成组织化、标准化发展的结合，并发挥市场优势，开拓外销渠道，实施集中销售。为提高"订单"合作稳定性，探索担保型"订单"，既发挥了企业对市场的灵敏性、经营的专业性，也增强了小农户抵御市场风险的能力。

西峡县大力推进"百企帮百村，五联四到户"活动，通过产业帮扶、项目托管、投资分红、转移就业"四到户"，带动农户人均增收4500元。注重发挥龙头企业示范带动作用，因地制宜探索建立了"公司+基地+合作社+农户""公司+基地+农户""合作社+基地+农户""公司+协会+农户"

---

① 《中国食用菌产业发展大会在西峡举办》，河南省农业农村厅官网，https://nynct.henan. gov.cn/2020/11-06/1886322.html。

等多种联农带农机制，不断推动香菇生产订单化、基地化、标准化，为带动农民提升农业生产水平、促进农民转移就业、助力农民增收致富作出了巨大贡献。仅仲景食品一家国家级龙头企业就通过"公司+基地+合作社+农户"机制带动农户1万余户，直接新增就业岗位600余个，间接增加就业岗位5000余个，对拉动县域经济、壮大优势特色产业发展起到了积极的助推作用。①

卢氏县按照"龙头企业+合作社+基地+农户"发展路径，以"龙头企业带动、合作社组织、基地承载、农户参与"的形式形成利益联结机制，实现"风险共担、利益共享、融合发展"。龙头企业发挥自身优势，负责菌种研发、菌棒生产、技术服务、产品回收、统一销售、品牌打造等，提升附加值；合作社负责建设示范基地种植大棚、组织群众参与生产、示范带动，吸引更多群众参与食用菌生产；产业基地发挥示范引领、聚合带动作用；农户通过合作经营、设施租赁、订单农业、劳务增收等模式参与生产，增加收入。

## （二）农业产业化联合体带动模式

培育以龙头企业为核心、以专业合作社为纽带、以家庭农场为基础的现代农业产业化联合体。探索开展以"联合体+基地+农户"形式，将农户吸收为成员或帮扶对象，"以三变融合三产振兴'三农'"，推动农业产业升级，即龙头企业通过选品种、引技术、给资金、建工厂、创品牌、包销路等多种方式，全方位助力解决"三农"问题。通过资源变资产、资金变股金、农民变股东，探索建立集体股权参与分红的资产收益长效机制，推动农户的资产股份化、土地使用权股权化，盘活农村资源资产资金，激发农民参与热情。通过"三变"改革模式搭建村集体经济平台；通过"三产"改革融合构建现代农业产业体系，推动"公司+农户""公司+合作社+社员"等合作模式，开展香菇产业化生产经营，加快形成农村一二三产业融合发展的现代产业体系。

灵宝市完善联农带农机制，通过整合人、财、物等资源，推行"五统一"服务，充分发挥龙头企业、专业合作社的示范带动作用，建成一批相

---

① 《西峡县香菇产业振兴案例——小香菇成为国际化大产业》，河南省乡村振兴网，http://www.hnsxczxw.cn/doc_22189170.html。

对集中连片、生产要素集聚、设施装备先进、技术模式领先的示范园，大力推广"龙头企业+农户""协会（专业合作组织）+农户""公司+基地+农户""规模生产户+基地"等有效的产业组织模式，推行组织化生产、规模化经营、标准化管理，调动各方生产积极性，形成风险共担、利益共享的利益联合体。省级龙头企业河南灵宝昌盛食用菌有限责任公司全年安置1300余名农村劳动力就业，年人均增收4500元以上，通过菌种供给、菌棒加工和免费技术培训，帮扶和带动500户农户，发展香菇500万袋，每户年增收2万元以上。

## （三）折股量化收益分享模式

将财政扶持资金采用固定比例配股的方式，分别配股给农户、村集体，确保农民既有土地的固定收益，又有工资收入，还有股金分红。通过村集体入股分红，参与到香菇产品加工、物流、销售中，一方面维护农民应得利益，将获得的收益按股份分配给农民；另一方面解决村集体经济薄弱、公益事业资金匮乏的问题，农民以土地或土地承包经营权流转金一部分（或全部）入股解决农民增收的问题。

汝阳县充分发挥龙头企业、合作社示范带动作用，积极吸纳当地农民以土地入股、务工等多种方式进行合作，采取"保底收益+按股分红"等方式，带动农户1万余户从事相关产业，共享产业融合发展的增值收益。汝阳县依庄（洛阳）现代农业产业有限公司通过产业化经营与农民合作社、农户之间开展紧密合作，带动周边农户增收致富。公司现有员工185人中有当地农民139人，平均月收入2000元。通过合同、合作、入股及其他方式等利益联结机制带动农户721户，促进产业发展和农民增收。河南省汝香源农业科技有限公司实行"公司+合作社+基地+农户"的形式，以每斤高出市场价0.5元左右的价格与当地150多家农户签订香菇收购协议，帮助菇农快速实现增收，带动当地1000余户发展香菇产业。

## 六 亮点经验

## （一）绿色化发展助推提质增效

一是推进生产标准化。集群县市组织龙头企业、相关标准制定单位等联合制定香菇行业标准，包括《无公害安全卫生优质食用菌技术操作规范》《无公害安香菇生产技术规程》《西峡香菇生产用木屑质量标准》《西峡香菇生产用麸皮质量标准》《地理标志产品 西峡香菇》《西峡香菇工厂化制棒生产技术规范》等技术规程，完善标准体系，有力推动了基地标准化建设。集群现已建成 450 多个食用菌标准化生产基地，群众只需要按标生产就能获得好收益。

二是推进制棒集约化。集群建设了 3 个香菇良种繁育推广基地，100 多个工厂化集约化香菇制棒企业，30 多个标准化出菇基地，推广集约制棒分散周年栽培模式。

三是推进出菇生态化。加快推进香菇菌棒生产煤改气、改电，推行节能环保灭菌新方式，既节约了燃煤，又减少了二氧化碳排放。到 2022 年年底，集群规模化食用菌生产企业全部实现了"双改"。

## （二）创新科技推广服务模式

集群组建了现代香菇产业体系专家团队，省农业科学院植物营养与资源环境研究所所长张玉亭任首席专家，全面服务香菇集群建设，引领科技创新转化，编制"河南十大优势特色产业"精品教材。洪灾期间，河南省香菇产业技术体系专家团积极响应号召，第一时间摸排反馈产业受灾情况，制定了香菇生产恢复、作物改种、储存烘干等专业技术指导意见，并公布了专家个人联系方式，通过新闻媒体、电话微信、就近办班、现场服务等多种形式开展巡回宣讲和指导。

建立技术技能培训体系，培训本土香菇专业技术人员，专业人才队伍不断壮大。以昌盛公司等龙头企业为依托，引进以国家食用菌产业体系首席科学家张金霞为代表的领军人才团队和以行业知名专家党兴仁为首的高级人才技术团队，开展香菇产业体系人才培养，建立技术技能培训体系，提高科技服务水平。集群组建了一支专业技术人员与农民技术员相结合，以农民技术员为主的技术服务队伍。

## （三）"卢氏模式"助推产业走向"专精深"

卢氏农商银行在政府的主导下，创建以金融服务体系、信用评价体系、产业支撑体系、风险防控体系"四大体系"为核心的金融助农"卢氏模式"。香菇产业作为卢氏县发展推进乡村振兴、兴县富民第一主导产业，优先享受金融助农"卢氏模式"融资支持。卢氏农商银行按照"绿色、特色、生态"和"三产融合"的发展思路，将包括食用菌在内的六个重点产业作为支持重点着力培育打造四大产业片区，强化对农业产业化龙头企业的扶持，引导企业走"龙头企业+合作社+农户+基地"的发展路径，打造完整的产业链条，推动产业从"小散弱"向"专精深"转变。

## 七　前景展望

食用菌产业具有不与人争粮、不与粮争地、不与地争肥、不与农争时、不与其他产业争资源的"五不争"特性，还具有生产周期短、见效快、投入产出比高的特点。据有关统计分析，种植食用菌的经济效益是蔬菜的3~4倍、是粮食的10~12倍，是调整农业结构、推动农民增收的有效途径。从2012年至2021年，河南食用菌产量由285万吨提高到560万吨，增长了96.49%。如今，食用菌产业已发展成为河南省现代农业中的新兴产业，是现阶段农村经济中最具活力的增长亮点、热点之一。未来，要强化创新驱动，加快新品种选育，改造老旧设施，建设优质食用菌标准化示范基地，推动食用菌产业智能化转型升级，实现食用菌生产与现代制造业、生物技术和信息技术高度融合。

# 高粱党旗相映红

## ——山西旱作高粱产业集群

### 一 集群概况

#### (一) 基本情况

1. 山西省旱作高粱产业整体情况

高粱具备独特的抗逆性和适应性,具备抗旱、抗涝、耐盐碱、耐瘠薄、耐高温、耐冷凉等多重抗性,是山西省主要杂粮作物之一,全省各地均有种植,山西省也是我国高粱栽培较早的地区之一,近年来,全省高粱产量稳步增长。山西省高粱主要用于酒醋酿造和食用,其独特品质培育形成了"山西高粱"区域品牌,是闻名中外的"山西汾酒"和"山西陈醋"的酿制主料,需求潜力大。旱作高粱产业发展,对山西省农业结构调整、杂粮产业化发展、乡村振兴和推进有机旱作等方面都具有十分重要的意义。目前,全省高粱生产已从单纯追求产量向高产、优质、高效等方向转变,标准化生产水平大幅提升,全省高粱种植面积140多万亩,产量4.5亿多公斤。酿造加工方面,全省省级以上农业产业化龙头企业26家;杂粮食品加工方面,有涉及高粱加工的杂粮食品加工企业21家,其中省级以上农业产业化龙头企业8家;有涉及高粱种子生产业务的制种企业15家,年产高粱种子5000吨,其中省级以上农业产业化龙头企业的高粱制种企业5家,2家为国家级龙头企业。

2. 集群地市旱作高粱产业情况

山西旱作高粱产业集群包括吕梁市文水县、汾阳市,朔州市怀仁市,长治市上党区、沁县,太原市小店区、杏花岭区、清徐县,晋中市榆次区等5地市的9个县(市、区)。

吕梁市文水县地处山西省中部,拥有国家级农业产业化龙头企业山西诚信种业有限公司。吕梁市汾阳市位于山西省腹地偏西，高粱种植历史悠久，历史上最大种植面积达 30 多万亩，目前每年种植面积在 6 万亩左右。汾阳酿酒高粱是全国地理标志农产品。

朔州市怀仁市位于山西省北部、桑干河上游，地处雁门关外、大同盆地中部，是"全国首批农产品质量安全县"，4 万亩优质小杂粮种植功能区是全市重点打造的十大功能区之一。区内拥有国家级农业产业化龙头企业怀仁市龙首山粮油贸易有限公司。

长治市上党区位于上党盆地，是高品质酿造专用高粱的生产地，上党高粱为地理标志农产品。近年来随着订单农业的发展和酿酒企业需求的旺盛，全区高粱种植面积不断扩大。长治市沁县位于山西省东南部，是全国绿色食品原料标准化生产基地、中国特色农产品优势区、中国好粮油示范县、全国有机产品认证示范县，是首批入选国家级生态保护与建设示范区名单的市、县之一，年均日照时间可达 2500 小时以上，土壤肥沃，极适合高粱生长，全县高粱种植面积 8 万余亩，是山西汾酒的重要原粮基地。

太原市小店区位于太原市东南部，区内山西国禾天元现代农业有限公司是小店区区属省级农业产业化重点龙头企业和产业联合体示范企业。太原市杏花岭区位于太原市东北部，是城乡一体化城区，区内拥有山西福源涌贸易有限公司、太原市东湖醋业有限公司、山西福源昌老陈醋有限公司等一批农业产业化龙头企业。太原市清徐县位于山西省中部，全县高粱种植面积达 6 万亩，借助醋产业发展，推动全县高粱基地规模化、专业化、订单化发展，区内的山西紫林醋业股份有限公司、山西水塔醋业股份有限公司均为国家级农业产业化龙头企业。

晋中市榆次区位于山西省中部的太原盆地，以"米面之乡"享誉三晋，久负盛名。区内山西农业大学高粱研究所在高粱新品种选育、高粱产学研结合方面走在了全国前列，为高粱产业的规模化、规范化、标准化生产开展了大量技术攻关和科技服务。

## （二）经营主体

集群经营主体主要为龙头企业，以及龙头企业牵头成立的农业产业化联合体。集群内拥有多家国家级龙头企业，对高粱产业全链条发展起到了巨大的带动作用。

山西诚信种业有限公司位于山西省吕梁市文水县，是一个集农作物种子科研、繁育、生产、加工、推广、销售于一体的大型种业公司，是山西省首家经原农业部认定的育繁推一体化亿元种业公司。公司牵头成立了山西诚信种业高粱产业联盟联合体，围绕高粱产业在国民经济中的重要地位，以市场需求为导向，以高粱生产的高效、轻简与环境友好，高粱深加工的健康、安全、优质为目标，不断完善市场经济条件下联合开发、优势互补、利益共享的产研用长效合作机制，完善产业链和创新链，不断提升高粱产业核心竞争力。

怀仁市龙首山粮油贸易有限公司是一家集"优质杂粮种植、食品系列加工、粮食储备流通、对外贸易销售、药食同源开发、产品溯源管理产业链发展"于一体的现代化综合性企业，连续三年被评为中国杂粮加工企业10强，是农业产业化国家重点龙头企业。公司开办了全市首家粮食银行，解决了当地老百姓储粮难和售粮难等问题；是中储粮战略合作单位，仓储能力达到9万吨，帮助当地农民解决粮食储存问题。公司与国家粮食和物资储备局科学研究院共同研发的以优质旱作高粱为主的"晋之坊"谷物类代餐粉，获得"2020年中国国际粮油产品及设备技术交易会"金奖。

山西紫林醋业股份有限公司位于"中国醋都"山西省清徐县，是以微生物发酵为核心技术的酿造行业高新技术企业和以酿造食醋为主导产业的农业产业化国家重点龙头企业。紫林醋业建立"公司+基地+农户"的农业产业化发展模式，联合省农科院高粱研究所选育适合本地域特征种植的高粱品种，自建基地1500亩，订单基地种植面积超6万亩，其他方式带动种植面积2.4万亩以上。

山西水塔醋业股份有限公司位于清徐县，是首批全国农业产业化重点龙头企业，也是目前国内大型的山西老陈醋生产企业。公司牵头成立水塔醋业产业化联合体，统一品种布局、统一技术指导、统一订单收购，打造高品质高粱种植基地，带动农户增收。

## 二　强链补链

### （一）加强基地建设，补齐生产能力短板

通过开展优质高粱品种引进示范及良种繁育基地、标准化高粱生产基

地、标准化酿酒高粱基地、标准化酿醋专用优质高粱基地建设，推广绿色标准种植及盐碱地示范种植，提升规模化酿造专用高粱基地的标准化生产水平，解决"龙头大、基地小"、高粱等酿造原料主要依靠外购甚至进口的问题，降低白酒、食醋等企业的生产成本，保证原料品质。

## （二）重视加工研发，提升酿造生产潜能

与国家粮食和物资储备局科学研究院组建研发团队，研发高粱深加工的关键技术，购买深加工设备和技术专利，补齐短板，突破发展瓶颈，不断满足消费者多元化、个性化、定制化粮油消费需求。建设酿造食醋生产线、酿酒生产线，提升老陈醋酿造能力、酿酒高粱仓储能力和绿色高粱仓储烘干初加工能力。通过不断完善加工仓储链条，突破传统酿造工艺向现代化酿品工业生产转变的技术瓶颈，持续提升酿造产能。

## （三）多维发力共促，打造融合发展平台

注重产业融合发展，打造"老西醋博园"国家4A级旅游景区、潞酒工业园、黎侯宴工业园区、圣堂科技园区等一批多业态综合体，开发乡村旅游路线，形成以种植、酿造为基础，涵盖高粱种植、加工、研发、休闲观光的三产融合发展特色产业集群，多业态发展提升高粱产业价值链。

## （四）打造支撑平台，强化公用品牌建设

依托山西农业大学（省农科院）的优势资源，建设山西旱作高粱产业公共支撑平台，重点服务高粱产业基地、仓储保鲜、产地初加工、精深加工、现代流通、品牌培育等全产业链建设，提供"山西高粱"公用品牌设计、宣传，高粱及加工产品研发、试验、分析、检验检测、质量认证，人才培训、信息化平台建设、市场销售、产品交易等服务和技术支撑。做强"山西高粱""山西陈醋""山西清香型白酒"等品牌，提升集群发展水平。

## 三　建设实施

集群围绕生产基地建设、加工仓储能力提升、产业公共支撑平台建设、融合发展平台建设及品牌建设提升五大工程开展建设。2020年，集群致力于打造标准化的"原料车间"，建设标准化高粱种植基地28万多亩，新建

改建高粱仓储库 1.63 万平方米、晾晒场 1.7 万平方米、加工车间 2 万平方米，建成高粱烘干塔 5 座、精深加工生产线 2 条，购置仪器设备 256 台（套）。①

此外，集群围绕耕地质量提升、农水集约增效、旱作良种攻关、农技集成创新、农机配套融合、绿色循环发展和农产品精深加工等有机旱作农业"七大工程"开展研究突破，完善有机旱作农业技术体系，落实关键措施，并积极引导特色种植、技术集成，树立样板。

集群建设由龙头企业牵头，产业联盟或产业化联合体承担，通过企业直接与市场对接，将生产端与销售端直接打通，提升产业链韧性，对山西旱作高粱产业发展起到了极大的带动作用。

## 四 取得的成效

2020 年，酿造酒醋产值超过 31 亿元，仓储物流能力超过 25.6 万吨，加工转化能力超过 36.5 万吨。截至 2022 年初，全省高粱全产业链产值达到 508.52 亿元，比 2019 年增长 47.14%。②

### （一）生产条件显著改善

集群两年内建成种子基地 1928 亩，实现供种 31.5 万公斤；示范高粱品种 42 个，引进优质品种 29 个，"晋杂 22 号"成为"山西汾酒"等品牌酒酿造专用品种，供应全国 20 余家酒厂；累计建成标准化生产基地 61.36 万亩。

通过大力发展地膜覆盖、水肥一体、科学管理等专业化农业生产技术，将有机旱作技术应用到日常工作之中，农业生态质量有了明显提高。山西省联合全国高粱相关科研院所和酿造、种子企业，从种子选育、专用种子生产到原粮基地种植、仓储加工、酿造产品升级，全程开展标准化示范点建设，重点推进的沁县成为国家谷子高粱产业技术体系"一县一业"示范县，建立完善"高粱酿酒—酒糟养牛—牛粪肥料化还田—高粱种植"的生

① 王秀娟：《高粱红来酿品佳》，《山西日报》2021 年 1 月 25 日。
② 王秀娟：《山西旱作高粱产业集群上榜特色产业集群建设名单》，《山西日报》2022 年 2 月 9 日。

态循环产业链，高粱通过绿色食品认证，年核定产能 2.1 万吨。

集群内新建烘干塔 6 座，新建仓库超过 1.6 万平方米，新建酒醋加工生产线 4 条，购置初加工、检验检测等设备 3000 余台套，加工生产能力得到有效提升。

## （二）产品提质增收明显

集群积极组织合作社、种植户参加由省市县种植、农机、加工技术专家组成的培训团队，对各项目建设单位（人员）进行专业岗前培训，强化发展意识，做到统一规划、统一技术、统一标准、统一服务、统一销售的"五统一"管理，推进"山西旱作高粱"基地和有机旱作农业示范建设。在集群建设带动下，2020 年新上市的高粱价格升至 2.1 元/斤，比往年增加 1～1.5 元/斤，产量也由 800～900 斤/亩增至 900～1200 斤/亩，每亩增收达 400 多元。同时，集群积极完善线上线下销售网络体系，对接大数据平台，实现年度销售目标，将"小产业"做成"大品牌"。"山西高粱""山西老陈醋""山西清香型白酒""上党高粱"等区域公用品牌在全国叫响，紫林、水塔、益源庆、东湖跻身全国食醋十大品牌排行榜，"山西老陈醋"成为首批入选的100 个受欧盟保护的地理标志产品之一。

## （三）产业发展带来实效

吕梁市举办 2020 年第三季酒文旅融合项目路演专场暨招商引资签约会议，10 个项目成功签约，总金额达 48.85 亿元。清徐县组织 34 家醋企业参加全国（山东）糖酒商品交易会，并举办清徐老陈醋济南行品牌推介活动。在第十八届中国国际农产品交易会上，重庆江小白酒业公司与朔州市签订了 10 万亩高粱种植合同。在山西省首届红高粱庆丰收活动上，现场签约高粱土地托管合同 25.1 万亩，签约优质高粱采购协议 10 万吨。

通过项目实施，培育了上党高粱、国禾天元等省级农业产业化联合体，形成了集高粱品种研发、生产加工、仓储物流、市场服务全产业链于一体的农业经营组织。

通过提高烘干和储藏能力，为种植高粱农户推出卖粮给现金、存粮补现金、存粮送种子和农药等优惠服务，实现双赢。通过粮食银行业务，2020

年存粮 2 万余吨，与农户结算现金 0.96 亿元。①

## 五　联农带农

集群建设通过生产托管、打造产业化联合体、异地帮扶、推行"双循环"运营等方式，带动农民增收。

### （一）生产托管，带农增收

大力推行生产托管方式，通过与农户签订旱作高粱生产托管合同，提供农业生产耕、种、防、收等全部或部分作业，让先进技术、装备、经验直达小农户，提升了农业生产过程的专业化、标准化、集约化水平。山西国禾天元现代农业有限公司 2020 年完成生产托管标准化旱作高粱基地建设5.7 万亩，联结农户 6760 多户，实现产值 1.66 亿元，带动农户增收 5000 多万元，2021 年签约旱作高粱种植基地 6 万多亩，涉及农户 7000 多户。

### （二）打造产业化联合体

围绕高粱产业，全省创建农业产业化联合体 19 个，使企业、合作社和农民紧密高效联结，实现带动增收。山西水塔醋业股份有限公司与山西金高粱科技有限公司、清徐融胜种植专业合作社、清徐腾达种植专业合作社共同成立了水塔醋业产业化联合体，统一品种布局、统一技术指导、统一订单收购，打造高品质高粱种植基地 1 万亩，联合体内高粱种植户收入平均高于加入联合体前 20% 左右。

### （三）异地帮扶，效益双赢

集群在建设过程中，依托项目建设，以阳高县、应县为重点开展异地帮扶，推广技术与经验，自 2020 年以来，组织各类技术培训 6 场（次），人员达 260 人（次），解决劳动就业 320 人（次），既帮助脱贫户学会了先进的高粱种植管理技术，又推进了旱作高粱产业化、规模化种植，有效促进旱作高粱产业结构调整，加快传统农业向现代农业转变，带领农民、脱贫户真正实现产业兴旺、生活富裕。

---

① 王秀娟：《高粱红来酿品佳》，《山西日报》2021 年 1 月 25 日。

## （四）推行产业集群"双循环"运营办法

高粱产业化联合体和集群项目单位中的育种、生产、加工、酒醋酿造、休闲旅游等方面的企业、合作社、家庭农场和高粱种植户紧密联合，各类资源产品优先满足集群内部需要。在此基础上，与集群外企业沟通，积极拓展市场、达成合作，不断拓宽拓广市场渠道，推动"山西高粱"名片越擦越亮，农民收益越来越高。

## 六 亮点经验

### （一）专业团队，技术保障

组建了山西旱作高粱产业集群专家委员会，由省农业农村厅、省财政厅、省农机发展中心、山西农业大学及国家高粱产业体系专家领衔，由国家高粱产业创新联盟、山西大学、省食品研究所、省酿酒工业协会、省醋产业协会等推荐专家组成，涵盖了高粱育种、生产、加工、销售、品牌认证和产业发展等各个领域。下设秘书办、产业技术支撑组、生产指导服务组、精深加工和品牌建设组，为集群发展和项目建设提供技术咨询、指导和技术支持，研究解决高粱全产业链发展中面临的政策、技术、装备等问题，加快各环节技术创新，推动高粱产业"六新"发展。

依托山西农业大学高粱研究所，建设了山西旱作高粱产业公共服务平台，为高粱产业基地、仓储保鲜、产地初加工、精深加工、现代流通、品牌培育等全产业链建设提供全方位服务，极大地提升了集群数字化、智能化、信息化管理水平。同时，积极对接原国家高粱产业体系首席专家邹剑秋等一批知名专家，指导高粱品种选育和标准化生产，为产业发展提供了强大的专业支撑。

### （二）要素配套，政策支持

山西省政府出台了《关于杂粮全产业链开发的意见》《山西省酿品产业集群推进计划》等一系列政策措施。集群各市县也积极出台扶持政策，如吕梁市政府出台了《关于加快吕梁白酒产业高质量发展的实施意见》《吕梁市酿造高粱基地建设实施方案》，汾阳市出台了《汾阳市 2020 年鼓励引导建设汾酒优质酿酒高粱基地的指导意见》等。

同时，全面落实扶持农业产业化龙头企业发展10项政策，优先对集群龙头企业在投资、金融、科技、技改、品牌、土地等方面给予支持，2020年、2021年为醋企提供贷款贴息近300万元，撬动银行贷款超过1.5亿元。为12名在醋企就业满5年的全日制硕士生发放高学历人才补贴近100万元。

## （三）创新运营，联合带动

集群在龙头企业带动下，把高粱育种、生产、加工、酒醋酿造、休闲旅游等方面的企业、合作社、家庭农场等经营主体和高粱种植户联合起来，形成若干个集点成链的高粱产业链联合体，推动集群发展。

全面推进订单生产模式，在项目区推行"酿造企业+生产企业+基地"或"企业+合作社+基地"等模式，采取订单种植、提供优种、技术指导、政策保险支持等推进措施，保障农户收入。优化经营模式，探索开展高粱"粮食银行"和土地托管模式，以山西国禾天元现代农业有限公司、怀仁市龙首山粮油贸易有限公司等企业为依托，通过"粮食银行"平台，组建"公司+合作社+农户"产业服务组织，由服务组织实施标准化的高粱农业生产托管业务，以年度为单位进行循环，提供"耕、种、防、收、储、加、销、兑"的生产托管业务。

## （四）突出亮点，强化宣传

积极构建宣传交流平台，目前已形成了具有山西特色的山西旱作高粱产业集群发展论坛、山西—晋中"一带一路"高粱产业发展论坛、上党高粱产业发展聚力峰会、山西省红高粱庆丰收活动4大主题交流活动，为旱作高粱及酿品产业发展宣传建立了高端文化交流平台。其中，山西农业大学牵头成立国际高粱产业科技创新院，成功举办2021年"一带一路"高粱产业暨山西旱作高粱产业集群发展论坛，国内外从事高粱育种、栽培、加工、品牌培育等领域的专家学者，以及产业相关的龙头企业代表参加论坛、献计献策，线上直播观看人数达46.7万余人。

集群多维度开展宣传交流，在央视、新华网、学习强国、乡产天下、《山西日报》、山西广播电视台、山西新闻网、今日头条等媒体报道山西旱作高粱产业情况及成效。同时，积极推动山西高粱产业、产品走出去，利用"进博会""夏洽会""粮交会""农交会"等大力宣传展示"山西旱作高粱"产品，山西高粱产业社会影响力不断提升。

## 七　前景展望

山西省人民政府印发《关于加快推进农产品精深加工十大产业集群发展的意见》，提出到"十四五"末，全省酿品产业年产值突破300亿元，按照"标准化、规模化、良种化、机械化"的要求，建设酿造用粮示范生产基地100万亩；引导酿品骨干企业做大做强，充分挖掘酒醋文化传统和酿造工艺，推动传统酿造工艺向现代化酿品工业生产转型；打造"山西清香白酒"省级区域公用品牌，提升"山西陈醋"省级区域公用品牌形象，努力提高全省酿品在国内市场的占有率。

高粱作为酿品原粮，是酿品产业发展的基础，而酿品产业的发展也将极大带动高粱产业的全链条提升。到2025年，集群各市县（区）将持续夯实标准化生产基地建设，保障源头供给，清徐县将与神农科技集团深度合作，持续打造5万亩优质高粱基地；沁县将建成2万亩有机旱作高粱循环产业基地，年稳定种植绿色高粱10万亩，每年为汾酒原粮公司提供有机高粱8000吨、绿色高粱5万吨。山西旱作高粱产业集群将依托已有发展基础和建设成效，借助全省农产品精深加工产业发展机遇，全产业链开发、全价值链提升、全政策链扶持，持续推动山西旱作高粱产业实现高质量发展。

# 振兴路上果香飘
## ——陕西黄土高原苹果产业集群

## 一　集群概况

### （一）基本情况

#### 1. 陕西省苹果产业整体情况

以苹果为代表的果业是陕西农业最具竞争优势的特色产业。2022 年，陕西省苹果种植面积 924.10 万亩，占全国的 31.50%；苹果产量 1302.71 万吨，占全国的 27.38%，苹果种植面积、产量均稳居全国第一位；全省苹果第一产业产值 777.08 亿元，占全省园林水果总产值的 57.94%；出口浓缩苹果汁 6.75 万吨，同比减少 8.78%，金额 7851.32 万美元，增长 5.27%；出口鲜苹果 3.78 万吨，增长 1.61%，金额 4126.94 万美元，增长 3.59%；全省果品贮藏能力 572.16 万吨，其中气调库贮藏能力 76.27 万吨、机械冷库贮藏能力 467.03 万吨；全省共有各类选果线 641 条。延安苹果、洛川苹果、白水苹果、马栏红苹果、宝鸡苹果等一批知名的区域公用品牌先后走向全国、面向世界。洛川苹果更是以 687 亿元的品牌价值荣登中国农产品品牌价值榜第二、水果品牌榜第一。

#### 2. 集群地市苹果产业情况

集群位于关中—天水经济区核心地带，紧邻杨凌国家级农业高新技术示范区，毗邻全国唯一以农业发展为主要特色的自由贸易区——中国（陕西）自由贸易试验区杨凌片区。集群范围包括延安市洛川县和宝塔区、榆林市米脂县、渭南市白水县、铜川市印台区、宝鸡市千阳县、咸阳市淳化县等 6 市的 7 个县（区）。集群所在区域陕北南部、关中北部是全省苹果优势区域，地形开阔平坦，土层深厚肥沃，昼夜温差大，光照充足，土壤以垆土、黄绵土为主，适宜发展山地苹果。以渭北北部黄土高原世界苹果最佳优生区为核心，北部包括陕北黄土高原苹果优生区，南部涵盖渭北南部苹果优生区。独特的自然条件造就了集群所产苹果具有"色泽艳丽、角质层厚、果肉香脆、酸甜适度、耐贮运"等优点，果实硬度、着色率、果形指数、可溶性固形物、花青素、果胶、果糖等指标全面超越日、美、澳、欧盟苹果。其中，洛川苹果在全国外销基地苹果鉴评中，以五项指标中四个单项第一和总分第一的佳绩超过美国"蛇果"。截至2022年底，集群实施区域内苹果种植面积224.35万亩，产量达320.28万吨，全产业链产值359.4亿元，较建设前增长28.8%。带动全省苹果种植面积达924.1万亩，产量1302.7万吨，全产业链产值达1290亿元。集群建成标准化生产基地15.5万亩。

延安是全国种植苹果面积最大的地级市，苹果种植面积约占世界的1/20、全国的1/10、陕西省的1/3，产量居陕西省第一位，苹果产业已成为延安革命老区巩固脱贫攻坚成果与乡村振兴有效衔接的支持产业，苹果成为延安最大的"土特产"。2022年，延安苹果总面积331.6万亩，产量431.8万吨，鲜果产值240.47亿元。延安市有近100万人从事苹果产业，其中农民占80%，果农人均苹果面积4.1亩，人均苹果产量5.4吨，人均鲜果产值达3万元。有果业企业1237家，其中国家级农业产业化龙头企业3家、省级19家、市级84家；建成4.0智能选果线105条，占陕西省的62%；冷藏气调贮能162.8万吨（其中，气调库20.8万吨），占陕西省的29%；配置冷藏车115辆，冷运配送能力近3000吨/次。延安市冷气库储能达到总产量的38%，苹果预冷分级贮藏量占到总贮藏量的68%，分批采收分级销售达到90%。果品加工企业29家，年加工转化鲜果能力56.4万吨；果袋、有机肥等关联企业141家，年产值10亿元；建成全国第一个国家级苹果批发市场、西部最大的苹果农资城、全国唯一的苹果城和苹果博览馆；有果品产地集散销售市场74个，6家企业成为苹果期货交割厂库或车船板交割库；有果游观光园区46个，已累计吸引游客470万人次以上，综合收入4.5亿元以上。培育果业生产营销企业609家，在全国72个城市建有品牌直销店359个。培育果品出口企业20家，出口到欧洲、亚洲、大洋洲的30多个国家。与阿里巴巴、京东、一亩田等平台建立合作，发展电商企业549家，各类网店、微店2.3万个，电商服务站实现了行政村全覆盖。2022年苹果电商销售总额超过30亿元，位列陕西省水果网络销售第二、苹果销售第一。发展果业专业合作社 2248 家、家庭农场（种养大户）9818 家。建立了 102 个"企业（合作社）+果农"利益联合体，带动果农 1.4 万户，建立联结紧密型生产基地 10.5 万亩。苹果全产业链每年提供 32.54 万个就业岗位，其中生产环节 25.43 万个，后整理环节 7.11 万个。探索形成"订单生产+定价收购+全网销售""土地流转+果园托管+股份合作"等 20 多个联农带农模式。"延安苹果""洛川苹果"两大区域公用品牌享誉全国。"延安苹果"位居全国苹果品牌价值第二。"洛川苹果"以 687.27 亿元品牌价值位居全国水果类价值榜首，成为北京奥运会、上海世博会、西安世园会等指定水果。延安苹果四次上"天宫"，成为航天员的营养补给品。延安市注册企业品牌115 个，其中 2 个获 2022 年全国十大苹果品牌称号，7 家企业入围全国百强自主品牌声誉榜。延安市 13 个县（市、区）全部为省级优质苹果基地县，全市建成绿色、有机、良好农业、出口等认证基地 214.2 万亩，洛川县、宝塔区实现了整县（区）国家绿色基地认证，富县获得全国良好农业生产基地认证。

榆林市苹果栽培历史悠久，是世界果树资源原产地中心之一。近年来，榆林市紧抓全省苹果"北扩西进"战略机遇，把发展山地苹果作为四个百亿级农业主导产业来打造，全市山地苹果种植面积 116 万亩，年产量 65 万吨，实现产值 48 亿元。全市从事苹果产业的乡镇 134 个，从事苹果产业村1126 个，直接从事果业人口 7.7 万人，米脂、绥德、子洲等 8 个基地县苹果产值占农业产值的 1/3 以上。山地苹果产业已经成为榆林南部山区农村经济发展的主导产业、农民增收的重要来源。坚持整合优势资源，全力打造"榆林山地苹果"区域公用品牌，与国内一流品牌开发团队合作，对品牌标识、口令和包装等核心元素进行整体设计。"榆林山地苹果"获得国家农产品地理标志保护产品认证，被评为陕西省优秀区域公用品牌。在各类展销会、博览会上，先后荣获果王大赛奖项 3 个，优质苹果奖金奖 38 个、银奖43 个。在各大城市开设直销店 48 个，培育电商企业 25 家，开办各类网店、微店 800 多个，销售范围已覆盖华东、华北和西南等地区，出口到俄罗斯、尼泊尔等多个"一带一路"共建国家。培育市级以上果业龙头企业 13 家、专业合作社 289 家、果品加工企业 8 家、果品营销企业 12 家、关联加工企业 22 家；启用万吨冷库群 2 个、智能选果线 3 条，果品冷库贮藏能力达到11.2 万吨，配置冷藏车 38 辆；建成果品产销服务中心 2 个、现代果业产业园区 3 个，推动一二三产业融合发展。全市每年与苹果关联产业的季节性用工，辐射带动包装、加工、运输行业劳动力等发展，为社会提供约 12.4 万个就业岗位。制定发布涵盖全产业链的 15 项技术标准，确定的各项指标均高于国标和省标，建成国家级标准园 1000 亩，创建市级标准园 16.5 万亩，认定绿色有机果品基地 26.8 万亩，全市 260 多家果品生产经营主体全部被纳入追溯管理①。

铜川市苹果是全市农业首位产业，近年来，市委市政府科学布局、强势推进，紧扣品种培优、品质提升、品牌打造，加快果业转型升级。全市苹果种植面积 56.6 万亩，产量 66.9 万吨，产值 26.57 亿元，占全市农业产值的 52%，以苹果为主的特色果业已成为全市促进乡村振兴的重要支柱产业和农民增收的"致富果""生态果"。在发展苹果产业的过程中，不断探索创新，形成了以新砧木、新品种和新技术为主要内容的"三新"建园"铜川模式"，被列为陕西省苹果全产业链建设典型案例。

宝鸡市地处黄土高原苹果产业带最佳优生区，是全国矮砧苹果科技创新区，享有中国矮化苹果之乡美誉，全市苹果面积 57.5 万亩，年产量 80 多万吨。近年来，全市大力推广苹果"三改三减四提升"（改品种、改树形、改土壤，减化肥、减农药、减劳力，提升设施装备、提升产后整理、提升经营管理、提升品牌营销）综合措施，增强内生优势，提升质量底蕴，创新营销方式，提高果业发展质量效益和竞争力。累计推广瑞雪、秦脆、瑞阳、瑞香红等新优品种近 2 万亩，改造低效果园 15.7 万亩，创建全国"一村一品"示范镇村 6 个、苹果十强镇 10 个，申报省级高质高效示范园 16 个，认定粤港澳大湾区"菜篮子"生产基地 0.88 万亩。在目标市场举办专场推介，在各地开设果品销售档口。宝鸡苹果色艳皮薄、香甜适口、风味浓郁，商品率高。近年来，宝鸡市按照"突出特色、打造高端、绿色融合、全链增效"的原则，聚力打造"宝鸡苹果"区域公用品牌，赋能产业提质增效，助力乡村振兴。在技术上，探索形成"矮砧大苗、格架密植、水肥一体、轻简作务"矮砧苹果栽培模式，并在全国推广；在产业上，委派农业系统 130 余名果菜、农机技术人员组成服务团，开展政策、技术、营销、

---

① 《榆林：山地苹果"映红"现代农业发展之路》，陕西省人民政府网，http://www.shaanxi.gov.cn/xw/ldx/ds/202304/t20230414_2282340_wap.html。

培训、管理等"一对一"精准服务,促进产业发展。目前,宝鸡市苹果产业拥有市级以上大型龙头企业 32 家、合作社和家庭农场 210 家。得益于优越的资源禀赋、先进的生产技术和高效的营销手段,宝鸡苹果以"果形高桩、色艳皮薄、风味浓郁、香甜适口"名扬海内外。先后展示亮相人民大会堂,作为阅兵国礼赠品和宇航员食用水果,出口泰国、缅甸、印尼、马来西亚、新加坡等 20 多个国家。"宝鸡苹果,一果见中国"的品牌宣传语越来越响,宝鸡苹果品牌价值 38.68 亿元。

咸阳市是全国优质苹果生产基地和全国最大的浓缩果汁加工基地,苹果产量达 420 万吨。全市拥有浓缩果汁加工企业 10 家,加工能力达到 470 吨/小时,占全省的 1/2 以上,居全省第一位。以苹果为主的果业发展,有力带动了果品加工、贮藏、包装、运输及乡村旅游、餐饮等相关产业发展,以苹果为中心,串起一二三产业融合发展,不断拓宽农民增收渠道,夯实经济发展基础。果用物资配套企业 65 家,填补了产业链重要环节空白。全市积极实施农产品仓储保鲜冷链物流项目,建设冷藏保鲜设施 202 个。咸阳市有果品经营主体 1024 家,电商微商从业人员近 5 万人。独特的气候条件、科学的果园管理赋予了咸阳水果优秀的品质,受到国内外消费者的青睐。2022 年,"咸阳马栏红"苹果品牌价值 76.17 亿元,居中国果品区域公共品牌价值榜第四位。

## (二) 经营主体

集群内拥有产业化龙头企业 53 个,其中国家级龙头企业 4 个、省级龙头企业 27 个,拥有产业联盟(协会)12 个、小微企业 485 个。涉及苹果产业合作社 1718 个、家庭农场 269 个、种植大户 1116 个,家庭农场和大户规模种植面积占到苹果种植面积的 20% 以上。

集群有浓缩果汁加工企业 7 家,浓缩果汁年加工量 12.8 万吨,浓缩果汁加工企业年消化残次果量 26.4 万吨;果醋加工企业 6 家,果醋年加工量 1.13 万吨;苹果脆片生产企业 5 家,苹果脆片年加工量 0.44 万吨;苹果酒生产企业 3 家,苹果酒生产年加工量 750 吨;选果线 81 条;精深加工能力占到全省的 50% 以上。

有苹果批发市场 4 个,其中国家级苹果批发市场 1 个,苹果批发市场销量占比 22.1%,苹果电商销量占比 9.8%,通过龙头企业销售果品占鲜果总销量的 14.5%；涉及休闲观光果园 6.4 万亩，具有休闲观光功能园区 14 个。果筐生产企业 18 家，果筐年生产量 1203 万套；果袋生产线 11 条，果袋年生产量 6.5 亿只；果网年生产量 145 万包。现有区域公用品牌 7 个、企业品牌 122 个，获省级以上奖项 106 个。

## 二 强链补链

### （一）做实生产基础

通过推动果园生产提质增效，重点建设五个环节。

1. 良种苗木繁育基地建设

加快优质新品种苗木繁育基地建设。千阳县持续推进 20 万亩矮化苹果、1 万亩自根砧苗木繁育基地建设，打造"千阳模式现代苹果矮砧集约化生产示范区"。

2. 标准化果园改造提升

加强苹果旱作节水示范基地建设，加快老果园改造，创建高质高效园、美丽果园，积极推广矮化密植苹果种植品种和模式，做好乔化果园的提质增效。

3. 品种结构优化调整

适当缩减晚熟品种比重，增加早熟品种和中熟品种比重，加大新品种推广力度，降低富士品种"一果独大"的风险，提高品种多样性。渭北北部黄土高原区、陕北黄土高原区以晚熟品种为主；渭北南部丘陵川道土石山区以中、早熟品种为主，适度发展加工品种。

4. 实施"北扩西进"战略

近几年，陕西省统筹粮食生产和果业发展，按照"逐步调减渭北南部、巩固提升渭北北部、适度发展陕北山地"的思路，提出苹果区域布局和品种结构调整指导意见，总结苹果主栽模式和主推技术，分区域明确最适宜品种、最实用技术、最高效模式，指导果农科学建园、规范管理，推动产业向最佳优生区集聚、向不同色系熟期差异化发展、向产业与资源相匹配的栽培结构转型。目前，渭北北部、陕北山地和渭北南部三大产业带集聚度不断提升，分别占到全省苹果面积、产量的 94.8% 和 95.9%。

5. 绿色生产集成技术推广应用

大力促进果区畜牧业发展，因地制宜推广"畜—沼—果"生态循环模式。

以防病虫害、防干旱、防冰雹、防霜冻为重点，提升果园统防统治能力。开展土壤改良有机质修复，实施化肥农药减量化行动，综合治理果园面源污染。积极支持果园应用先进适用、低耗高效、安全可靠的果园作业机械，重点配置果园割草机、喷药弥雾机、采果升降机等中小型组合式农机具。

## （二）做强加工流通

通过仓储保鲜、冷链物流、产地初加工设施设备建设，重点建设三个环节。

### 1. 采后加工能力建设

支持适宜不同生产规模的智能选果线购置，推进果汁果醋、苹果脆片、果酒等苹果精深加工和果网、果袋、果箱、有机肥加工以及农业机械等配套服务加工业建设。

### 2. 储藏冷链物流能力提升

支持集中连片苹果种植基地在田间地头建小型临时性移动冷库，使果品第一时间进入冷环境，减少损耗，延长保鲜期，提升果品质量，增加果农收入，解决苹果采摘后 24 小时入库的要求和冷链体系"最初一公里"的问题。加大对家庭农场和农民合作社的支持力度，对中央财政支持农产品冷藏保鲜物流设施建设和省级财政支持优势农产品贮藏设施建设的专项转移支付资金，各市、县用于支持家庭农场和农民合作社的不低于 80%，其中百吨小型冷藏库全部支持家庭农场和农民合作社建设。大力发展以冷藏运输车为主、以网点冷藏为辅的鲜果冷链物流体系。

### 3. 市场营销创新能力建设

以洛川国家级苹果批发市场为龙头，做强产地与大市场对接的国家级平台，形成自上而下引领省、市、（果业主产）县和乡镇四级果品批发市场体系。丰富果品营销手段，拓宽销售渠道，支持产地与大中城市消费市场开展直挂、直批、直送、直销服务。

## （三）做亮主体培育

通过培育农业产业化联合体，开展利益联结机制探索，重点建设三个环节。

### 1. 农业产业化联合体培育

推行"龙头企业＋农民合作社＋家庭农场（专业大户、农户或贫困户）"等多元合作模式，创建了多个示范联合体。创新区域协作发展共赢合作机制，在联合体间和联合体内，探索建立稳定的产业联盟关系。

2. 专业人才及高素质农民培养

采用地方与高校联合培养方式，培养一批苹果产业领头人才、本土专家和技术骨干，为苹果产业发展提供技术支撑。大力开展多形式、经常性的果农素质提升教育培训，支持具有一定经营规模、一定技能，并立志从事果业的农民申请高素质果农认定。

3. 地域品牌实力提升

按照"市场导向、企业主体、政府推动、社会参与"的联动机制，突出"特、优、新"的特征，努力把洛川苹果、白水苹果、马栏红苹果、铜川苹果等地域公用品牌打造成质量水平高、具有较强国际竞争力的知名品牌。进一步扩大品牌影响力，积极融入共建"一带一路"，聚力品牌影响力提升，聚焦国际国内大型展会，不断擦亮品牌成色。

## （四）做优数字驱动

按照农业农村部和陕西省政府要求，持续推进洛川县国家级苹果产业大数据中心建设。深化苹果大数据在苹果生产、加工、贸易、市场流通、消费等产业环节的应用，对苹果的种植进行精准化的指导和过程管理，提高种植质量，降低种植风险，实现节本增收。通过大数据的可视化"指挥舱"，服务地方政府对苹果的生产、经营、管理、服务全产业链进行有效的监管和决策，通过大数据平台掌握全局，做到科学管理、智能决策。目前，平台已录入全球 12 个苹果主产国、我国苹果主产省的苹果产业数据，同时陕西省正在加快形成以数字化为驱动的苹果现代生产经营体系。洛川县、延川县、白水县还创建了数字果园、数字型专家试验站、数字化苹果店等。白水县 2000 多亩果园正在开展智慧果园检测系统试点，洛川县正在稳步推进对贮存能力 1000 吨以上的气调库、3.0 及以上的选果线进行数字化改造。依托大数据平台信息资源，"果信通"手机 App 服务在全省推广应用。

## 三　建设实施

集群瞄准苹果产业栽培模式换代慢、产业转型升级慢和经营体制改革慢三个短板，在生产端、加工营销端、主体培育端统筹谋划，打造以洛川县、白水县、淳化县、印台区为中心的苹果生产核心区，以宝塔区、米脂县为重要节点的山地苹果功能区，以千阳县为中心的良种苗木功能区。

集群围绕良种繁育、果园提质增效、数字驱动创新、仓储冷库群建设、冷链物流、加工增值、市场营销品牌提升、主体雁阵培育及公共服务保障等工程开展建设。

## 四 取得的成效

### （一）创新产业发展格局

在苹果产业规模化种植基础上，聚集土地、资本、科技、人才、信息等现代要素，打通先进生产力进入苹果产业的渠道，提高供给质量和效益，推动苹果产业链、供应链、价值链重构和演化升级，把苹果资源优势转为产品优势、市场优势和竞争优势，形成了多主体参与、多业态打造、多区域联合的产业发展格局。

### （二）加快产业人才培养

加强与西北农林科技大学、中国农业大学等院校合作，培养全产业链高层次科技人才。进一步优化高层次人才政策，形成留得住、能发挥、出成果的人才机制。完善市县镇产业服务体系，建立专业机构、配置专业人才、开展专业服务。加大乡土实用人才培训，培养一大批留得住、懂技术、会经营的乡土人才和职业农民，为集群发展提供了重要的技术支撑。落实创新创业扶持政策，支持农民工、大中专毕业生、退役军人、科技人员等返乡下乡人员和本乡"田秀才""土专家""乡创客"围绕果业全产业链开展创新创业，融合扩大新生力量。重视企业、合作社负责人培训，提高其经营管理能力，使其成为新时期农民增收致富的"领头羊"。大力培养经纪人队伍，充分发挥其对苹果营销和产业发展的连接、引导、带动作用，不断增强市场活力。

## 五 联农带农

集群围绕培育农业产业化联合体，开展利益联结机制探索核心任务，实施主体雁阵培育工程、公共服务保障工程。通过集群建设项目实施，探索形成了"果园托管""订单生产"等模式多样、运行良好、效果明显的联农带农模式，带动超过33.7万名果农增收，建设区域内从业农民人均可支配年收入达到1.5万元以上，较建设前增长超过16%。

## （一）构建农业产业化联合体

以项目区苹果产业龙头企业为核心，充分发挥土地、资本、技术、设施、品牌等生产要素资源的纽带作用，汇集种植、加工、物流、销售等各类农业经营主体，实施经营主体的联合，实现功能聚、实力强、效益增。支持企业、合作社与果农开展契约式、股权式合作，建立"企业+合作社+果农"利益联结体，探索形成"订单生产+定价收购+全网销售""土地流转+果园托管+股份合作"等多个联农带农模式，打通了小农户参与产业链建设的途径，畅通了小农户对接大市场的渠道，把产业增值环节更多留在农村，把产业增值收益更多留给农民。2022年，集群核心区的延安市苹果产业带动农民人均增收1329元，苹果重点县、镇、村农民收入的90%以上来源于苹果产业。①

## （二）财政资金股份量化

集群不断挖掘整理联农带农好经验、好做法，推广"农民入股+保底收益+按股分红"等模式，促进利益共享、风险共担、产业融合。洛川县等地因时因地制宜，探索发展出各具特色的农村资源变资产、资金变股金、农民变股东的"三变"改革模式，实现了农户、企业、产业"三赢"。果农不需投入改造资金、精力，就有利润分成，效益超过老旧果园；果农不用再担心苹果销售，从投入、生产、运营、销售等所有环节全部由公司负责；果农还可以雇员的形式进入公司挣取薪金，农民与新型经营主体形成"收益共享、风险共担"的紧密型利益联结关系。

## （三）订单农业合作共赢

推行"龙头企业+大型果品交易市场+合作社+农户"的订单农业模式，

---

① 《做足特色文章 强化联农带农——以苹果产业高质量发展助推乡村全面振兴》，陕西网，https://www.ishaanxi.com/c/2023/0410/2801459.shtml。

由新型经营主体与农户预先签订产销合同和农业社会化服务托管协议，并对农户进行免费培训，提供集无人机喷药、机械化施肥、智慧果园系统、物资统购、技术统管、劳力统招、果品统销等于一体的服务，农户按要求生产果品，并按照合同规定的价格卖给新型经营主体，在确保能够给农民带来实惠的同时，最大限度提升果品竞争力，实现群众、集体"双增收"。

## 六 亮点经验

### (一) 多措并举推进

一是及时部署工作。集群建设启动后，陕西省多次组织召开集群建设视频调度会、集群建设项目启动会、集群建设工作座谈会、集群建设推进视频会，加快集群建设进程。二是定期报送进展。集群项目县（区）及时总结集群建设工作，按季度定期向省、市报送实施进展。三是开展调研督导。多次对集群项目开展调研检查，督导项目建设进度，对项目建设中存在的问题和资金使用情况进行专题研究，及时解决制约项目建设进度的瓶颈问题，全力推进项目实施。

### (二) 一二三产业融合发展

一是建设了一批高标准、专业化生产基地和冷藏保鲜设施，果园设施装备。二是加工配套产业发展迅速，果汁加工、苹果关联产业及休闲果业为苹果产业发展提供了配套支撑。三是在建的科研推广体系、质量检测监管体系和防灾减灾体系，为苹果产业发展提供了外围支撑。四是培育了一批产业化龙头企业、合作社和果业大户，初步建成苹果产业贮运营销网络和市场信息体系，夯实产业集群建设基础。五是应用现代生物技术，强化科技支撑，全面推动苹果产业结构优化、质量和效益提升。六是按照优化提升第一产业，强化第二产业，拓展第三产业的思路，不断完善产业链，提升价值链，提高产业综合效益和整体竞争力，让企业和果农分享产业集群发展成果。

### (三) 多元提质增效

一是品种结构多元化，栽培苹果品种100多个，千亩以上规模的品种约

50个，囊括早、中、晚熟和红、黄、绿色多个品类。二是栽培模式多元化，除乔化等主栽模式外，自根砧、中间砧和短枝型密植栽培发展迅猛。三是经营主体多元化，果业龙头企业、专业合作社、家庭农场、产销服务组织等新型主体正成为拉动产业转型升级的新生力量。四是营销方式多元化，除批发市场、实体店、档口、外贸等传统渠道外，以直播、网店等为代表的电商销售快速发展，占比达17%。

### （四）现代高素质农民培育

通过"智力支农、文化助农、技能帮农"的方式，有针对性地面向生产经营大户、技能服务人才、农业工人以及未升学的农村初高中毕业生等开展普及型、高素质技能型、学历型等培训，让农民掌握现代农业生产技术和经营知识，成为"有文化、懂技术、善经营、会管理"的高素质农民；同时，新型高素质农民将进一步发挥"领头雁"作用，带动更多农民群众发展现代农业，在促进农业增效、农民增收和农村发展方面发挥着积极作用。

### （五）创新创业引领发展

以现代农业"双创"为创新发展新动能，全面推进高素质农民创业创新空间建设，打造农民"双创"孵化区。发挥财政资金导向和撬动作用，引导集聚金融资本、社会资本和各类新型经营主体，聚焦建设低成本、便利化、全要素的开放式大众创新创业公共服务平台，为创新创业者提供良好的工作空间、网络空间、社交空间和资源共享空间。建立微天使、微种子基金等，强化对处于种子期、初创期的创业农民的直接融资支持，打造"众创大赛+众包众筹平台+种子天使"三位一体的双创模式，培育适合于创新创业的良好生态体系。实行技术、资金、专利、土地等多种形式的股份合作模式，大力引导个性、时尚的创新创业活动，培育各类新型众创空间，鼓励多渠道、多领域、多层次的现代农业合作发展，重点支持有一定技术实力的返乡农民工，发展现代果业生产性服务业，鼓励开展代耕代种代收、果园托管、统防统治、储藏物流等市场化和专业化服务。

### 七　前景展望

陕西省政府办公厅印发《关于加快推进苹果产业高质量发展的意见》，

将通过优化"四大结构"、构建"五大体系"、打造"六大工程"促进苹果产业高质量发展。到"十四五"末，陕西省苹果种植面积将保持在 900 万亩左右，产量达到 1300 万吨。苹果单产水平和优果率分别提升 5 个百分点，亩均产值提高 20%，全产业链达到 1200 亿元，成为全国苹果生产加工核心区、贸易物流集中区和产业科技创新示范区，产业示范带动力、区域经济辐射力和生态贡献率显著提升。

集群将优化品种品系结构，规范栽培模式结构，完善产业业态结构，重点优化提升精深加工业，培育壮大市场营销业，推进农文旅结合，加快形成与第一产业规模相适应的全要素全链条服务业，进一步夯实高质量发展的基础。坚持绿色发展理念，培育现代产业体系，大力发展产后服务业，完善现代经营体系和新型利益联结机制，打造现代市场体系，构建现代科技体系，强化高质量发展支撑。实施优质苗木繁育、高质高效果园建设、产后处理推进、营销能力提升、品牌培育强化、市场主体培优等工程，加快高质量发展进程。

# 产业振兴"橙"色足

## ——湖北三峡蜜橘产业集群

## 一 集群概况

### （一）基本情况

1. 湖北省三峡蜜橘产业整体情况

湖北省是全国柑橘的重要产区，有 2000 年的柑橘栽种历史。作为湖北省农业支柱产业之一，柑橘在湖北省占有重要地位，其产量常年保持在全国前五位。

湖北省柑橘产区属亚热带季风性湿润气候，光照充足，热量丰富，雨量充沛，鄂西地区拥有众多的低山丘陵，丰富肥沃的土地资源，非常适宜发展柑橘生产。湖北省柑橘的品种资源非常丰富，储备的柑橘品种有上百种，在全年均有新鲜柑橘上市，是全国少有的能够实现鲜果周年供应的柑橘产区。湖北柑橘种植十分集中，分布呈现"两江一区"格局，即长江中游柑橘带、清江流域带和丹江库区，发展了秭归脐橙、晓曦红蜜橘、清江椪柑、当阳椪柑等一大批独具特色的柑橘产品，形成了以宜昌和丹江口为中心，辐射周边县市区的柑橘主产区，其中，宜昌因其得天独厚的地理气候环境，成为柑橘生产不可多得的理想区域，也是全国最大的宽皮柑橘生产基地。

2. 集群地市三峡蜜橘产业情况

集群包括宜昌市的兴山县、秭归县、夷陵区、宜都市、当阳市、枝江市和恩施自治州的巴东县等 7 个县（市、区）。该区域是湖北柑橘的核心产区，在柑橘生产能力、加工能力、供应能力上均具备了良好的发展基础。

宜昌市秭归县是全国首个"中国脐橙之乡"，脐橙种植面积达 40 万亩，产量 100 万吨，全县 90% 以上的乡镇、80% 以上的行政村、70% 以上的人口从事脐橙相关产业，涌现了多个柑橘"亿元村""5000万元村""千万元村"，实现了从国家级贫困县到"全国柑橘产业30强县"的跃进。全县电商企业达到2600多家，网店达到8100多家，电商从业人员超过6万人，发展出口备案农业企业25家，培育跨境电商17家，年均出口秭归脐橙鲜果2万多吨、脐橙深加工产品4.3万吨，远销140多个国家或地区，国际影响力逐步提升。

宜昌市夷陵区柑橘种植历史悠久，先后荣获"中国柑橘之乡""中国早熟蜜柑之乡""全国柑橘产业三十强""宜昌蜜橘中国特色农产品优势区"等荣誉称号。全区现有柑橘总面积33.5万亩，年产量稳定在70万吨以上，柑橘从业人员20万人，综合产值60亿元，年出口量达10万吨，出口产值6亿元。柑橘产品畅销全国乃至俄罗斯、加拿大、哈萨克斯坦、东南亚等10多个国家和地区。

宜昌宜都市现有橘园32.6万亩，橘农数以万计，柑橘是宜都种植面积最大、涉及农户最多的农业主导产业之一。通过实施"七园三改六推"，建成精品果园2万亩、全国绿色食品原料（宜都蜜柑）标准化基地10.2万亩。通过打造完整的柑橘产业链，宜都蜜柑跻身中国地理标志产品，品牌价值居全国果品区域公用品牌第17位。

宜昌市兴山县柑橘种植面积10万余亩，从业人员约4.2万人。按照"适地适栽"原则，优化品种结构，增加"一早一晚"品种种植面积，逐渐形成"春伦晚、夏夏橙、秋九月红、冬纽荷尔"的四季柑橘产业布局，实现一年四季有鲜橙。"兴山脐橙""兴山锦橙"为地理标志认证品牌，并入选全国名特优新农产品目录。

宜昌当阳市柑橘面积35万亩，橘农2.8万户，年产量50万吨，先后建成了半月镇凤凰山、王店镇泉河、淯溪镇春新等重点优质柑橘板块基地。通过在提质量、抓推介、强宣传、拓市场等方面精准发力，柑橘产业近年来实现了高质量发展。

宜昌枝江市有柑橘专业种植村132个，种植户5.6万余户，柑橘种植面积37万亩，常年产量80万吨左右，年总产值80亿元以上，带动就业10万人以上。建成安福寺绿色食品加工园，G45高速沿线优质温州蜜柑示范带及沿长江和沿玛瑙河流域优质脐橙示范带，形成一园两带三区的发展格局，同时加大招商引资力度，以工业化理念、产业化思维推动柑橘产业转型升级，实现规模化高质量发展。

恩施州巴东县柑橘种植历史悠久，全县柑橘基地总面积达 16 万亩，丰产面积 8.5 万亩，总产量 15 万吨，总产值 7.65 亿元。巴东县独特的峡江气候、优越的地理环境孕育出了巴东晚熟脐橙独特品质，已成功申报"巴东椪柑"地理标志证明商标。

## （二）经营主体

集群经营主体以龙头企业和农民专业合作社为主，现有省级以上产业化龙头企业 14 家，其中国家级龙头企业 2 家；省级以上示范农民专业合作社 14 家，其中国家级示范社 4 家。

秭归县屈姑食品有限公司是一家以柑橘深加工为主导产业，集农产品种植、加工、研发、出口、冷藏于一体的国家级产业化龙头企业。公司占地 200 亩，年生产、加工、销售农副产品 15 万多吨，直接提供就业岗位 800 多个，间接带动 2.5 万农民增收致富。"柑橘皮渣加工茶和酱综合利用模式"被农业农村部作为全国农产品及加工副产物综合利用典型模式在全国推广。

湖北土老憨生态农业集团成立于 2005 年，立足湖北地域优势的柑橘和淡水鱼产业，是一家集农产品标准化种植、农业生态旅游、柑橘鲜果商品化处理以及深加工产品研发、生产与销售于一体的农业产业化国家重点龙头企业。集团依托全国唯一柑橘产业工程研究中心，联合浙江大学、华中农业大学、西南大学、美国加州大学、意大利摩德纳大学等，和世界首席醋酸菌专家保罗教授共同推动柑橘精深加工，研发出柑橘系列健康产品，成功构建柑橘全产业链。2016 年，土老憨成为全国首批 20 家一二三产业融合领军企业。土老憨在柑橘精深加工领域创新了首个柑橘自动化剥皮—榨汁—烘干生产线、首个柑橘全汁带渣发酵工艺体系及首个橘醋发酵醋菌种选育技术，在全国首先实现了柑橘的全果利用，已建立全中国最大的水果醋酿造基地，构建了柑橘全产业链体系。

枝江市桔缘柑橘专业合作社成立于 2009 年，是集"柑橘苗木培育+基地种植+柑橘初加工+线上线下销售+柑橘生态旅游"于一体的国家级示范合作社，先后被评为全国农民合作社示范社、全国百强农民合作社、湖北省农民合作社示范社、湖北省十佳示范合作社、宜昌市农业产业化龙头企业、宜昌市扶贫龙头企业、枝江电商示范企业。合作社现有社员 1100 户 3200 人，固定资产 4000 余万元，年加工柑橘 5 万多吨，销售额突破 2.5 亿元；每年吸纳周边村民务工 1000 余人，年支付劳务用工 600 余万元；自 2019 年以来，合作社社员实现每亩柑橘年增收 600 元；合作社共计股金分红 2000 余万元。合作社以"生态、健康"果品产业为发展方向，目标是打造成一家集"种苗繁育、新品种研发、种植生产服务、加工、销售、冷藏、健康饮品深加工、出口、柑橘生态旅游观光"于一体的现代农业经济实体。

## 二 强链补链

集群聚焦柑橘优势特色产业，按照全产业链开发的思路，推动产业形态由"小特产"转变为"大产业"。

### （一）加强优势特色标准化基地建设

围绕高质量绿色发展，通过推倒重建、密度改造（密改稀）、树体改造（大冠改小冠和郁闭改通透）、土壤改良、统一品种等措施促进柑橘品种结构的优化和果品品质的提升。通过应用宽行窄株、起垄栽培、生态覆膜、水肥一体、行间种草、化肥替代、绿色防控、机械作业等一系列优质高效栽培集成技术，提升标准化水平，改造建设一批柑橘标准化生产基地，形成不同档次搭配，产品质量上乘的精致果园、精品果园和标准果园。秭归县深化与华中农业大学、省农科院等院校合作，倾力构建脐橙"芯片库"，储备柑橘品种资源 126 个，建成三峡库区最大的柑橘良种种质资源库。

### （二）大力发展柑橘产品加工流通业

在柑橘加工上重点提升柑橘产地初加工和柑橘精深加工能力。在初加工方面，提升分级、包装、冷藏能力，新建或改造提升一批柑橘洗果分级打蜡包装车间；建设一批柑橘产地贮藏库，包括冷库、保鲜库、多温库等。

在精深加工方面，通过与龙头企业和科研院所的对接合作，加强产品研发，通过对部分老旧柑橘深加工生产线进行升级，新建橘醋饮料加工、九制陈皮、果汁饮料加工生产线等方式提升加工能力，丰富产品类型。在流通能力提升方面，重点加强冷链仓储运输能力建设，同时大力发展电商平台，畅通各类销售渠道。

### （三） 加大经营主体培育及品牌建设力度

大力支持培育和壮大龙头企业、农民专业合作社，积极支持产业化联合体创建。"宜昌蜜桔"通过举办柑橘节、开园节、采摘节等活动，参加农博会、农交会等有影响力的展会，不断提升知名度和影响力，同时大力拓宽营销渠道，每年在边贸口岸城市以及国内重点市场举办专场推介会。夷陵区连续多年举办湖北宜昌（夷陵）柑橘节活动，以橘会客、以节促销，搭建起企业、客商和市民的交流平台，着力推进农旅融合发展。

### （四） 建设先进要素资源集聚支撑平台

依托宜都国家柑橘公园、秭归脐橙文旅小镇、翠林农业国家现代农业柑橘产业园、枝江柑橘现代产业园、4A级柑橘工业旅游景区等产业融合发展平台，有效促进科技、文化、旅游的融合。积极搭建信息服务平台，组建专业技术服务队伍，组织专业技术培训，开展生产、加工、销售等信息搜集与传播服务工作。构建"龙头企业+社会化服务队伍"等社会化服务组织体系，建设不同层级、不同规模的电商服务平台。集群内各县（市、区）高度重视技术集成和成果转化，以华中农业大学、湖北省农科院等科研院所为支撑，加强自主创新和引进吸收消化再创新，实现柑橘产业发展水平的新跨越。成立"柑橘优质高效栽培与深加工国家地方联合工程研究中心（湖北）"，建立湖北省校企共建蜜柑栽培和深加工研发中心、湖北省发酵调味品工程技术研究中心、湖北省11院士专家工作站、湖北省博士后创新实践基地、宜都农业科技专家大院等研发平台。

### 三 建设实施

集群围绕柑橘标准化生产基地改造提升、柑橘加工营销能力提升、柑橘产业经营组织体系培育、先进要素集聚支撑四个方面开展建设。2020年获得1亿元中央资金投入，地方财政配套及企业自筹资金3.36亿元，项目总投入资金达到4.36亿元，通过资金整合、多方配套，项目建设规模相应扩大，最大化发挥了项目资金效益，聚焦柑橘优势特色产业，按照全产业链开发的思路，全面促进柑橘产业转型升级、提质增效。

柑橘标准化生产基地改造提升工程重点通过密度改造（密改稀）和树体改

造（大冠改小冠和郁闭改通透）、土壤改良等措施改造提升柑橘生产基地。宜昌市实施标准果园创建，改路、改水、改密、改肥，实施公路硬化到园、水电供应到园、沟渠贯通到园、机械普及到园、综合防治到园"五到园"工程。

柑橘加工营销能力提升工程重点在集群内新建或改造提升柑橘洗果分级打蜡包装厂，建设柑橘产地贮藏库，新建生产线或对现有柑橘精深加工生产线进行提升改造，以及开展电商平台及交易中心建设。

柑橘产业经营组织体系培育工程主要开展社会化服务、品牌推介活动等。

先进要素集聚支撑工程主要建设柑橘主题游乐园、柑橘主题科普园、综合信息与技术服务平台等。

## 四 取得的成效

截至 2022 年底，集群内共培育农业产业化国家重点龙头企业 2 家，认定中国驰名商标 7 个，鲜果年储藏能力达 30 万吨以上，产后处理率超 80%，综合产值达 420 亿元。[①]

### （一）产品提质增效明显

围绕标准化示范基地建设、产后加工、品牌建设等环节，构建了产加销一体化产业体系，建成柑橘标准化生产示范基地及品改示范基地。宜昌市通过大力实施标准果园创建、制定发布多个行业标准和地方标准，率先在国内示范推广柑橘交替结果生产技术、肥水一体化、高品质栽培等绿色标准化生产技术，辐射带动全市建成 100 万亩标准化果园，精品果园亩产达到 6000 斤，优质果率达到 85% 以上，较普通果园增收 60%。

### （二）装备水平有效提升

通过新建和改扩建加工厂房、车间，建设柑橘初、深加工生产线及冷库、贮藏库、保鲜库等各类配套设施设备，有效提升加工产能和仓储冷链能力。通过大力开展精深加工产品的研发与应用，推出柑橘精油、柑橘发酵系列调味品、NFC 柑橘汁、脐橙粽等近百种精深加工产品，实现"从花

---

① 《湖北聚力建设柑橘产业集群 打造柑橘全产业链》，农业农村部官网，http://www.xqj.moa. gov.cn/tscy/202306/t20230620_6430659.htm。

到果、从皮到渣"的零废弃综合利用。宜昌柑橘加工基地转型升级，成为全国最大的橘瓣罐头加工基地，年罐头加工能力 20 万吨以上，柑橘产业配套建设基础不断夯实。

### （三）销售渠道拓宽拓广

项目实施促进集群各地与苏宁、京东、阿里巴巴、抖音等国内各大电商平台对接合作，引导市场主体转型，衍生出"网红小镇""田间直播"等数字经济新业态。依托龙头企业分别在北京、武汉、深圳等多个主销城市开展了宜昌柑橘推介活动。夷陵区与北京新发地农产品批发市场在湖北"宜昌蜜桔"推介会上签订战略合作协议。宜昌柑橘销售企业夷陵红与北京悠乐果科技签订了 3.1 亿元购销合同。市政府、柑橘产业协会牵头举办各类产品推介会、农超对接洽谈会，极大地推动了各类供销合同签订。

### （四）品牌价值逐步显现

通过在宜昌、武汉举办的展览推介活动，以及在北京、青岛等多个主销城市举办的各类品牌宣传推广活动，"宜昌蜜桔""秭归脐橙""宜都蜜柑"等湖北三峡蜜橘品牌得到了极大的价值提升。"宜昌蜜桔"品牌价值达 159.62 亿元，"秭归脐橙"在"2022 中国品牌价值评价信息发布"活动中，品牌价值达 60.18 亿元，[①]"宜都蜜柑"品牌在第八届中国果业品牌大会上，价值升至 42.51 亿元。

## 五 联农带农

通过分工协作、资源共用、利益共享、风险共担的方式，将龙头企业、专业合作社与农户紧密联结，发挥联农带农富农利益联结机制的优势。截至2022 年底，集群区域内橘农人均收入 2.99 万元，较 2019 年底增加 5097 元。[②]

### （一）发展订单合作模式

集群采取"龙头企业＋联合社＋合作社＋基地＋农户"形式，通过与橘农

---

① 《秭归脐橙品牌价值达 60.18 亿元，再创新高》，湖北省农业农村厅官网，https://nyt.hubei. gov.cn/bmdt/yw/ywdt/sgcbgs/202303/t20230308_4576243.shtml。

② 《湖北聚力建设柑橘产业集群 打造柑橘全产业链》，农业农村部官网，http://www.xqj.moa. gov.cn/tscy/202306/t20230620_6430659.htm。

签订保底订单的方式，引导橘农提升柑橘品质，打造精品名牌，提高收购价格，促进农民增收。湖北丰岛食品有限公司带动 7 个柑橘专业合作社成立湖丰柑橘专业合作社联合社，社员以柑橘产量入社，各合作社与社员签订基地建设、柑橘收购合同，坚持订单约束、技术指导、农资供应、专业采收、收购标准、收购价格"六统一"的管理模式。2020 年，仅保底价每吨 1000 元收购柑橘加工果一项，就帮助橘农增收 1500 万元以上。对社员生产投入品采取垫资采购、统一发放，在柑橘收购时抵扣垫资，每年帮助社员节约开支 200 万元以上。2020 年，社员柑橘每公斤价格比同区域未入社的高出 0.2 元，每亩橘园多增收 600 元以上，辐射的 2 万亩基地为农民多增收 1200 万元。

## （二）创新探索"一股份三合作"模式

湖北土老憨调味食品股份有限公司实践"一股份三合作"的模式。"一股份"，即加工业采用股份制，龙头企业吸收联合社入股，橘农间接成为企业股东，企业按照保底订单通过联合社收购橘农鲜果，同时年底橘农可对精深加工产品取得的增值收益进行分红，当加工企业进一步发展上市后，橘农成为企业股民，还可分享股市红利。"三合作"，即联合社牵头联结国家柑橘农业公园核心区内 9 家生产合作社、1 家服务合作社及 1 家旅游合作社，生产合作社统一种植标准，提升柑橘种植质量；服务合作社统一技术服务，提供生产资料、田间托管、市场销售、金融等服务，联结橘农 1.5 万户，建设无公害柑橘生产基地 10 万亩；旅游合作社组织生态观光、休闲采摘、文娱演出等活动，丰富联结产业业态，拓宽农民增收渠道。通过政府引导、企业主导、农民合作社参股，让政府、企业、农民形成紧密的利益共同体，实现大合作、大收益、多方共赢，每年带动周边农户就近就业 2000 人以上。

## 六 亮点经验

### （一）错位规划，合理布局

坚持"人无我有、人有我特、人特我优、人优我强"，打造为广大消费者所认可、能形成竞争优势的特色，重点在夷陵区中东部、枝江市中西部、当阳市南部、宜都市北部建设"宜昌蜜桔"优势产区，在长阳土家族自治县清江流域沿线建设清江椪柑优势产区，在三峡库区秭归县、兴山县建设秭归脐橙优势产区。秭归脐橙结构调整定位为海拔 175～300 米发展晚熟脐橙、海拔 300～500 米发展中熟脐橙、海拔 500～600 米发展早熟脐橙。实现"春有伦晚脐橙、夏有夏橙、秋有早红脐橙、冬有纽荷尔脐橙"的格局，成为国内唯一实现"四季产鲜橙"地区，不仅弥补了脐橙市场春淡空档，更实现了鲜果在时间、空间维度错位竞争。[①]

### （二）扬长补短，重点击破

根据集群内各市县（区）基础优势条件，扬长补短，在延链补链各环节重点击破。夷陵区侧重良种繁育基地建设、种植基地提档升级、拓展市场营销、益农信息化建设，提升全产业链建设水平；宜都市强化蜜橘精品园、标准园、设施园建设，打造成全国柑橘产业融合发展示范园、全国柑橘一二三产业融合发展先导区；枝江市注重标准化生产基地、加工基地建设以及信息化和科技支撑体系建设，提升宜昌蜜橘品质和精深加工能力；当阳市以标准化基地建设为主要创建内容，兼顾农旅融合示范、信息化及科技支撑体系建设；秭归县建成柑橘交易信息中心，完善仓储物流体系建设，加快电商腾飞。

### （三）三次产业融合，全链提升

集群建设提高了项目区柑橘种植水平和组织化、产业化程度，促进了柑橘一二三产业有机融合，实现了"补链、强链、延链"的目标。通过产业集群标准化生产基地改造提升工程的实施，促进柑橘品种结构的优化和果品品质的提升。以柑橘产业为依托，以新型经营主体为引领，以利益联结为纽带，通过产业链延伸、产业功能拓展、要素集聚、技术渗透及组织制度创新等方式，促进柑橘生产、加工产品流通、农资生产销售和农旅融合服务有机整合与紧密连接，产业链条进一步延伸。集群项目实施以来，湖北省柑橘产业与旅游、文化、休闲、电商等有机融合，产业发展的领域、空间和功能性均显著拓展，形成了丘陵地区农村产业融合发展、美丽乡村建设、农民多元增收的新模式。

---

① 《湖北聚力建设柑橘产业集群 打造柑橘全产业链》，农业农村部官网，http://www.xqj.moa. gov.cn/tscy/202306/t20230620_6430659.htm。

### （四）科技支撑，品牌引领

集群引进首条 5.0 数字化柑橘分选线，模拟人工视觉神经网络，更加精准识别糖度、水分及果肉损伤情况，根据果肉损伤的不同情况建模，并存储在系统中进行甄别，每小时分选量达 30 吨。通过高效筛选精品果，由论"斤"卖变为论"个"卖，单果市场售价可达 8~10 元。集群搭建柑橘数智加工大数据平台，可分析处理种植端、加工端、销售端实时数据，运用物联网、大数据等现代信息技术，深度串联柑橘产前、产中、产后数据，实现质量安全可追溯、全产业链环节实时监测预警。集群通过抱团出击、集中宣传、持续推介等方式开展品牌宣传活动，有效提升集群内柑橘品牌知名度，增强市场竞争力。依靠品牌赢得市场，由市场引导生产，由生产带动农户，进而推动产业增效、农民增收。

### （五）创新服务，合作共赢

集群以创新金融服务模式为抓手，有效解决企业融资难、融资贵、融资慢等问题，推动产业稳步高质量发展。秭归县依托华维电商物流园与中国建设银行签订长期战略合作协议，充分发挥渠道、网络、产品等优势，为园区入驻商户提供"柑橘经销贷"服务，建成电商大数据服务平台，通过数据抓取、梳理分析，获得电商平台、快递物流和企业销售等数据信息，在此基础上为柑橘购销市场主体提供专属纯信用贷款服务，企业无须任何抵押即可直接完成线上金融授信，随贷随还，该服务已为 124 家企业提供纯信用贷款 9000 多万元。

### 七　前景展望

柑橘产业链已被纳入湖北省十大重点农业产业链，到 2025 年，柑橘种植面积将稳定在 350 万亩左右，产量将稳定在 500 万吨左右，柑橘全产业链产值将达到 500 亿元，重点培育 10 家行业领军企业、100 家成长型龙头企业，带动近 100 万户农户增收。三峡蜜橘产业集群作为湖北柑橘产业发展核心区及产业链关键环节的引领区，将发挥更大的支撑与带动作用，把湖北柑橘的金字招牌擦得更亮，把产业振兴的步伐踏得更扎实。

# 写就"春天的故事"

## ——四川晚熟柑橘产业集群

## 一 集群概况

### （一）基本情况

#### 1. 四川省晚熟柑橘产业整体情况

晚熟柑橘是"川果"产业极其重要的组成部分，被列入四川现代农业"10+3"产业体系重点支持的十大优势特色产业，《成渝现代高效特色农业带建设规划》明确提出要打造长江上游柑橘产业带。四川的地理和气候条件适宜晚熟柑橘种植，全省晚熟柑橘生产以四川盆地西南面为核心，并向周边辐射。作为全国最大的晚熟柑橘产区，四川晚熟柑橘种植面积约230万亩，年产量210万吨。在全面实施乡村振兴战略阶段，柑橘产业已成为全省各地乡村产业振兴的重要抓手。同时，柑橘产业的健康发展，对于实现四川巩固拓展脱贫攻坚成果同乡村振兴有效衔接，加快成渝现代高效特色农业带建设，擦亮四川农业金字招牌都具有重要意义。

#### 2. 集群地市晚熟柑橘产业情况

四川晚熟柑橘产业集群以眉山市丹棱县、青神县、东坡区、仁寿县和乐山市井研县的5县（区）为建设范围，辐射带动川中、川东北晚熟柑橘产区。集群所在的5县（区），是四川晚熟柑橘最核心区，区域内晚熟柑橘总面积占全省晚熟柑橘总面积的40%以上，产量占全省晚熟柑橘总产量的一半以上。区域内晚熟柑橘以鲜销为主，以清洗、分选、预冷、包装等采后商品化处理为主的产地初加工发展迅速。现已培育"眉山春橘""丹棱橘橙""青神椪柑"等多个地方区域公用品牌。

四川省眉山市是我国著名的柑橘主产区，有着悠久的柑橘种植历史，也是全国柑橘效益最好、种植管理技术水平最高的地区之一。2019年眉山全市柑橘种植面积 103 万亩，柑橘产量 137 万吨，其中晚熟柑橘 76 万亩，是全国最大的晚熟柑橘生产基地和全国最大的不知火、春见、清见、爱媛 38 等品种的生产基地。眉山市统一打造了"眉山春橘"区域公用品牌，每年举办"眉山市晚熟柑橘节"。2019 年"眉山春橘"获评中国农产品百强标志性品牌，"丹棱橘橙"成功创建为四川首个国家级农产品地理标志示范样板。每年眉山晚熟柑橘节、丹棱橘橙节等以赏花、采果为特色的各类节会都会吸引大量消费者参与。依托柑橘产业，生产服务、电子商务、批发零售、仓储物流等第三产业快速发展，2019 年，眉山柑橘被国家邮政局评为"快递服务现代农业金牌项目"，全市柑橘类单品寄递量 1300 万件。

乐山市井研县气候、土壤条件良好，属中国柑橘生态区域规划中杂交柑橘栽培适宜区，井研柑橘为中国地理标志农产品。2018 年初，乐山市出台《乐山市现代柑橘产业发展规划（2018~2030）》，以打造中国一流优质晚熟柑橘产业示范区，建设中国晚熟柑橘之乡为主题，提出了打造乐山市现代柑橘产业种植百万亩、综合效益百亿元、带动农村百万人增收的"三百"目标；以井研县为核心，以犍为县、五通桥区、市中区、高新区、夹江县为重点建设优质柑橘产业带，辐射带状发展、连片推进。①

## （二）经营主体

集群经营主体包括各类企业、农民合作社、家庭农场和专业大户，数量千余家。其中，龙头企业与专业合作社在基地建设、延伸产业链条等方面起到了重要作用。

四川省丹橙现代果业有限公司成立于 2017 年 3 月，主要从事绿色标准化基地、现代化果品初加工生产车间、果品科技创新中心和大型营销中心与网络销售渠道等项目建设，是丹棱县水果的形象代表和龙头企业，先后获得第二届中国"互联网+农业"十大优秀服务商、中国果品流通协会"绿萌杯"柑橘质量品牌建设示范企业等荣誉。公司业务涵盖柑橘基地生产、产品加工保藏、交易服务、农旅观光、职业农民培训等柑橘产业链全环节。

眉山市神果环球有限公司成立于 2014 年，是一家主营柑橘等四川特色

---

① 《四川省乐山市"四途径"推动柑橘产业发展》，农业农村部官网，http://www.moa.gov.cn/xw/qg/201808/t20180816_6155808.htm。

水果初加工的企业，年加工新鲜柑橘近万吨，产值超过 1.5 亿元，产品主要销往俄罗斯、菲律宾、泰国等十几个国家。

青神县百家椪柑专业合作社成立于 2014 年 12 月，2017 年 8 月被四川省农业厅评为省级示范社。合作社探索推广"5+4+1"小农利益联结机制，实现降成本、提效率、增产量、拓销路，有效提升柑橘产品品质和社会化服务水平，促进农民增收、合作社盈利、村级集体壮大。

## 二 强链补链

集群围绕生产、加工、销售三大重点环节强链补链延链，全力推动四川晚熟柑橘的全产业链开发和全价值链提升。在种植环节，引导小业主向大园区集中，制定完善技术规范，推广绿色化标准化种植；在产地初加工上，以清洗、分选、预冷、包装贴牌等采后商品化处理为主；在精深加工上，积极引进加工企业围绕橘花、橘皮、橘汁进行功能化精深加工研发；在市场销售上，形成以丹棱县区域商贸物流中心为核心，以东坡区晚熟柑橘电商交易中心、仁寿县晚熟柑橘期货交易中心、青神县农产品加工冷链物流园区和井研县产地初加工中心为补充的加工物流"1+4"格局，实现四川晚熟柑橘的全产业链开发和全价值链提升。

### （一）筑牢种业根基

依托四川晚熟柑橘研究院创新研发基地，开展柑橘种业研发，引进品种 48 个，选育芽变品种 5 个。建设区域良繁中心，引进、保存、推广柑橘名优新品种，重点建设砧木育种圃、苗木繁育圃、采穗圃、母本园、砧木采种园、新品种展示园，形成完善的"三园三圃"柑橘无病毒良种苗木繁育基地体系。

### （二）夯实生产基础

改造提升晚熟柑橘标准化基地，开展品种更新、土壤改良、现代装备提升和绿色高效技术推广。加快老旧果园改造，推进品种更新换代，保持品种竞争力；推进种养循环，实施畜禽粪污综合资源化利用，推广有机肥还田，通过深翻改土以及增施有机肥、绿肥等措施，提高土壤有机质含量；配套完善水肥一体化、物联网、山地轨道等现代化、省力化、智能化机械设施设备，推动农机农艺结合，打造高效果园；推广以预防为主、防治结合和以物理防治为主、以化学防治为辅的病虫害综合防控技术，通过技术模式推广，提高产出效益。

### （三）完善加工商贸流通

在重点产区和基地，开展以分选、包装等为主的采后商品化加工设备和以预冷、冷藏为主的仓储设施建设。配套建设以分级、清洗、包装、贴牌等加工生产线，预冷设施及产地通风储藏库。眉山市新增柑橘商品化处理生产线 24 条、产地冷库及预冷设施 45 座，促进晚熟柑橘加工贸易提档升级，2022 年柑橘商品化处理率提升到 65%。

### （四）加强品牌市场打造

积极支持"眉山春橘""井研柑橘"区域品牌提升打造，鼓励"丹棱橘橙""青神椪柑"等地方特色品牌和企业品牌发展，鼓励集群抱团发展合力开拓市场。通过政府搭台、企业唱戏等形式，走出去宣传推介，开拓市场。组织企业、专业合作社等新型主体积极参加国际国内知名展会，开展推介洽谈、对接交流活动。培育营销经纪人队伍，全力拓展国际国内市场。地理标志区域品牌"丹棱橘橙"品牌价值超 50 亿元。

### （五）强化科技支撑

四川晚熟柑橘研究院已成功研发合成技术 2 套，形成四川省（眉山市）柑橘地方标准 2 个，筛选出适应草种 4 个、种植模式 3 个，引进品种 48 个，选育芽变品种 5 个，累计培训人员 1000 人次。依托眉山晚熟柑橘智慧气象数字果园试验基地，青神县编制完成了《青神县晚熟柑橘高温热害风险区划技术报告》《青神县晚熟柑橘低温冻害风险区划技术报告》《眉山晚熟柑橘生产气象服务规范》。积极开展新品种选育，健康栽培、绿色防控技术集成、创新和展示，产地初加工综合配套设施技术研究推广，开展全省性专业人才、骨干队伍全产业链技术技能培训和试点示范现场教学。

### 三 建设实施

集群围绕产业链重点环节和科技研发支撑等方面开展工程项目建设。丹棱县建设市级母本园 160 亩、市级良繁中心 350 亩、县级品比园 3 个，建设晚熟柑橘商贸物流园区。仁寿县开展老果园改造，推广水肥一体化滴灌系统；建设四川晚熟柑橘智慧冷链物流中心，建设四川晚熟柑橘研究院。青神县推广绿色防控技术 4750 亩，推广水肥一体化 6000 余亩、施药系统 4000 余亩，推广果园生草 11 万亩；实施老果园改造 1000 亩，集中打造一批优质高效精品果园；新增 9 条柑橘生产线，柑橘日处理能力达 200 吨以上；建设农产品冷链物流园区，包含 600 平方米的青神柑橘发展馆和 56000 平方米全市最大的区域性农产品仓储；冷链物流中心建设中小型冷链点 40 个。东坡区开展标准化基地建设不低于 3700 亩，新建冻库 12500 立方米，开展新型主体培育。井研县建设柑橘初加工设施 145 座、大型商品化处理中心 4 个，建成集仓储加工、冷链物流、农产品展销、电子商务等功能于一体的农商互联集配中心 1 个，建设柑橘数智农业全产业链综合服务平台。

## 四 取得的成效

### （一）产业发展提质增效

通过引进新柑橘品种进行试种，选育出了大雅柑、金乐柑、夏雅柑等具有自主知识产权的柑橘新品，基本实现了橘橙全年供应。青神县把晚熟柑橘作为全县农业主导产业，聚焦基地建设、产品加工、质量品牌、科技支撑等重点，促进产业链全链构建，全力推动现代农业、林业集约化和规模化发展，2023 年全年柑橘总产值实现 21 亿元，带动农民增收致富。

### （二）生产水平明显提升

老果园改造能力提升。改造老旧果园 7.9 万亩，辐射带动 15 万亩基地开展标准化建设，标准化果园占比提高到 65%。青神县改造提升标准化基地 2.6 万亩，创建柑橘出口基地 21 个，基地优新品种占比、水肥一体化等设施装备覆盖率、综合机械化水平明显提高，果品优质率显著提升。

绿色生产水平提升。制发《晚熟柑橘早结丰产建园技术规范》等技术规程 2 个，完善不知火等主推品种生产技术规范 9 个。推行果园生草等绿色生产技术 22 项，推广面积 46 万亩。

品种更新保障能力提升。建成区域良繁中心 1 个、县级品比园 4 个，引育阳光一号等柑橘优新品种 50 余个，初步形成了以晚熟柑橘研究院为平台，以区域良繁中心为依托，以县级品比园为配套，以中柑所、四川农业大学、省农科院和 4 个在川国家体系综合实验站为技术支撑的晚熟柑橘良种育繁推体系。

### （三）融合发展取得进展

加工流通能力稳步提升。加工延链补链成效明显，柑橘商品化处理率显著提升。围绕橘花、橘皮、橘汁进行功能化精深加工研发，丹棱县依托橘橙产业，研发了"果小酒"低度发酵系列果酒。集群内形成加工物流协作共享格局，商贸物流交易量已达到 200 万吨，实现产值 223 亿元。

经营主体加快培育。主体带动能力得到提升，培育了绿源、沃馋等初加工冷链物流主体 33 家，初加工冷链物流主体超 200 家。集群内现有省级以上龙头企业 7 家、农民合作社和家庭农场 113 家，建立社会化服务平台 8 个，服务农户 3 万户、果园 60 万亩以上，电商年销售额已达到 30 亿元。[①]从事柑橘种植、初加工新型经营主体超 1000 个，带动发展专业大户超 3000 家。

品牌销售能力大幅提升。构建了以丹棱不知火、东坡春见、仁寿清见、青神椪柑、井研爱媛为代表的"一县一品"品种布局；建成柑橘全产业链大数据中心，电商销售模式逐步成熟。

### 五 联农带农

### （一）重视经营主体培育

集群各县（区）积极培育经营主体，带动农户参与产业发展，为柑橘产业的长期稳定发展奠定基础。整个眉山已经培育规模种植主体 2158 个，种植面积 106 万亩，年产量 176 万吨，产值 118 亿元，带动 103 万从业人员人均年收入上万元。丹棱县橘橙种植面积达到 18 万亩，发展职业果农 8 万余人、橘橙类家庭农场 139 家、农民专业合作社 117 家、市级以上龙头企业 3 家、专业大户 1241 户，家庭农场平均年收入超过 50 万元。井研县创建

---

① 《我省晚熟柑橘产业集群建设中评交出全国第二好成绩》，《四川农村日报》2022 年 12 月 16 日。

"大园区+小业主""建园+管园"双团队经营模式，吸引了各地投资者慕名前来，大批青年返乡创业，推进了柑橘基地规模化、标准化、集聚化发展。引进和培育沃馋、欣宝等多家社会化服务组织，为农户提供果园管理、柑橘收购销售、分拣包装、冷藏保鲜、生鲜电商、果园托管等产加销全程化服务。

### （二）探索多种利益联结机制

积极探索多种利益联结机制，让农民分享产业发展红利，增加农民收入。东坡区采用"公司+合作社+农场+农户"的发展模式，对符合标准的柑橘以高于市场收购价的价格进行回收，从而引导农户提高种植技术和管理水平。青神县推广"5+4+1"小农利益联结机制，即果农以土地入股，把果园托管给合作社，合作社对果园进行标准化改造，聘请专业人员对果园进行管理，果园托管后的亩产值50%归果农所有，40%归合作社所有，10%归村集体经济联合社所有，有效地将农民牢牢吸附在产业链上。井研县探索"大园区+小业主+农户"发展模式，"大园区"提供标准化生产管理技术，"小业主"组建了2个农业产业化联合体、86个农民专业合作社、156个家庭农场等组织，并由"小业主"带动"农户"实施标准。

## 六 亮点经验

### （一）搭建平台，督促指导

整合省农科院、四川农业大学和省农机研究院等科研院校以及市县科技资源，组建了国内首家"产学研"深度融合的专业晚熟柑橘研究机构——四川晚熟柑橘研究院，依托该平台，开展柑橘新品种选育、新技术推广、智慧农业开发、采后商品化处理、成果转化和人才培养工作，推进四川晚熟柑橘全产业链高质量发展。省农业农村厅相关负责部门多次调研四川晚熟柑橘优势特色产业集群建设情况，指导督促工作开展。

### （二）健全机制，推动落实

项目实施县（区）积极采取多种措施完善工作机制，确保项目高质量落地。青神县通过建立"三机制"，推动项目落地落实。一是建立项目遴选机制，由县财政局、县农业农村局等成立项目遴选专家组，择优选择项目实施业主。二是建立调整机制，对于放弃不实施项目的业主，按相关程序及时进行调整，确保项目按时按质完成。三是建立工作机制，成立以分管县领导为组长的产业集群建设项目领导小组，建立台账，实行月调度、季度拉练、年度考核，强力推动项目落地落实。同时，建立青神县晚熟柑橘管理平台，将全县柑橘种植大户、家庭农场、合作社等新型经营主体纳入，通过在手机 App 中实时操控，实现农产品可追溯，并在系统中择优选择项目实施业主。此外，建立重点项目"红黑榜"，实现每月一调度、每月一通报机制，加快晚熟柑橘产业集群建设项目进度，对于放弃实施项目的业主，纳入农业项目黑名单，加强项目实施业主的重视程度。

## （三）宣传推广，示范引领

及时总结交流晚熟柑橘集群建设中的好经验、好做法，开展产业集群建设宣传报道。2021 年 1 月，开展"助力乡村振兴·擦亮川果品牌"暨四川晚熟柑橘产业集群中省主流媒体采风活动，邀请十余家中央、省级新闻媒体走进晚熟柑橘产业集群的 2 市 5 县（区），讲述四川晚熟柑橘产业集群建设亮点、农民奔小康的好故事。2021 年 12 月，举办了全省晚熟柑橘产业集群观摩培训，集群建设 2 市 5 县（区）、12 个柑橘重点市、37 个重点县（区）参会，充分展示了集群建设成效，发挥集群引领、示范带动作用。2022 年 12 月，举办了四川晚熟柑橘产业发展暨集群建设总结培训会，检阅集群项目建设成效，分析柑橘产业发展面临的新形势、新问题，研究发展的对策措施，总结推广集群建设成效经验，示范引领全省柑橘产业提档升级、延链补短、高质量发展。

## 七　前景展望

《眉山市晚熟柑橘全产业链高质量发展提升行动计划（2020~2022年）》提出，以实施乡村振兴战略为抓手，以深入推进农业供给侧结构性改革为主线，以国家晚熟柑橘优势特色产业集群建设项目为载体，坚持"稳面积、控风险、强园区、提品质、创品牌、促增收"的发展思路，到2022 年全市柑橘产业基地稳定在 100 万亩以上（其中，晚熟柑橘达到 80 万亩以上），实现柑橘产值 100 亿元以上，带动 100 万人增收，将眉山打造成全国晚熟柑橘品质最优、品牌最响、效益最好的优势特色产业集群示范区。经过几年建设，晚熟柑橘产业已经成为四川擦亮农业金字招牌的重要抓手，未来在现有成熟产业链的发展基础上，晚熟柑橘产业将在高质高效发展上继续发力，不仅成为四川现代农业"10+3"产业体系的有力支撑，更将在乡村全面振兴中成为重要的产业支点。

# 开启茶旅的"第一口春味"

## ——浙江浙南早茶产业集群

## 一　集群概况

### （一）基本情况

1. 浙江省茶产业整体情况

浙江位于长江三角洲南翼，雨量充足，气候湿润，适合茶树的生长。浙江是我国重要的产茶大省，也是我国最大的蒸青茶生产基地和茶叶出口省份，距今2000年前浙江就有植茶和饮茶的历史记载。浙江有25个主产茶区，主要分布在浙西北、金衢盆地以及浙东山区、丘陵地带和浙南地区。全国茶叶市场放开以来，浙江顺应市场变化，率先发展名优茶，大力发展无性系良种茶园，建设标准茶园和生态茶园，研究与推广名优茶标准化、机械化加工，名优茶机械化加工率已达99.1%，真正实现了"机器换人"，茶叶平均亩产值全国领先，浙江实践成为浙江经验甚至浙江模式，并引领全国茶产业发展。2022年，浙江茶园总面积310.5万亩，总产量19.4万吨，总产值264亿元，全省产地交易总量和产值规模分别达到15.5万吨和258.7亿元，出口量更是稳居全国之首。

2. 集群地市茶产业整体情况

集群建设范围包括丽水市莲都区、松阳县、遂昌县、缙云县、景宁县和温州市泰顺县、永嘉县、平阳县等8个县（区），是浙江省茶产业的传统优势地区和重点发展区域。

丽水是中国绿茶一类适生区，茶园面积60.8万亩，其中投产茶园54.8万亩，全年茶叶产量4.7万吨，茶产业链产值150亿元，其中第一产业产值52亿元，种植面积位列全省第一，产量、产值位列全省第二。

温州茶叶历史悠久，至今已有1600多年的种植历史，温州早茶以其

"上市早、品种优、品质好、底蕴深"在浙江省茶区特色鲜明、独树一帜。温州市茶叶种植面积达27.3万亩，产值12.5亿元。温州早茶产业以绿茶为主，还有红茶、青茶、黄茶、白茶和黑茶等。在"温州早茶"的品牌下，派生有泰顺三杯香、平阳黄汤、永嘉乌牛早、乐清雁荡毛峰、苍南翠龙、瑞安清明早、瓯海黄叶早、文成贡茶等一县（市、区）一品的区域茶叶品牌。泰顺县、永嘉县、苍南县、乐清市、平阳县分别荣获"中国茶叶之乡""中国乌牛早茶之乡""中国名茶之乡""中国茶文化之乡""中国黄茶之乡"称号，并多次荣获中国和国际茶叶博览会评比金奖。以茶产业为主导加快推进一二三产业融合发展，苍南五凤、苍南鹤顶山、平阳朝阳山、文成九龙山和泰顺万排等获评中国最美茶园。

## （二）经营主体

集群经营主体以各类企业和农民专业合作社为主，数量千余家，为集群全方位实施产业集聚化、三产融合化、效益跨越化、品牌区域化的发展战略提供了有力保障。

浙江省茶叶集团股份有限公司为浙江省供销社主管企业，其前身是成立于1950年的浙江省茶叶公司，集茶叶种植、加工、科研开发和国内外贸易于一体，是农业产业化国家重点龙头企业，30余年保持茶叶出口量全国领先，绿茶出口居世界前列，拥有十余个涵盖行业不同领域的知名品牌，是具备全球茶叶资源供应链整合、运营能力的茶叶全产业链品牌运营商。浙茶集团年经营规模约10亿元，出口茶叶3万~4万吨，位居全国茶叶出口企业前列。浙茶集团生产基地面积覆盖国内主要产茶省份和茶区达20余万亩，茶叶加工厂数量21家，先后调整和完善了集团产业链布局，实现了产业链的系统性设置，为下一步从茶叶向"茶叶+"转型，实现"内做深，外做强"奠定了基础。

浙江梅峰茶叶公司为浙江省省级骨干农业龙头企业、浙江省农业科技企业、浙江省农产品加工示范企业、丽水市十佳农业龙头企业、丽水市农业科学发展创业创新优秀典范单位、丽水市生态精品现代农业示范企业、丽水市首家通过有机茶认证企业、丽水市莲都区食品质量安全示范企业。梅峰公司采用"公司+合作社+基地+农户"的产业化经营模式，建立标准化有机认证茶叶基地2400亩、无公害认证茶叶基地5016亩，直接和利益联结农户3000户。在丽水和北京等地开设名茶专卖店5家，在大连、长春、保定、淄博、商丘、吴江、苏州、广州等地设立代理总经销，产品销往全国多个省份。

浙江子久文化股份有限公司是温州市茶叶产业龙头企业、茶产业协会会长单位，是市重点文化企业、县农业龙头企业。公司目前主打"子久文化"品牌，主要是传播中国茶文化，以中国四大黄茶中的平阳黄汤为主营产品，包括茶家具、各种名茶、茶具、茶产品包装、品茶休闲及茶文化推广等。近年来荣获第三届亚太茶茗大奖特别金奖、全国最美 30 座茶园之一、首届中国国际茶叶博览会指定品鉴用茶、2018 年中国特色旅游商品大赛金奖等荣誉。

## 二　强链补链

### （一）补齐短板弱项，夯实发展基础

强化种质资源保护繁育。松阳县联合丽水市农林科学院建成面积 218 亩的大型茶树种质资源圃，基地资源的质量数量在国内省级茶树种质资源圃中名列前茅，保护繁育本省资源 846 份、外省资源 1027 份、国外资源 167 份。以种质保存和开发利用为目的，基地同时抢救一批濒危、稀有的茶树资源，如龙泉岩樟山茶、松阳横溪大茶树、景宁东坑大茶树等 12 份老茶资源。形成一套包括资源收集保存、繁殖更新、资源鉴定评价与创新利用等技术在内的种质资源高效保存利用技术体系，为茶叶种质资源保护和扩繁打下了坚实的基础。

### （二）强化科技支撑，推动加工升级

加强技术攻关和人才培养。集群为解决茶叶精深加工能力欠缺、空间聚集分散化、装备研发投入不足等问题，组建省茶叶科技创新团队、省茶产业技术创新战略联盟，加强技术攻关。组建省、市、县三级茶叶专家团队开展业务培训和指导。

推进精深加工转型升级。开展茶叶深加工、综合利用及衍生产品开发，支持松阳振通宏茶业发展有限公司有效利用中低档茶叶及茶片、茶末等发展植物（茶）提取，引进各类速溶茶粉、功能性速溶茶粉和抹茶等生产线 5 条，通过提取、分离、离心、热浓缩、过筛等工艺流程，将低档茶和茶末、茶片等副产品资源加工成速溶茶粉，让茶叶资源得到最大化利用，实现茶

叶增效、茶农增收。松阳县专门从事茶叶精深加工的企业已经发展至 10 家，全县茶资源综合利用产值近五年增长率超过 10%。[①]

推动茶园"数字化"管理。平阳县茶博园正式启用气候品质溯源系统，先进的数字化终端设备能实时感知温度、湿度、气压以及 5 层地温、土壤水分、光合有效辐射等。气候品质溯源系统将详细记录黄汤茶叶生长周期相关气候数据，建立气候溯源档案。茶叶和天气息息相关，该系统为茶叶品质提供了很好的科学依据。通过该系统的开发应用使消费者对平阳黄汤茶有更高的信任度，推行绿色、健康的茶理念，提升平阳黄汤区域品牌价值。

推进数字化加工工艺升级。景宁县建成首个茶叶无尘数字化加工生产车间，日加工茶叶鲜叶约 2500 公斤。智慧车间改变了传统的"凭经验炒茶"，以精准的全自动加工实现了"看数字制茶"。景宁六江源茶业有限公司投资 1300 多万元购置一整套流水线制茶工艺设备，该设备将种茶、做茶的经验融入数字化，进而提升加工水平。流水线大大减少了人力，缩短了制茶时间，提升了茶叶的品质及稳定性。[②]

## （三）优化市场格局，打响早茶品牌

加强产地市场建设。改扩建茶叶交易市场、集散交易中心、物流仓储中心，促进市场流通体系与储运加工有机衔接。推动永嘉县三江综合茶城暨茶青交易市场、平阳水头镇茶叶交易中心、缙云茶叶市场发展中心、遂昌县茶叶市场、浙西南高山茶叶市场等一批交易市场改造提升。

推进多业态融合。推进茶叶产业与旅游、教育、文化、健康养老等产业的相互融合，建设高山生态茶园骑（步）行绿道、茶文化体验展示中心等一批休闲农业基地。开展"三杯香""丽水香茶"等公用品牌宣传、推广，建设茶文化展示中心，开设茶文化体验馆等。强化休闲农业创意设计与营销推介，推出"中国国际茶商大会""温州早茶节"等一批具有浓郁地方特色的农事节庆活动和创意项目。加快农村电子商务发展，打造电子商

① 《提升茶叶价值 精深加工助力浙江松阳茶产业转型升级》，新浪浙江，http://zj.sina.cn/news/2020-04-28/detail-iirczymi8661325.d.html?vt=4。

② 《数字赋能推进惠明茶加工提档升级》，丽水网，https://www.lsol.com.cn/html/2023/lszgh2023_0509/612456.html；《平阳数字化助力茶园精细管理》，温州市人民政府网，https://www.wenzhou.gov.cn/art/2021/9/7/art_1217834_59056423.html。

务平台和网络直播平台等新型营销平台。

## 三 建设实施

集群从生产基地基础设施提升、加工设施提升、市场流通基础设施提升、科研示范推广、品牌提升等多方面开展建设。

平阳县开展生态茶园配套设施建设，提升生产条件。① 丽水市采购茶叶自动化流水线设备、农林机械设备、无人机设备等。缙云县开展生产基地提升示范和绿色防控服务，以及标准化茶叶加工厂、冷库仓储、茶叶市场、展销中心、电商平台等项目建设，培育壮大一批起点高、规模大、带动力强的茶叶龙头企业，加快生产技术和工艺设备升级换代，建设茶叶清洁化加工生产线，实现茶叶生产加工的清洁化、连续化、智能化、标准化、现代化。② 遂昌县引进先进茶叶加工设备，改造提升一批茶叶加工厂，并开展缙云黄茶产品标准制定及标准茶样的制作，进行宣传推广。③ 景宁县新建厂房、生产线及茶文化展示厅。④ 松阳县开展智慧茶园系统建设、冻干茶粉加工项目及茶香小镇茶叶精深加工项目建设。⑤

## 四 取得的成效

### （一）设施装备水平明显提升

通过集群项目实施和建设，浙南早茶茶园设施装备条件得到明显改善，茶叶商贸流通设施不断完善，规模经营主体绿色生产高质量发展水平得到提升。

集群充分发挥茶叶科研院校、学会组织、农技推广体系等作用，以重

---

① 《关于拨付浙南早茶优势特色产业集群项目补助资金（第七批）的通知》，平阳县人民政府网，https://www.zjpy.gov.cn/art/2023/12/22/art_1228967849_59103593.html。
② 《浙江早茶产业集群加速高质量发展》，人民网，http://health.people.com.cn/n1/2021/0302/c14739-32040103.html。
③ 《关于缙云县浙南早茶优势特色产业集群2022年续建项目实施计划的公示》，缙云人民政府网，https://www.jinyun.gov.cn/art/2022/7/28/art_1229426006_4958420.html。
④ 《关于2022年度浙南早茶优势特色产业集群项目——景宁娟芬家庭农场周湖清洁化茶叶加工厂厂房建设项目的公示》，景宁畲族自治县人民政府网，https://www.jingning.gov.cn/art/2022/11/7/art_1229438055_5021572.html。
⑤ 《松阳县农业农村局 松阳县财政局关于下达2022年度浙南早茶优势特色产业集群项目建设计划及资金分配计划的通知》，松阳县人民政府网，https://www.songyang.gov.cn/art/2022/7/8/art_1229361066_4948829.html。

大技术协同推广、"三农九方"科技协作、茶产业技术团队等为抓手，大力推广应用先进生产技术模式，持续加强全程机械化、名优茶自动化生产线等技术和设备应用，加快茶叶生产智能化、标准化、规模化步伐，全产业链技术水平得到大幅跃升。先进茶机被广泛应用，浙江骆驼九宇有机食品有限公司通过首台乘用型采茶机完成茶叶采摘，效率提升3倍。景宁县建成高标准生态茶园2万亩，创成10个精品生态示范茶园。松阳全县拥有茶叶修剪机械7300余台，茶叶修剪机械化率达100%，茶叶修剪机、风送喷雾机、农用无人机、茶叶除霜机、喷滴灌、太阳能杀虫灯、信息素诱捕器等在松阳茶园得到大量应用。此外，松阳县联合浙江理工大学、中国农科院茶叶研究所开展"智能采茶机"研发攻坚、茶叶全程机械化技术集成示范应用，实现智能采茶机商业制造规模化产业化，积极推进名优茶机械采摘。遂昌县邀请国内茶界知名专家先后建立专家工作站，并引进数字化、智能化生产线，改造提升清洁化名优茶生产线，建成"一亩茶园"数字化示范基地，推广茶叶生产加工机械设备1.2万余台，让"参数制茶"逐步成为现实。

### （二）产业链条不断拓展完善

聚焦薄弱环节，培育壮大一批起点高、规模大、带动力强的茶叶龙头企业，加快生产技术和工艺设备升级换代，建设茶叶清洁化加工生产线，实现茶叶生产加工的清洁化、连续化、智能化、标准化、现代化。坚持"名茶战略"，不断延伸产业链条，持续推进名优茶开发，提升品种、品质、品牌优势，名优绿茶绝对主导地位切实稳固，茶叶精深加工有了新突破。松阳茶产业龙头企业振通宏茶业有限公司通过机器换人和科技研发，不断拉长产业链，推动茶叶向精深加工发展，形成名优茶生产、茶粉提取和茶包装制造三大主营业务，通过引进茶包装生产线，每小时产量可达3800罐，通过采用镀锡马口铁，罐内覆盖环保可接触的可食用涂层，罐内充氮保鲜，有效解决了茶叶密封保存和保鲜问题。遂昌县建设"平台+企业+农户"多方联动的高山名茶电商产业园，集网上销售、仓储包装、物流运输等茶叶销售的各个环节于一体，为茶产业转型升级提供了新引擎。

### （三）产业融合成效显著

培优茶叶品牌。建立标准、监管、执法、检测、追溯等体系，如泰顺县开发三杯香质量追溯系统，做到"生产有记录、流向可追踪、质量可追溯、责任可界定"。健全丽水香茶、温州早茶等区域公用品牌管理机制，建设品牌形象店、直播平台。整合发展温州早茶、丽水香茶区域公用品牌，打造平阳黄汤地标保护产品，2022年"三杯香"茶叶区域公用品牌价值达19.14亿元。景宁县打造"惠明"区域公用品牌，提升5个企业品牌，建成20个域外惠明茶销售窗口，使"惠明"茶区域公共品牌价值达到20亿元以上。

大力发展茶旅融合。围绕"茶+"，开发旅游观光、采茶体验、茶文化展示、茶园健身等活动，打造温州早茶探秘之旅、秀山丽水茶香游等"国际茶日"经典线路，带动生态旅游观光休闲等特色产业。景宁县打造了集茶叶加工交易展销、历史文化与工艺展示、数字管理、茶艺培训、茶学研究于一体的惠明茶文化园区，建设惠明寺（禅茶一味）—茶王居—畲寨田园综合体—中国畲族博物馆旅游线路，并成功入选浙江省"世界茶乡看浙江·浙里游好茶"十大茶旅精品线路。

## 五 联农带农

总体上，集群基于地域特色因地制宜建立多种联农带农机制，助力集群实施区域内农民增收。

### （一）茶产业农合联模式

组建茶叶产业农合联，将茶叶生产、加工、经营等主体联合起来，实现茶叶从种植到销售各环节专业化、规范化、标准化，从而提高茶叶产业的市场竞争力。遂昌县茶产业农合联现有会员26个，建成生产基地9165亩，2021年实现销售收入6234万元，年二次返利370万元，农合联与陈宗懋院士团队开展合作，实现主推的天敌友好型窄波风吸式LED太阳能杀虫灯、天敌友好型色板诱捕器等在遂昌县较大面积应用，运用科技手段，管理茶产业基地。农合联印发《遂昌县主要茶树病虫害绿色防控模式图》、《茶园农药安全使用告知单》、《丽水市禁限用农药品种目录》（1~4批次）

等科学施肥施药资料，指导茶农严格参照标准做好病虫害防治工作。[①]

## （二）"企业+村集体经济组织+农户+基地"模式

丽水市莲都区以乡村振兴重点帮促村和低收入农户为重点，构建"企业+村集体经济组织+农户+基地"的共富型经营发展模式。谋划 4000 余亩以村集体为主体的生态茶园，惠及 15 个重点帮扶村。创造万余个用工岗位，并通过租金、收益分红为村集体"造血"输入源源不断的动能。在政策指引下，丽水望成茶园有限公司流转了村里 1500 亩荒芜果园种植茶叶，200余名低收入农户实现了家门口就业，在村企"联姻"的全新机制运作下，村集体每年还能增收近 70 万元。[②]

## （三）电商链式联结模式

集群积极支持茶叶电商发展，与茶农形成链式利益联结。缙云朱子阁家庭农场为当地茶农提供技术服务，帮助村民对农副产品进行包装、设计、销售，为当地农民设计营销各类产品，累计销售额达 110 多万元，打造农村"云端生活"。创建电商创业园，带动就业创业 30 余户，建立网商营销体系，有效实现从基地到市场的无缝对接，累计电子商务交易额达 500 多万元，让农村电商成为促农增收的"加速器"。[③]

## 六　亮点经验

## （一）创新数字化服务产业发展方式

集群开发茶叶交易数字化管理平台，配套物流、检测、冷藏、交易等设施。泰顺县成立泰顺茶产业创新服务综合体，建立"三杯香"在线防伪查询平台；缙云县建设产供销全要素数字地图；丽水香茶公共服务平台将香茶产业数字化，对香茶产业相关资源环境、人员、产品、主体等信息数

---

① 《遂昌县茶产业农合联》，丽水网，https://www.lsol.com.cn/html/2022/sgnr_0701/538529.html。
② 《莲都茶产业赋能乡村振兴》，浙江省人民政府网，https://www.zj.gov.cn/art/2022/4/18/art_1554470_59692181.html。
③ 《以茶文旅融合为支点，探索新时代乡村振兴新模式》，搜狐网，https://www.sohu.com/a/464680267_120006290。

据进行采集与标准化建库，对外提供展示窗口、对接窗口、协作窗口，做好信息采集、发布、推广与共享服务等。

### （二）"三茶"统筹培育产业发展新优势

集群建设以习近平总书记提出的"要统筹做好茶文化、茶产业、茶科技这篇大文章"的重要指示精神为指引，持续推进生态茶园建设、机器换人、数字赋能和全产业链发展。一是做好茶文化的挖掘、弘扬和交流，全方位多途径提升茶文化资源应用价值，建设茶叶加工体验中心，培育茶文化展示平台，组织开展形式多样的浙茶宣传、体验活动，大力培育茶文化组织，积极参与国内国际茶文化活动。二是实施农业科技强农、机械强农"双强"行动，集聚科研力量，培育新品种，建设茶苗繁育基地，健全茶苗交易体系，重点研制茶园耕作、植保、施肥、采摘机械及名优茶智能化采摘机械等先进装备。三是推进茶产业大脑建设，开发应用场景，推广"浙农码"，拓宽数据收集领域和主体应用面，培育产业发展新优势。四是推进生态茶园建设，推动茶产业融合发展。开发旅游观光、采茶体验、茶文化展示、茶园健身等活动，打造大木山茶园国家4A级旅游景区、"全国茶旅金牌路线"和茶主题省级休闲农业以及乡村旅游精品线路，争创"六茶共舞"茶业格局。

### 七 前景展望

《浙江省农业农村厅关于深入推进茶产业高质量发展的实施意见》明确提出，将坚定不移地贯彻"三茶"统筹发展理念，以"生态高效、特色精品"为目标定位，深入实施茶叶领域农业"双强"行动，持续推进生态茶园、机器换人、数字赋能和全产业链建设，深化产学研、贯通产加销、融合农文旅，加快多品种、多品类、多功能开发，着力构建以名优绿茶为主导、红黄白青黑等多茶类合理优化发展新格局，进一步推进"三产融合""六茶共舞"，全面提高茶产业质量效益和可持续发展能力，持续擦亮"世界茶乡看浙江"的金名片，为全国"三茶"统筹发展提供更多浙江经验。

浙江茶产业将形成以龙井茶为主体，丽水香茶、温州早茶、安吉白茶等多品牌共同发展的态势。此外，茶园管理、茶叶采摘加工的机械化、智能化水平也将大幅提高，茶叶质量安全监测合格率将达98%以上。浙江将通过培育茶相关要素深度融合的新产业、新业态、新模式，推动茶生产、茶文化、茶旅游、茶休闲、茶养生融合发展，全面打造美丽茶乡。到 2025 年，全省茶园面积将稳定在 300 万亩，产量保持在 20 万吨左右，第一产业产值超 300 亿元，茶叶全产业链产值突破 1500 亿元。①

浙南早茶集群茶园面积虽占全省茶园面积不到 1/3，但作为早茶品类的核心区，借助集群建设的契机，在生态茶园、数字茶园建设、精深加工升级、线上线下交易融合发展等方面有了巨大提升，在"三茶"融合发展方面也探索实践了有益的模式，浙南早茶将不断提升自身发展水平，更多地发挥辐射带动作用，推动全省茶产业更加高质量发展。

---

① 《力争 5 年内茶叶全产业链产值突破 1500 亿元 浙江全面打造美丽茶乡》，浙江省人民政府网，https://www.zj.gov.cn/art/2021/12/21/art_1554467_59176439.html。

# 统筹推进"三茶"融合

## ——福建武夷岩茶产业集群

## 一 集群概况

### （一）基本情况

#### 1. 福建省茶产业整体情况

福建是有着 1000 多年制茶历史的产茶大省，是华东地区最主要的产茶省份之一，福建茶叶以其独特风味和高品质而闻名。武夷山是世界乌龙茶和红茶的发源地，出产的武夷岩茶享誉中外，开创了"万里茶道"和"海上丝绸之路"的贸易传奇。福建产区气候适宜，土壤肥沃，适宜茶树生长，同时，福建传统制茶工艺经验丰富、加工精细，为茶叶提供了较高的品质保证。

福建茶叶品种繁多，乌龙茶产量居全国之首，也是黄茶及白茶的主产区。福建作为知名产茶大省，闽南和闽北的乌龙各具特色，让福建成为一个名副其实的"乌龙大省"。主要茶品种有白毫银针、白牡丹、贡眉、寿眉、宁德天山绿茶、政和白毛猴、安溪铁观音、安溪色种、武夷岩茶、闽北水仙、闽北肉桂、漳平水仙、大红袍、八角亭龙须茶、永春佛手、正山小种、金骏眉、闽红功夫等。2022 年全省茶叶种植面积 361 万亩，产量达 52 万吨，茶叶出口额全国第一，以乌龙茶和绿茶为主，合计占比超 80%。[①]

#### 2. 集群地市茶产业整体情况

福建省认真贯彻落实习近平总书记"关于加快特色现代农业建设"和 2021 年 3 月来闽考察时作出的"统筹做好茶文化、茶产业、茶科技这篇大文章"的重要指示，按照农业农村部、财政部的部署要求，实行省负总责、

---

[①] 《2023 年福建省茶叶产业发展现状及市场规模分析》，中国茶叶流通协会官网，https://www.ctma.com.cn/hangyeyaowen/76777.html。

市县抓落实工作机制，扎实推进产业集群建设。

集群覆盖南平市的建阳区、武夷山市、建瓯市，三明市的沙县区、泰宁县5个县（市、区）。建设区域茶叶种植总面积37.77万亩，茶产量4.5万吨。集群的武夷山市、建瓯市等地农村居民人均可支配收入中，茶叶收入占比35%以上，茶叶成为农民特别是山区农民增收致富的重要渠道。

南平市是全国著名茶区、万里茶道起点，被誉为"红茶祖地""乌龙茶故乡""白茶发源地"，是中国茶类最为齐全的茶产区之一。茶叶是南平的生态优势特色产业，也是乡村振兴、百姓致富的"金叶"。南平市深入贯彻落实习近平总书记来闽考察重要讲话精神，按照省委"深学争优、敢为争先、实干争效"行动部署要求，创新提出"五增"行动目标，充分发挥"三茶"统筹发展理念首提地优势，以感恩之心、奋进之力、实干之行，全力打造全国茶文化茶产业茶科技统筹发展先行区。2022年底，全市茶园面积68万亩，毛茶总产量9万吨，毛茶总产值49亿元，规上茶叶加工企业93家，规上茶叶加工产值108.2亿元，全产业链产值达到410.5亿元，较2020年增长25.6%，占全省的1/4。① 建阳区始终把茶产业作为践行"两山理论"的重点产业、样板产业来打造，坚定不移弘扬茶文化，做大茶产业，创新茶科技，提升茶品质，做强茶品牌，服务茶企茶农，涌现了"建阳小白茶""建阳水仙白"等区域公用品牌，统筹茶文化、茶产业和茶科技发展，真正做到"种一片叶子，富一方百姓"。建阳全区茶园面积已达到8.87万亩，全年完成茶叶产量7078吨，全产业链总产值突破8亿元，显示出茶产业基础坚实、发展势头强劲的新态势。

武夷山市是武夷岩茶的核心产区，近年来加快"三茶"统筹创新推进，坚持以人才链作为打造创新链、延伸产业链、提升价值链的"金钥匙"，着力构建"以产聚才、以才兴产"新格局。全市共有茶园面积14.8万亩，涉茶人员12万余人。干毛茶产量2.38万吨，产值26.18亿元。武夷岩茶连续7年位列中国茶叶类区域品牌价值第2，品牌价值730.13亿元。

三明市立足高山生态资源和茶产业发展优势，坚持打生态牌，统筹做好"茶文化、茶产业、茶科技"大文章，走出了一条百姓富、生态美的高

---

① 《南平：牢记嘱托全力打造全国"三茶"统筹发展先行区》，福建省人民政府网，http://www.fujian.gov.cn/zwgk/ztzl/sxzygwzxsgzx/flsxkmh/202311/t20231115_6297927.htm。

质量发展新路子。全市茶园面积超过 34 万亩,干毛茶产量 5.2 万吨。生态茶产业已经成为助力乡村振兴的特色农业主导产业。

## (二) 经营主体

福建有 1297 家农业产业化省级重点龙头企业,其中 77 家为农业产业化国家重点龙头企业。全省共有 267 家茶叶类农业产业化省级重点龙头企业,占比 20.6%。集群有茶叶类国家级农业产业化龙头企业 2 家,省级农业产业化龙头企业 18 家,其他茶叶加工企业 850 多家,在全国各地创办直营、营销网点 8000 多个。

武夷星茶业有限公司是一家集乌龙茶、绿茶、花茶、白茶、红茶等茶类,特别是武夷岩茶的生产、加工、销售、科研及茶文化传播于一体的农业产业化国家重点龙头企业。企业以"传承历史 开拓创新 与时俱进 振兴国茶"为宗旨,通过建立茶叶基地以及推广茶叶合作社的模式,推广先进的种茶制茶技术。从茶叶的良种选育、有机化栽培、标准化生产与管理等各个环节全面发展茶产业,不断吸引人才,开拓销售渠道,完善售后服务,在农业产业化经营过程中不断发展壮大。

福建武夷山国家级自然保护区正山茶业有限公司,是农业产业化国家重点龙头企业,正山小种红茶的专业生产企业,传承 400 余年的正山小种红茶制作技艺。其前身为武夷山元勋茶厂,是生产、出口传统"正山小种"红茶的支柱企业,武夷山市委市政府重点扶持的农业企业之一。公司自成立以来,坚持以市场为导向,诚信经营,专注于正山小种红茶、有机乌龙茶、有机白茶等制作。"元正"牌正山小种红茶通过了国家第一批"原产地标记"注册,获得"福建省著名商标"、福建省名牌农产品、"全国放心茶协推荐品牌"等荣誉称号。

## 二 强链补链

集群坚持全产业链发展,打造集生产、加工、流通、科技、服务等于一体的产业集群,促进产业融合,持续促农增收,推动乡村振兴。

## (一) 优化第一产业,持续提升茶叶品质

集群高度重视茶叶质量,茶园积极推广应用有机肥,提升加工标准化

程度，全面提升茶叶品质。总结推广武夷山市燕子窠生态茶园"一条路、一行树、一片草、一盏灯、一只虫、一把肥""六个一"建设模式，全面推行茶园种树、留草、疏水等生态改良技术和茶园以虫治虫生物防治、间作特选绿肥植物等绿色防控技术，茶叶品质大幅提升。茶叶初制加工厂标准化升级基本完成，重点企业引进自动化连续化不落地生产线等先进装备，产品制优率稳步提高。

## （二）深化第二产业，大力发展茶科技

针对茶叶机械化、智能化生产上存在的短板，深入实施机械化生产、智能化加工等工程。沙县区、泰宁县制定生产加工技术规程，建阳区引进国内领先自动化加工生产线，武夷山市加强茶饮料、保健品、工艺品等精深加工项目招商，各县区共实施茶叶加工、包装生产线和加工厂房等标准化、智能化、清洁化项目50余个。项目县利用物联网、大数据、区块链等信息化技术，推进武夷岩茶产业大数据中心、原产地采销集散中心等项目建设，茶产业互联网服务体系及人才培训体系初步建立。

## （三）强化第三产业，大力宣传茶文化

福建茶类丰富，是世界乌龙茶、红茶、白茶和花茶等茶类的创始地，拥有历史悠久的茶文化。然而目前对茶的生态、健康、包容、开放等方面的价值挖掘和阐释不够深入。集群通过推广网络直播、网红带货、短视频等电商模式，完善物流配套设施，实现茶叶线上线下协同发展。依托武夷山双世遗和国家公园名片，发展武夷星中华茗园、武夷山市瑞泉文化研究博览园、福建瑞和茶庄园、燕子窠生态茶园等茶文旅项目，茶产业融合发展取得一定成效。此外，建瓯市推进高山茶旅小镇、北苑贡茶小镇等一二三产业融合项目建设，泰宁县建设可移动茶叶展馆，在大中城市开展展销活动，沙县区依托全国小吃门店，把茶叶与糕点、卤制品等特色小吃相结合进行宣传营销。

## 三　建设实施

集群以绿色发展为导向，按照"绿色引领、品牌支撑、龙头带动、三产融合、集聚发展"的总体思路，围绕良种提质、加工提升、品牌增值实

施五大重点工程，致力提升品质、打响品牌，着力创新体制机制，全面推进"三茶"融合高质量发展。建设主体主要是农业龙头企业、农民专业合作社、家庭农场等各类经营主体，以及茶叶协会、政府机构等。农业龙头企业、农民专业合作社、家庭农场等经营主体主要参与标准化茶园建设、加工装备升级改造等，茶叶协会和政府机构主要参与茶文化、品牌宣传以及公共服务平台建设。

一是绿色引领工程。全面推进茶园标准化改造，提高肉桂、水仙等茶树良种比重，推广有机肥替代化肥、绿色防控替代使用化学农药、专业化统防统治替代分散式防治，全面实现茶园不使用化学农药，有效提升茶产业绿色发展水平。

二是品牌支撑工程。打造区域公用品牌，发挥电子商务、融媒体等平台作用，持续扩大"武夷岩茶""北苑贡茶""沙县红边茶"等茶叶区域公用品牌影响力，提升市场占有率。支持茶叶企业参加省农业农村部门组织的"闽茶海丝行"茶叶经贸活动，扩大国际影响力。

三是龙头带动工程。完成武夷岩茶主产区内茶叶初制加工厂标准化升级，扶持重点企业引进全天候温湿度自控一体化加工设备、自动化连续化不落地生产线等先进装备，大力发展精制茶及茶饮料、保健品、化妆品等精深加工，全面提升武夷岩茶品质效益和附加值。

四是三次产业融合工程。建设现代茶庄园，以茶庄园建设为抓手，打造一批集茶叶生产、加工、经营、休闲、观光、文化于一体，一二三产业深度融合的茶产业新业态。茶庄园地域特色鲜明、企业特点突出、品牌优势凸显，包括生态观光茶园、自动化茶叶生产线、茶文化展示中心和"休闲体验茶空间"等元素。

五是集聚发展工程。围绕武夷岩茶产业，配套完善茶叶科技、商贸、创意等功能板块，建设武夷岩茶产业大数据中心、原产地采销集散中心和茶文化创意园，打造茶产业互联网金融服务体系及人才培训体系。

## 四　取得的成效

### （一）科技创新支撑有力

构建科技创新体系，抓好一批带动性强、影响力大的涉茶技术创新项目，用科技手段改造、优化和创新茶业形态，提升科技力量的支撑和引领作用。

一是推动优异茶树种质资源全品类保护。对园区现有茶树种质资源开展保护，进一步加强武夷星茶树种质资源圃和大红袍、肉桂、水仙、矮脚乌龙等12个省级种质资源保护区建设。

二是推动茶叶全价利用加工技术攻关。与中国茶叶研究所开展战略合作，应用现代技术对茶资源内含物进行全方位开发和利用，最大限度发挥茶的消费价值，以彻底突破传统茶种植、加工、消费模式，将茶叶广泛应用于食品、医药、保健、日用、化妆品、化工等领域。

三是推动农科教、产学研合作全行业覆盖。支持国家级龙头企业创建国家级、省级、市级行业技术中心、工程技术中心和企业技术中心，培育和扶持高新技术企业发展，鼓励优势企业和科研机构承担国家科技发展涉茶项目。

## （二）产业链条进一步延伸

目前，茶产业功能已拓展至包装印刷、机械制造、精深加工、贸易物流、休闲旅游等诸多领域。产业集群围绕挖掘"三茶"融合拓展农业多种功能，促进一二三产业融合发展，构建"三茶"融合发展体系。

一是深入挖掘茶文化。发挥武夷山"双世遗"示范带动效应，大力推广发展"茶庄园+"开发模式，打造大型茶业综合体；整合"丝路"文化资源，推动文化旅游、乡村旅游、工业旅游良性互动、融合发展。启动"茶叶小镇"项目建设，培育万里茶路起点下梅村、世界红茶发源地桐木关等特色乡村旅游试点。集群三明市鼓励支持龙头茶企以茶为媒，把茶园变景区、把茶厂变展馆，培育茶文化、茶产业、茶科技深度融合新业态，助力乡村产业振兴。企业通过开展技改升级、扩大产能、茶旅融合项目建设，培育沙县红边茶文化馆、泰宁县境元生态旅游观光园等一批茶旅融合发展样板。泰宁县朱口镇朱子家茶茶旅融合产业项目总投资1.2亿元，建设茶叶加工厂房8000平方米，储蓄仓库3000平方米，综合办公及宿舍楼1000平方米，茶文化展示及农事体验中心1000平方米，建成集茶叶种植、加工、销售于一体的茶旅融合产业项目。

二是大力发展茶加工。聚焦"多样化"，在充分发挥武夷岩茶适制茶树良种多样性的基础上，积极开发建瓯北苑贡茶、建阳水仙、沙县红边茶、泰宁乌龙茶等特色品种，丰富产品体系。聚焦"大众化"，大力推行标准化、机械化的工业化生产，以工业茶赢得成本优势、竞争优势。聚焦"时尚化"，关注年轻一代的消费者，顺应"少量、多品种、零售化及时尚化"发展趋势，打造方便、快捷的消费产品。聚焦"功能化"，加大产学研结合力度，推进深加工，以丰富的产品线赢得市场份额，以优异的品质提升武夷岩茶的美誉度和忠诚度。

三是拓展茶产业新业态新模式。围绕产业集聚、企业孵化、技术创新和制度创新，面向国内外食品行业知名品牌特别是茶饮料企业和线下茶饮品连锁店，有针对性地开展产业链新产品技术研发和营销新业态、新模式探索。

## （三）人才培养体系更加完善

集群通过健全人才培养体系、组织推动各级各类职业技能竞赛等一系列措施，加强茶产业人才队伍建设。

一是组织推动各级各类职业技能竞赛。2020 年以来，三明市选拔出 10 位制茶大师、3 位"三明工匠"（茶叶类）、20 位"十佳茶艺师"和 50 位"优秀茶艺师"，培养了 12 位制茶高级工程师和 28 位制茶工程师，1850 人次取得评茶员、茶艺师职业资格证书，为全市"三茶"统筹发展提供了强有力的人才支撑。

二是举办培训班。利用专项资金举办 8 期茶叶生产与经营培训班，培训茶农 504 人次。选送 88 名茶农到福建农林大学、福建农业职业技术学院、宁德职业技术学院等高校进行学历教育，培养了一批有文化、懂技术、善经营、会管理的新型职业茶农。4 位制茶能手入选福建省 2022 年乡村产业振兴带头人培育"头雁"项目名单。2020 年以来，三明市农业学校茶叶生产与加工专业共招收 132 位学生。

三是加强职业教育。全市有 1725 人次在职业培训学校学习后取得评茶员、茶艺师职业资格证书，17 位茶艺师被认定为"三明市青年岗位能手"。选派 9 位制茶能手参加全国茶叶加工工（精制）职业技能竞赛和全国农业行业职业技能大赛茶叶加工赛项，2020 年，1 人在全国茶叶加工工（精制）职业技能竞赛总决赛中获得"全国农业行业技术能手"称号。2020 年以来，全市共有 12 位茶叶加工工获得制茶高级工程师职务任职资格，28 位茶叶加工工获得制茶工程师职务任职资格，提升了茶行业人才队伍素质。[①]

## （四）品牌建设更加响亮

近年来，福建省不断挖掘茶文化内涵，打造闽茶文化品牌，扩大茶产业对外交流，提高福建名茶名品知名度，引导时尚消费。产业集群经营主体积极参与"茶博会""闽茶海丝行"等推介活动。广大茶企不断创新经营理念，拓展产品种类和营销模式，推动茶文化传播。武夷星茶业有限公司2020 年启动国际茶文化传播志愿者项目，已覆盖 30 多个国家，通过茶品鉴会、以茶带旅、新媒体宣传等方式，全方位、立体化拓展国内外市场。通过集群带动作用，鼓励在外福建茶商回乡创业，推动涉茶项目建设和涉茶企业增资扩营，力争在引进战略投资者和国内外知名企业方面取得突破。三明市重视品牌建设，已培育出泰宁岩茶、沙县红边茶等三明生态茶品牌。在当地政府的帮助和支持下，福建省状元茗茶有限公司先后投资 1000 多万元，在泰宁县朱口镇的朱石崖下、梅口乡猫儿山附近建起 1000 多亩的绿色食品茶园基地，企业蓬勃发展，成为农业产业化省级重点龙头企业。

## 五　联农带农

集群积极开展产销对接，为茶企、茶农、茶商之间搭建公开、透明的交易平台。南平市连续两年举办"万斤好茶等您来"现场交易会，不断强化品牌建设，优化流通营销环境，受到广大茶企、茶农认可。集群建立福茶网综合服务平台，围绕茶叶生产管理、市场交易、文化推广、大数据服务四大功能，搭建线上销售平台，持续开展百万茶农培训，超 8000 家茶企入驻，一年累计成交金额超 12 亿元。

武夷山市是武夷岩茶主产区，通过鼓励合作社、家庭农场采用订单生产、股权合作等方式与茶企建立紧密的利益联结机制，实现小农户和现代农业发展的有机衔接，农村居民人均可支配收入 22430 元，其中有 1/4 的来自茶叶，茶产业已经成为推动乡村振兴的支柱产业。

---

① 《为产业发展增添新动能——我市茶产业人才队伍建设综述》，三明市人民政府网，https://www.sm.gov.cn/zw/ztzl/zhlwgzlslbrw/gzbsycx/202303/t20230322_1889256.htm。

## 六 亮点经验

### （一）加大政策支持力度

茶叶是福建重要的优势特色产业，在农业农村经济发展和乡村振兴中地位举足轻重。2012年福建颁布实施全国第一部茶产业地方性法规《福建省促进茶产业发展条例》，省政府先后制定出台《关于提升现代茶产业发展水平六条措施》《关于推进绿色发展质量兴茶八条措施》等系列政策文件。在各级政府和社会各界的大力扶持和共同努力下，以武夷岩茶为代表的茶产业稳定快速发展。

南平市委1号文件《关于做好2023年全面推进乡村振兴重点工作的实施意见》明确将实施"三茶"统筹发展行动作为乡村振兴的十大行动之一，并聚焦茶空间、茶交中心、茶博苑、茶庄园、茶博会等专项重点工作，研究制定《南平市发展武夷山水·茶空间经济行动方案》《关于大力推进南平市茶庄园建设的实施意见（试行）》《关于成立福建武夷国际茶叶交易中心筹建工作专班的通知》等相关实施意见及扶持政策。南平市本级财政每年统筹整合资金1200万元，设立"三茶"融合乡村振兴资金。产茶重点县也制定"三茶"统筹发展政策，建瓯市明确本级财政每年筹集1000万元作为"三茶"专项资金。为强化协作推动，南平将全市"三茶"统筹发展工作纳入省委"三争"行动考评，并对重点任务实行"三化五定"闭环管理；南平市政府分管领导定期组织召开专题会议，统筹推动重点任务，协调解决存在的问题；南平市农业农村局每月刊发《南平市"三茶"工作简报》，及时通报每月重点工作进展，形成全市"三茶"统筹工作比学赶超的浓厚氛围。①

### （二）突出机制创新

一是讲好文化故事。沙县区以习近平总书记考察"沙县小吃第一村"为契机，推出"3·23"沙县红边茶纪念产品，推动"茶+小吃"融合发展。

---

① 《南平：牢记嘱托全力打造全国"三茶"统筹发展先行区》，福建省人民政府网，http://www.fujian.gov.cn/zwgk/ztzl/sxzygwzxsgzx/flsxkmh/202311/t20231115_6297927.htm。

武夷山举办国际茶日、喊山祭茶仪式、武夷岩茶（大红袍）传统技艺制茶大会拜师仪式、世界遗产大会百企茗茶品鉴等活动。建阳打造茶叶文化街，开展"鉴盏吃茶"活动，推动"茶旅""茶盏"融合发展。

二是提升社会服务。培育社会化服务组织，推广适合丘陵地区产业特色的生产托管模式，引导小农户广泛接受农业生产托管等低成本、便利化、全方位服务。建阳区发展14家专业飞防公司开展统防统治服务，为茶企业购买服务进行茶样检测。建瓯市、沙县区、泰宁县实施低温气象指数保险，有效减少茶农灾害损失。

三是加强品牌培育。三明市出台《三明生态茶产业发展实施方案》，对三明茶产业发展进行政策顶层设计，突出三明"林深水美茶香"优势，提升三明茶品牌市场竞争力，以品牌引领三明生态茶产业高质量发展。为进一步提高三明茶品牌知名度，持续开展"林深水美茶香"系列茶事活动，举办春季、秋季"茶王赛"，开展泰宁岩茶开茶节活动，营造浓厚的茶文化氛围。同时，还发挥海峡茶业交流协会、茶叶学（协）会的桥梁和纽带作用，积极组织广大会员和茶企茶农，开展茶产业绿色发展培训、茶叶品牌营销、茶文化普及和茶行业标准制定等服务工作，促进三明生态茶产业品牌化发展。与茶叶品牌专业策划机构合作，对三明现有区域公用品牌进行评估、重塑，提升三明茶叶品牌影响力。

### （三）推进绿色发展

集群在全国率先倡导茶园不使用化学农药，建设过程中严格把控种植端的质量。三明市积极推行茶叶绿色生产，推广茶树病虫害绿色防控技术和优质栽培新技术等，着力提升茶企、茶农种茶技术水平。全市生态茶园面积22.46万亩，占全市茶园总面积的77.12%，全市绿色食品茶园面积71850亩，有机茶园面积7240亩。武夷山市超万户茶农、近2000家茶企签订承诺书，向社会承诺：响应政府号召种植生态茶，坚决禁用除草剂，生产无公害茶。示范推广一批茶叶绿色高质高效技术模式，全面推广应用商品有机肥，大幅度减少化肥使用。

### （四）重视科技提升

一是坚持科技兴茶、质量兴茶战略。加强茶树种质资源保护与利用，选育推广了一批特色明显、抗性显著、适应性强的品种，通过省级以上登记的超 40 个品种。打造"茶特派"服务平台，实施茶领域科技特派员下基层技术服务项目，为茶区各类主体提供常态化技术服务，推广有机肥和生物防治，提高茶产业绿色高效发展水平。南平市采取市、县联手，政府、高校、科研部门、协会、茶企协同，积极开展茶产业科技创新、技术指导、科学普及和人才培养等工作，帮助茶企有效突破技术瓶颈，解决产品提质难题，不断引领全市茶产业高质量发展。

二是实施智慧茶园、智能茶仓建设。加快茶叶生产基地、加工设备、销售平台、品质监管等全程数字化智能化改造提升。武夷山市利用区块链技术，建立武夷岩茶"认标购茶"溯源体系，有效维护茶农、茶企和消费者合法权益。建瓯市建立大数据云平台，提升产业数字化管理水平。

三是制定标准，提升水平。集群各地制订《大田美人茶》《沙县红边茶》《地理标志证明商标 尤溪红茶》《地理标志集体商标 尤溪绿茶》《建宁红茶》等团体标准，力争从"茶园到茶杯"的每一个环节都实现标准化生产，稳定茶叶品质。通过举办三明市十佳优质茶叶基地评选、三明市十佳茶香小院评选、三明市春季和秋季茶王赛、十佳制茶大师评选等活动，突出茶园生态环境、病虫害绿色防控和茶叶质量安全方面的考核，树立标杆，引导茶企茶农种好茶。

四是推进"产学研"一体化发展。发挥龙头企业创新引领作用，武夷星茶业设立武夷山市茶叶科学研究所，建设国内茶企中最大的茶树种质资源圃，收集国内外茶品种 391 种，繁育种质样本 3000 余份，联合陈宗懋院士建立了院士工作站，与福建农林大学、安徽农业大学等院校开展研发合作，共同承担了国家、省市科研项目近 100 项，拥有国家发明专利及实用新型专利 240 余项，有效提升了企业的核心竞争力。

## （五）健全人才培养体系

三明市结合茶叶等特色产业发展和人才需求，制定《三明市特色产业人才认定标准（2021 年）》，为符合认定标准的茶叶等特色产业人才提供各项优惠政策，培育更多高素质人才、能工巧匠。利用专项资金，举办茶叶生产与经营培训班，培训茶农；选送茶农到高校进行新型职业农民专科学历教育，学习茶叶栽培与茶叶加工专业基础知识和技能；开设茶叶生产与加工专业、茶文化相关专业课程以及茶艺等选修课程，充实茶产业及相关专业学生的茶文化专业知识。借力职业培训学校，对茶艺师和评茶员进行专业培训。积极组织开展职业技能竞赛，举办个人茶艺大赛、评茶员职业技能竞赛等赛事，通过以赛促学、以赛促练，不断提高制茶能手的制茶技艺水平。完善专业技术人员职业资格认定条件，鼓励茶叶加工工积极申报制茶工程师职务任职资格。

### （六）保障管理实施

武夷岩茶产业集群建立月通报、季调度、年度绩效考核等制度，推动项目早落地、早投产。省级印发实施方案，对资金使用提出明确要求，规范资金使用。各县（市、区）制定资金使用管理规定，严格履行申报、评审、公示、验收等程序，确保资金使用合法合规有效。武夷山市为加强集群建设项目补助资金使用管理，推进资金统筹使用，提高资金使用效益，促进特色现代农业产业发展，制定《武夷岩茶优势特色产业集群建设项目资金管理办法》，及时完善和健全集群工作领导小组，建立项目推进工作机制，对项目实行清单化、责任化管理，加强集群项目的方案制定和实施指导，加强资金保障，严格管理，确保按进度完成任务。①

### 七　前景展望

集群将进一步落实落细习近平总书记来闽考察重要讲话精神，按照"绿色引领，品牌支撑，龙头带动，三产融合，聚集发展"的总体思路，围绕良种提质、加工提升、品牌增值等方向，实施茶叶生产全过程的可追溯化，利用现代科技保证茶叶品质，夯实武夷岩茶的资源优势；推进茶叶加工区域集聚化，以规模化标准化加工实现集约化生产，打造武夷岩茶的效率优势；构建茶旅深度融合发展模式，充分挖掘武夷山脉旅游潜力资源，做大武夷岩茶的文化优势；拓展海外市场，推动"走出去"，为武夷岩茶产业转型升级打通国际市场空间，做强武夷岩茶的贸易优势，全力建设全国"三茶"统筹发展先行区，打造"三茶"统筹发展的标杆。

---

① 《武夷山市人民政府关于印发〈武夷岩茶优势特色产业集群建设项目实施方案〉的通知》，武夷山市人民政府网，https://www.wys.gov.cn/cms/html/wyssrmzf/2023-06-19/1177492696.html。

# 聚"核"发力链起增收路

## ——新疆薄皮核桃产业集群

## 一 集群概况

### （一）基本情况

1. 新疆核桃产业整体情况

新疆具有 2000 余年的核桃栽培历史，独特的气候特点和光热条件，有利于核桃多种营养成分和含油量的积累，是国内核桃产业最佳种植区，也是我国核桃主产区之一。新疆核桃具有个大、皮薄、出仁率高、绿色无公害等优点，享誉国内外。2019 年新疆核桃种植面积 583.68 万亩，总产量 101.29 万吨，分别占国内核桃总种植面积（10300 万亩）和总产量（360 万吨）的 5.7% 和 28.1%，平均亩单产 173.5 公斤，平均商品率 60%~75%，单产、良种率、商品率、集约化水平、经营水平等各项指标均明显高于全国平均水平。

2. 集群各地核桃产业情况

阿克苏是环塔里木盆地最大的特色林果基地和薄皮核桃、苹果、红枣、香梨等优质特色果品主产区，素有"中国核桃之乡"的美誉，拥有"阿克苏核桃"地理标志产品。阿克苏核桃面积占其林果业总面积的近一半。2021 年底，阿克苏地区核桃面积 238.76 万亩，占全区核桃总面积的 40.9%，产量 55 万吨。阿克苏地区从事核桃生产加工的企业有 41 家，643 家农民林果专业合作社均为从事果品初加工、销售、技术服务，核桃加工合作社 103 家，从事核桃油生产加工的企业 10 家。拥有"宝圆"核桃、"阿克苏"核桃等新疆著名商标，"阿克苏好果源"区域公用品牌。阿克苏核桃成为 2008 年北京奥运会专供产品。

阿克苏地区温宿县素有"核桃之乡"的美誉，该县以核桃林场万亩薄皮核桃高科技示范园区为依托，在革命大渠北岸30公里沿线发展6万亩集生态、节水、旅游观光于一体的薄皮核桃生产基地。乌什县种植核桃历史悠久，至今该县境内随处可见200～300年的古核桃树，在"生态立县、林果富民"战略指引下，大力发展以核桃为首的林果业。新和县是自治区"农产品质量安全县"，盛产薄皮核桃、葡萄、香梨、红枣、优质杏等，得天独厚的水土光热条件造就了其"水果之乡"的美誉，被自治区认定为绿色无公害生产基地。[①]

喀什地区核桃面积147.45万亩，占全区核桃总面积的25.3%，产量31.02万吨，"叶城核桃"是国家地理标志产品，"叶城核桃"成为地区区域公用品牌。

和田地区核桃面积174.45万亩，占全区核桃总面积的29.9%，产量30.34万吨。"和田薄皮核桃"是国家地理标志产品，拥有"和阗牌""果叔"等自治区级及以上知名产品品牌。2007年3月，和田薄皮核桃生产基地被原农业部绿色食品管理办公室和中国绿色食品认证中心认定为"全国首批绿色食品原料（和田薄皮核桃）标准化生产基地"，目前和田县的核桃产业已成为全县重要的支柱产业和农民增收的重要来源之一。和田地区墨玉县核桃成熟期早、口味好、含油量高，经济价值比老品种核桃高出2～3倍。近年来，墨玉县加大了林果业结构调整力度，全县林果业得到了大规模发展，初步形成了以"核桃、红枣、葡萄"为主的产业格局，核桃已发展成为广大农牧民丰产增收的支柱产业。

## （二）经营主体

目前，集群内生产的核桃以初加工后带壳销售为主，以基地为依托，以新疆果业集团为首的70多家核桃生产加工企业已发展成为集群加快核桃产业化发展的排头兵，产业化经营带动力逐步提高，实力不断增强。集群范围内累计培育各类农业产业化组织300多家。其中，有2家国家级、18家自治区级农业产业化龙头企业。集群有合作组织200多个，其中国家级6家、自治区级15家。培育核桃产业联合体13个，带动10多家上下游企业、

---

① 《温宿县：构筑产业集群 推动核桃产业转型升级》，温宿县党建网，http://www.wsdjw.gov.cn/P/C/270055.htm。

50 多家农民专业合作社，覆盖 3 万多户农户。

新疆果业集团有限公司是农业产业化国家重点龙头企业、国家林业龙头企业、电子商务应用示范企业、国家农产品加工百强企业，公司旗下拥有 70 多家涉农专业子公司。近年来，公司紧紧围绕新疆特色林果产业化发展，着力实施农产品疆内收购网、疆外销售网"两张网"建设，为加快推进农业现代化建设，促进农民增收，维护全区社会稳定和长治久安作出了贡献。

新疆红旗坡农业发展集团有限公司是国家级农业产业化龙头企业，前身为阿克苏地区红旗坡农场，2015 年改制成立公司，林果面积 25 万亩，荣获全国农产品加工示范基地、中国果品行业领先十大品牌、北京奥运会指定果品入选企业、国家驰名商标、中国著名品牌、新疆著名商标、新疆著名品牌等荣誉；产品荣获有机产品认证、农产品地理标志产品、2008 年北京奥运会推荐果品、中华名果、世界金奖苹果等荣誉。

## 二　强链补链

集群重点推进标准化生产、核桃加工能力提升、品牌营销与市场体系建设等方面工作，推动核桃产业提质增效。

### （一）推进标准化生产提质增效

在叶城县、阿克苏地区、和田县、墨玉县等地开展核桃提质增效示范园建设，推进核桃标准化生产。加大核桃标准化栽培技术的推广应用，推广树干涂白、整形修剪、配方施肥、嫁接改良等一系列提质增效技术，鼓励和引导农民科学合理地开展间作、树盘覆盖、整形修剪、老树复壮等核桃抚育管理措施，实现生产基地标准化提质增效。

### （二）推进核桃加工能力提升改造

新建及升级改造核桃初加工中心、仓储保鲜库、精深加工项目，新建核桃加工设施，新增生产线，产业链不断延长。墨玉县通过引进扶持一批核桃加工企业，形成"公司+合作社+农户"的经营模式，生产核桃仁麻糖，延长核桃产业链，增加了附加值。阿克苏温宿县依托温宿国家农业科技园区集聚了 16 家核桃产品精深加工企业，开展核桃超临界萃取榨油、核桃粉加工等，核桃产品精深加工水平进一步提升。[①]

## （三）加大品牌营销与市场体系建设力度

大力支持和田县巴格其镇核桃市场建设，在叶城县、和田地区（整体推进）、新和县创建电子商务进农村综合示范县，通过组织开展新疆特色农产品进景区展示品鉴活动、参加农产品交易会、举办名优农产品标准发布会等多种形式，宣传推介集群特色农产品。

## 三　建设实施

集群围绕标准化生产与提质增效建设、现代流通体系提升、现代加工能力提升和新型经营主体培育，实施四大工程，加快产业发展。

其中以企业为主重点开展核桃精深加工产能提升、现代供应链体系建设等，以家庭农场、专业合作社等为重点开展生产基地建设、核桃分选与初加工生产线建设。

## 四　取得的成效

## （一）产业规模进一步扩大

按照"线上B2B交易+线下产地交易集配中心"经营模式，改造传统落后的农产品交易流通模式，建立一站式线上线下采购服务平台，开展线上B2B交易与线下农产品批发市场协同运营。年累计购销、加工、交易核桃30余万吨，构建了从基地、加工、交易、物流配送到终端销售的核桃产业集群集聚发展平台，形成了专业化、规模化、市场化、社会化的农业生产服务体系，成为促进乡村产业振兴的重要载体。

## （二）标准化生产水平不断提升

通过薄皮核桃优势产业集群建设，新增核桃标准化核心示范园11个、面积2.2万亩，示范基地管理水平进一步提升。各县市通过与技术服务型合作社签订

---

[①] 《温宿县：构筑产业集群 推动核桃产业转型升级》，温宿县党建网，http://www.wsdjw.gov.cn/P/C/270055.htm。

修剪、施肥协议，购买社会化服务，提升核桃标准化管理水平，核桃示范基地亩产达到 220 公斤以上，商品果率提高到 75%，每亩增收达 300 元以上。

### （三）加工能力不断增强

集群大力实施核桃贮藏保鲜、加工、质量控制、供应链管理等全产业链的科技成果应用转化、集成和技术攻关，引进、新建及技术改造核桃脱青皮加工生产线 10 多条，购置核桃脱青皮机 1000 多台，购置核桃加工生产线、生产设备 100 多台/套，核桃脱青皮的效率提高 30%，白仁率提高到 90% 以上，损耗同比降低 80%。同时，积极探索发展核桃精深加工，在和田地区、阿克苏地区引进多味核桃精深加工生产线，生产加工多味核桃、脱衣核桃仁等精深加工产品。

### （四）品牌影响力不断扩大

集群推动创建区域公用品牌"新疆核桃"及各地理标志商标的统一，加大地理标志产品保护、区域公用品牌培育和宣传推广力度，引导企业以资本运营和优质品牌为纽带，积极开展商标注册与品牌创建，为实施优势特色农产品品牌战略提供了有力支撑。

## 五 联农带农

### （一）产业共同体示范带动

集群通过建立订单、股份合作制等利益联结机制，示范带动生产基地建设、农民参与产业发展，带动 1000 多名农民经纪人、60 多家农民合作社和村办工厂，形成核桃产业生产与初加工共同体。以新疆果业集团为代表的龙头企业，按照"龙头企业+联合社+专业合作社+农户"的模式，以产业融合为根本，建立有效的龙头企业与农民利益联结机制，形成产加销一条龙的产业链条，发挥产业链各个作业单元的最大效能，有效带动集群范围内 60% 以上的农民就业增收。

### （二）股份合作共享发展成果

按照"公司+专业合作社（卫星工厂）+农户"和"订单收购+土地流

转+农民劳务输出"的利益联结机制，以农机、农资及现金出资方式，重组农民专业合作社 50 多家，为合作社垫资购买各类生产资料，为农户开展土地流转、农资农化、托底收购等一体化技术指导服务。龙头企业参股联合社，联合社参股合作社，农民将土地流转给合作社，形成相互交叉持股的利益联结机制。

### （三）产业联合体带农增收

集群培育核桃产业联合体 10 多个，带动 10 多家上下游企业、50 多家农民专业合作社，覆盖 3 万多户农户。联合体通过核桃的托底收购，有效稳定核桃的收购价格，促进农民增收，助力巩固拓展脱贫攻坚成果。龙头企业、联合社承诺，专业合作社标准化种植、生产的农产品全部收购，并进行二次返利，有效规避市场风险对农户的影响，稳定销售渠道，降低流通成本，提高收购价格，提高农民收购价 10%。龙头企业带动联合社、专业合作社，形成统一种植、统一采摘、统一收购、统一加工、统一质量管理模式，实现农产品的标准化、规模化发展及质量追溯、品种管控和利益共享。

## 六 亮点经验

### （一）建立健全制度机制

制订《中央财政支持建设优势特色产业集群、农业产业强镇项目工作规范（试行）》，对组织领导、项目申报储备、管理、评估验收等逐一规范。建立"一月一调度"制度，及时掌握集群建设项目的实施进度。建立调度制度，加密调度频次，督促各地按时推进项目建设任务落实落地。建立会商推进制度，农业农村厅联合财政厅召开集群建设分析调度会，分析形势，明确要求。相关县市逐级建立健全项目推进机制，各项目地（州、市）、县（市、区）人民政府落实主体责任，按月调度推进，确保工作方向不偏、资金使用规范、按时保质完成。

### （二）吸引龙头企业参与建设

设立自治区级培育壮大龙头企业提升农业产业化水平专项资金。结合本地实际出台推进集群项目建设用地、用电、用水、人才培养引进等政策措施，同等条件下优先支持参加乡村产业带头人培育"头雁"项目培训的龙头企业参与集群建设。推进产业链招商，引导龙头企业和各类经营主体向跨县集群产业园聚集，推动集群建设取得扎实成效。对用于发展核桃贮藏保鲜、加工转化和批发交易市场建设，以及购置核桃产品运输机具的贷款给予补贴，为从事核桃产业的新型经营主体提供优惠贷款，推出支持龙头企业上市融资等政策。

### （三）实现核桃从青皮到壳再到仁全利用

构建了"一产接二连三、核桃吃干榨净"的全产业链体系，精深加工产品有核桃乳、核桃油、核桃蛋白粉、核桃分心木养神茶、核桃壳活性炭、核桃青皮单宁、核桃麻糖、枣夹核桃等，做到全产业链"吃干榨净"。新疆美嘉食品饮料有限公司投资建设全亚洲最大的核桃喷粉塔，做强核桃蛋白粉精深加工，推出核桃多肽、核桃胶囊等新产品。新疆宝隆化工新材料有限公司将核桃青皮生产出了绿色天然的单宁酸粉末染料，售价与化工合成的染料持平。喀什鑫森木业有限公司利用核桃树修枝加工合成板。此外，加工核桃仁剥下的空壳可加工成活性炭，成为石油生产中的堵漏剂。

### （四）创新品牌营销体系

集群推动创建区域公用品牌"新疆核桃"及各地理标志商标的统一，加大地理标志产品保护、区域公用品牌培育和宣传推广力度，引导企业以资本运营和优质品牌为纽带，积极开展商标注册与品牌创建，为实施优势特色农产品品牌战略提供了有力支撑。加大网络营销力度。阿克苏地区以浙江援疆为契机，建设了优质特色核桃产业基地，连接"十仓百企"加工联盟，形成"十城百店"销售网络，设立营销网点，开设旗舰店、直营店，带动全国市场的阿克苏优质特色核桃产品生产、加工、流通、销售。此外，新疆果业集团在疆内建设多个林果交易市场，在北京、上海、广州、武汉、长春、成都等大城市建设分仓，在乌鲁木齐、吐鲁番、阿克苏、喀什、和田地区建立加工、仓储物流配送基地，在全国建立了新疆特色林果产品展示直销中心、连锁店等销售网点 2000 多个，疆内收购网、疆外销售网"两张网"建设初见成效。

## 七　前景展望

优良的品质、多样化的产品、畅通的销路,为新疆薄皮核桃产业集群的发展打开了风口。产业集群建设产生了强大的溢出效应,新疆多个县市把发展薄皮核桃产业作为推动农业产业化的重要抓手,一大批农民靠核桃产业实现了增收致富,核桃产业成为乡村振兴、农民增收致富的重要支柱。

作为核桃种植大区,新疆坚持把核桃产业作为一项支柱产业来抓,通过引企业、补链条、兴业态、树品牌,着力打造核桃全产业发展链条,实现产业价值最大化。积极优化种植模式,打造标准化种植基地,并引进多家核桃初加工、深加工企业。核桃深加工全产业链不断延伸,从卖核桃到生产核桃油、核桃玛仁糖、烘焙食品等深加工产品,促进核桃产业化进程,带动区域经济发展和群众增收。

新疆核桃在种植、生产、加工和出口等方面取得了很大成效,但仍然存在标准化程度低、生产成本高、加工技术设备落后、产品品质与功能不高、产业综合效益低等瓶颈问题,制约了新疆核桃产业的发展。针对这些问题,将国内外智慧果园管理的先进技术方案和手段与核桃生产管理融于一体,建设标准化生产基地,提高产品品质。引进先进的设备和技术,开发系列产品,建设高水平生产加工线,提高精深加工能力。重视品牌打造和市场营销,提升产品效益。搭建核桃科技创新研发平台,推进核桃产业高质量发展。

# 全链升级助力"云花"傲群芳

## ——云南花卉产业集群

## 一　集群概况

### （一）基本情况

1. 云南省花卉产业整体情况

经过近40年的发展，云南花卉大省的地位持续巩固，花卉面积和产值全球第三，增速全球第一，已经成为全省生态文明建设和推进乡村振兴战略的重点产业。2021年，全省花卉种植面积达192万亩，生产规模基本保持稳定，产值首次突破千亿元大关，达到1034.2亿元，同比增长24.6%。云南花卉产业已形成了从上游的种质资源收集保护、育种研发、生产种植，到中游的产品分级、市场交易、流通运输，再到下游的品牌打造、配套服务，形成了全产业链纵深发展的千亿级花卉产业格局。

2. 集群花卉产业整体情况

集群选择昆明市晋宁区和呈贡区、玉溪市红塔区、红河哈尼族彝族自治州开远市、曲靖市马龙区、楚雄彝族自治州禄丰市6个产业基础好、聚集资源要素能力强、功能分工相互衔接的花卉产业县（市、区）作为项目实施区域，形成区域功能互补、产业链条完整的产业集群发展格局。①

昆明市是全球三大新兴花卉产区之一，每年生产鲜切花超100亿枝，已形成涉及鲜切花品种培育种植、鲜切花大宗交易、花卉艺术品制造、花卉主题景观及休闲旅游等全产业链融合发展格局。2021年，昆明市鲜切花种植面积占全省的44.05%，产量占全省的57.6%，是中国花卉消费市场最大

---

① 《云南从花卉产业大省向花卉产业强省迈进——集链成群建设世界一流花卉产业》，云南省农业农村厅官网，https://nync. yn. gov. cn/html/2023/yunnongkuanxun-new_ 1227/403178. html。

的供应地,在花卉界有着"全国鲜切花的 10 枝有 7 枝来自云南"的美誉。目前,昆明花卉从业企业近 2 万家,花卉生产合作组织 700 余个,全省占比超 40%。从事花卉科技研发及咨询服务的专业机构 300 多家,花卉行业从业人员超过 30 万人。昆明市晋宁区是全球温带花卉最佳产地,是全国鲜切花生产第一大区,鲜切花种植面积、产量、产值均稳居全省第一位,2021 年继续入选云南省"一县一业"示范创建县(区)。呈贡区斗南花卉已成为集交易、博览、研发、仓储、物流于一体的花卉交易平台,是亚洲鲜切花行情的"风向标"和"晴雨表",其市场交易量、交易额、现金流、交易人次连续 24 年稳居全国第一,汇聚了云南 80% 以上的鲜切花,出口 50 多个国家和地区,占全国鲜切花市场份额的 70% 以上。[①]

曲靖市依托昆明斗南花卉市场,发挥区位、气候优势,逐渐成为云南花卉产业发展的新兴优势产区,花卉产业产值已超 30 亿元。曲靖市马龙区依托独特的气候资源优势、便捷的交通,花卉产业发展跻身全省前列,已成为区域内重要的农业优势特色主导产业,2021 年,马龙区种植花卉约2.75 万亩,其中鲜切花 6825 亩、食用药用花卉 6255 亩、工业用花卉 1.31万亩,实现综合产值约 5.2 亿元。

玉溪花卉产业 1998 年起步,目前已成为玉溪当地种植业中产值高和带动农民增收强劲的高原特色产业。玉溪市红塔区花卉产业在云南省"一县一业"示范创建、中央优势特色产业集群建设的强力推动下,已形成以花卉种苗种球为重点、以鲜切花盆花为主体、以永生花为新秀、其他观赏园艺苗木及食药用花卉共同发展的格局。2022 年,全区花卉园艺种植面积2.18 万亩,其中鲜切花 1.12 万亩,实现综合产值 33.31 亿元,其中农业产值 13 亿元,加工产值 12.31 亿元,服务业、文化及相关产业产值 8 亿元。

红河州积极发展花卉产业,在种植面积、鲜切花产量、综合产值三个方面均稳居全省前五位,建成了开远市国家现代农业产业园、泸西县国家花卉良种繁育基地,聚集了虹之华、丰岛等国内知名花卉企业和美国保尔、荷兰西露丝等国际花卉领军企业 71 家。开远市被列为全省"一县一业"花卉示范县,花卉种植面积近 10 万亩,其中,鲜切花种植面积达 2 万亩,产

① 《昆明:浪漫产业香飘世界》,云南省人民政府网,https://www.yn.gov.cn/ztgg/zxylcyfzqy/cypyzds/202303/t20230321_256624.html。

量达 5.7 亿枝，鲜花种苗面积达 900 亩，产量 2.25 亿枝，花卉农业产值达 12.85 亿元。

楚雄州地处滇中物流枢纽，光热质量好，是中国乃至世界的高品质鲜切花适宜种植区，也是云南省高品质开花盆花适宜种植区。楚雄州近年来主动承接昆明、玉溪的花卉产业转移，加快构建高端花卉产业基地，建设滇中"大花园"，全州发展鲜切花 7 万亩、盆花 1230 万盆，鲜切花面积、产量居全省第 3 位。禄丰市是云南省 30 个花卉产业重点县市之一，是楚雄州唯一一个花卉产业重点市，"禄丰云花"被认定为第二批"云南省特色农产品优势区"。2022 年，全市花卉种植面积 3.51 万亩，其中，无土栽培 1243.36 亩，产量 12.19 亿枝，同比增长 10.1%，实现产值 12.72 亿元，同比增长 5.8%。

## （二）经营主体

集群内拥有多家省级龙头企业和省级及以上合作社，对花卉产业发展起到了巨大的带动作用。

昆明七彩云花生物科技有限公司是云南省大学科技园新成立的一家由云南农业大学参股的科技型有限责任公司，公司按产学研一体化发展要求，旨在利用云南"花卉王国"的特色食品资源，开发研制具有自主知识产权的花卉食品和花卉化妆品等系列专利产品，并进行规模生产销售，打造云南花卉深加工产品品牌，将天然鲜花健康食品推向市场，目前是云南农业大学食品科技学院科研成果转化基地，也是云南省授权的"研究生教育创新基地"。

云南锦苑花卉产业股份有限公司是国家级农业产业化龙头企业，已成为云南省集鲜切花生产、品种研发推广、种苗生产、采后处理、冷链物流、市场交易、销售于一体的国际型农业企业，拥有"研发—种苗培育—种植—采后处理—冷链物流—拍卖交易—国际国内营销网络"的完整产业链。锦苑花卉全面围绕"建平台、搞运营、做服务"的战略目标，从花卉种植商和销售商逐渐转型成为农业产业的优质运营商和服务商，建立以"云花""云咖"为代表的高原特色现代农业公共服务平台，引领云南高原特色农业一二三产业融合发展。

云南英茂集团是云南省人民政府重点培育的大型企业集团之一，公司现已发展成为营业收入 50 亿元的现代企业集团。集团多次获当地政府颁发的"先进企业""重点保护企业"等称号。公司经营范围涵盖花卉领域，其中英茂花卉经过近 30 年的发展，已成为国内外知名品牌，目前公司康乃馨种苗在国内的市场份额为 50%，是国际领先的康乃馨种苗生产企业。

## 二 强链补链

### （一）加强自主研发创新，加快补齐种业短板

依托科研单位的技术优势，在种质资源收集与保护、新品种引进推广、自主新品种选育等方面不断取得突破，品种研发水平也得到了显著提升。依托集群技术服务中心，制定发布推广鲜切花无土栽培技术规程 6 套，收集鲜切花种质资源 234 个样本 1000 余份，筛选出引种试种品种 50 余个。选育"团聚""粉黛"等 12 个花卉新品种，均已获得植物新品种授权证书，并开始商业化推广。到 2021 年，云南获得授权的自主培育新品种已近 500 个，引进推广新品种 800 余个，自主培育和引进推广品种数量居全国第一位。其中，月季、菊花、绣球新品种受到市场青睐，部分已在欧盟注册、推广，实现了花卉新品种由输入到输出的历史性突破。[①]

### （二）加强绿色技术示范，助推品质提升

大力推进花卉无土栽培绿色高效种植技术集成示范，制定了鲜切花无土栽培技术规程，同时开展花卉新品种引进、选育和示范推广，建设标准化采后处理分中心，有效地促进了鲜切花品质提升。推广应用花卉病虫害绿色防控技术 5 万亩，推广应用水肥一体化技术 10 万亩。在马龙区建设绿色高效种植示范推广区，解决生产环节品种老化、土壤退化、生产效率低、种植设施简易、种植技术落后等问题，确保品质有效提升。在晋宁区建设加工及冷链物流示范区，提升鲜切花优质产品"最初一公里"流通环节效率。充分发挥省级与县市区联动的技术专家、农技推广团队推广作用，切实有效为云南花卉产业集群关键技术集成示范推广、检验检测、产业公用

---

① 《"云花"争艳 产业振兴——云南省做强"三端"推进花卉产业集群建设》，云南省农业农村厅官网，https://nync.yn.gov.cn/html/2022/yunnongkuanxun-new_0314/384380.html。

品牌打造及培训等方面提供公益性技术服务支撑。

### （三）提升加工储运能力，延展产业链条

建设花卉冷链物流中心，推广鲜切花标准化采后处理标准及技术。支持建设田间冷库，为鲜花预冷、分拣包装、冷链物流衔接提供保障。引入电商平台及物流企业，提升鲜花全程冷链物流保障水平，有效降低运输损耗。以园区为依托，发展分级、组盆、包装等初加工产品，支持美容化妆品、生物医药、食品保健品等类型企业参与，加快向永生花、鲜花饼、饮品、酒类、精油、纯露、原浆加工等领域拓展，培育一批知名品牌。

### （四）建强交易服务平台，打造现代化市场体系

以昆明国际花卉拍卖交易中心为重点，对拍卖系统信息化、数字化平台进行提升优化，拓展线上交易及远程拍卖。打造花卉电商创业平台，进一步拓展鲜花线上交易。持续巩固斗南花卉交易集散中心地位，大力推进"数字云花"及"云花"电商交易平台建设，提升斗南花卉交易市场的数字化、智能化水平，推动鲜切花交易模式升级拓宽。优化斗南花卉批发市场功能，以升级花卉交易服务、打造花卉供应链、配套产业服务体系为主，建设新型一体化花卉集成交易与供应服务平台。打造"晋宁的花""七彩云菊"公共品牌，连续多年举办中国昆明国际花卉展，在集群区域内开展花卉推介活动，举办国际花卉新优品种推介会，举办中国植物新品种保护（花卉）国际论坛活动，举办"品质云花 全球出彩"等宣传推介活动，开展"企业标准领跑者"评选活动，不断拓展品牌价值和市场影响力。

### 三 建设实施

集群围绕建设"五区一中心"，开展科技研发与品牌营销、花卉绿色生产示范、花卉加工物流和产业融合发展四大工程建设。2020 年至 2022 年，花卉产业集群共实施 87 个项目，其中省本级项目 9 个、县（市、区）级项目 78 个，项目总投资达 20.34 亿元。其中，中央资金 2 亿元、地方整合配套资金 2.55 亿元，撬动社会投资 15.79 亿元。

围绕省级产业集群技术服务中心建设，开展鲜切花绿色高效种植技术集成示范基地、花卉新品种展示推介中心、云南国际花卉创新中心、"云

花"品牌打造等项目建设。

围绕鲜切花绿色高效种植技术示范推广区建设,开展花卉绿色高效种植示范及推广、无土栽培水肥循环利用、自动化设施设备及病虫害生物防治等技术推广,在马龙区建设高标准温室大棚、康乃馨母本苗床系统、现代化冷库、种苗分拣包装车间、产品展示中心等现代化园区基础设施。

围绕花卉加工及冷链物流示范区建设,在昆明市晋宁区建设花卉冷链物流中心,开展田间冷库、鲜花预冷、分拣包装、冷链物流衔接设施、物流企业引入培育、花卉电商创业平台等建设。

围绕花卉交易集散中心建设,在昆明市呈贡区对昆明国际花卉拍卖交易中心信息化、数字化升级改造,开展花卉价格指数保险试点,提升斗南花卉市场交易服务系统。

围绕花卉新型经营主体发展示范区建设,以昆明市晋宁区和楚雄州禄丰市为重点开展龙头企业培育和扶持,实施花卉新型经营主体生产示范项目。

围绕花卉三次产业融合发展示范区建设,在红河州开远市建设特色花卉小镇,在玉溪市红塔区建设现代花卉产业融合发展示范园,在昆明市呈贡区建设斗南·花花世界文化旅游示范区。

## 四 取得的成效

经过 3 年的集群建设,到 2022 年,集群花卉种植面积达到 25.87 万亩,较建设前增长 23.19%;鲜切花产量 85.83 亿枝,较建设前增长 30.44%;花卉产业综合产值达 337.08 亿元,较建设前增长 64.21%,其中农业产值91.38 亿元,较建设前增长 69.28%。新增省级以上龙头企业 9 个,总数达51 个。花卉合作社共 228 个,花农达 4.1 万户。2022 年,斗南花卉市场鲜花交易量超过 110 亿枝,交易金额逾 121 亿元。

## 五 联农带农

### (一)"公司+合作社+基地+农户"模式

依托龙头企业开展标准化技术示范及推广,指导花农进行标准化生产,统一品种、种植、采后、包装、品牌、销售,企业根据花农所生产的产品等级、产量进行结算。此外，以合作社为纽带，花农生产的产品由合作社统一分级、包装后进行运输和销售。禄丰锦海公司采用"公司+基地+专业合作社+市场"的发展模式，按照种苗、农资、技术、包装、品牌、销售"六统一"产销一体化经营模式，为农户提供生产、供应、销售一条龙服务，解决了花农"种花难、卖花更难"的问题，带动种植面积 1.3 万亩、农户 4024 户，带领花农走上规模化、产业化生产经营的致富之路，户均增收 4.2 万元。

## （二）"党支部+公司+专业合作社+社员+基地+市场"模式

晋宁昆阳张良花卉专业合作社通过"党支部+公司+专业合作社+社员+基地+市场"的模式，形成了种植、初精深加工和销售全产业链，抱团发展、共同致富。合作社种植面积 2100 多亩，其中无土栽培示范基地 300 余亩，带动周边农户就业 1000 余人，通过统一技术指导、统一收购，实现了分散的小生产与大市场的对接，注册商标"张良花卉"成为云花知名品牌，产品销往国内 30 多个城市和 20 余个国家。社员户均年收入 10 多万元，合作社被评为全国农技推广试验示范基地、云南省新型职业农民培训基地、昆明市农民专业合作社示范社。

## （三）"园区+企业+农户"模式

云南云天化花匠铺科技有限责任公司在昆明市晋宁区建设占地 1500 亩的集育苗、智能温室大棚、水肥一体化、无土绿色栽培、全程数字化管理系统以及鲜切花采后处理、预冷储藏等先进技术于一体的晋宁花卉产业现代化示范园，园区直接带动周边上千户农户从事花卉生产，户年均增收 1.5 万元；为 1700 余户农户提供了技术服务，服务种植面积 1.2 万亩。

## （四）"电商+合作社+农户"模式

花卉电商近年来蓬勃发展，对鲜花日常消费起到了重要的推动作用，除淘宝、京东、拼多多等大型电商平台开始发展鲜花交易以外，云南本地花卉电商平台也迅速兴起，解决农户对接市场难题，联农带农作用逐渐显现。农户通过合作社、家庭农场与电商平台对接，从线上平台获取交易指导信息，调整产品结构和上市时间。同时，电商模式减少中间环节，优化了传统交易流程，实现了降本增效，鲜花花农收入明显提高。

## 六　亮点经验

### （一）高位谋划，统筹推进

集群开始建设，省、市（州）、县（市、区）三级均成立了集群建设工作领导小组。省集群建设工作领导小组办公室设在省农业农村厅，同时成立工作专班和省级花卉产业专家组，形成横向衔接、纵向合力的推动工作机制，并先后出台一系列政策文件，为集群建设创造良好的条件。

### （二）科技引领，示范推广

集群聚焦花卉产业发展短板，以产业化发展和科技创新为引领，推动云花产业全产业链发展。一是大力推广绿色高效种植技术，解决土壤退化、生产效率低、种植设施落后等问题，提升品质，花卉绿色高效生产种植面积达 2.8 万亩。二是依托科研单位和花卉育种企业，建设国际花卉创新中心，引入全球领先的种业公司合作开展技术研发，自主培育新品种数量及推广面积均为全国第一，有效保证了种源自主可靠，还实现了花卉新品种从输入到输出的历史性突破。三是充分发挥公共服务平台作用，联动技术专家、农技推广团队提供关键技术集成示范推广、检验检测、公用品牌打造及农民培训等公益性服务。

### （三）数字赋能，交易升级

昆明国际花卉拍卖交易中心是亚洲交易量最大的专业鲜切花拍卖市场，集群以昆明国际花卉拍卖交易中心为重点建设的云花大数据平台，通过不断拓展深化功能，打通产业链上下游数据通道，实现了生产、产品、品控、交易、物流、信息发布、客户服务等环节的互联互通，促进了供需调配，精准对接。

斗南花卉交易市场拥有对手交易、电子拍卖和线上花城等多种交易模式，花卉电商发展迅速，直播带货、微商销售、电商批零等新型交易模式蓬勃兴起，线上销售规模逐年增长，斗南已成为全国花卉电商总部。围绕花卉拍卖交易，拍市建立起了一整套产品质量控制体系，主持编制了全国行业通用标准《鲜切花拍卖产品质量等级标准》，建立了规范化、标准化的市场交易服务体系。

## （四）创新模式，"保价"护航

集群建设以来，保险品种不断扩大，参保数量不断增加，保险费率逐步下降，获得花农广泛好评，取得良好成效。集群开展花卉目标价格保险试点项目，在政府管理部门和保险监督管理部门指导下，全面整合保险行业资源，汇聚保险业的智慧及力量，建立政府主导的"昆明花拍中心+保险公司+供货商（花农花企）"的投保模式，为花卉产品确定"保底交易价格"，帮助花农花企有效抵御市场价格风险，为花卉交易"保价护航"。

## 七 前景展望

集群建设与发展围绕"一个中心、五大功能区"科学布局，龙头带动，园区承载，聚链成群，为云南花卉产业发展注入了磅礴动能，有效推动了云南由花卉产业大省向花卉产业强省迈进。2022 年 6 月，云南省人民政府办公厅印发的《云南省农业现代化三年行动方案（2022~2024 年）》，明确提出要聚焦发展包括"云花"在内的 14 个重点产业，"云花"产业地位进一步提高。《云南省花卉产业高质量发展三年行动工作方案（2022~2024 年）》明确将坚持以绿色发展为引领、以科技创新为驱动、以设施装备为支撑、以品牌建设为抓手、以富民增收为目标，围绕种业端、种植端、市场端、服务端着力实施 10 项重点工程，力争到 2024 年全省花卉种植面积稳定在 190 万亩左右，全产业链产值达 1480 亿元，建成全球最大的高品质鲜花主产区、世界一流的花卉创新辐射中心和花卉交易集散中心。

# 小小罗汉果撬动"甜蜜"大产业

## ——广西罗汉果产业集群

## 一　集群概况

### （一）基本情况

1. 广西罗汉果产业整体情况

罗汉果是中国特有品种，是传统中药的主要成分。罗汉果甜度高，具有抗氧化性能，可以替代在食品中广泛使用的人工甜味剂。广西是罗汉果的发源地，也是全国最大的罗汉果种植基地，主要分布在桂林市和柳州市。截至"十三五"末，广西罗汉果种植面积为 25.5 万亩。近年来，广西罗汉果产业已形成全产业链体系，成为助力乡村振兴的支柱产业，广西成为世界性的罗汉果生产、加工、集散和出口基地。

2. 集群地市罗汉果产业情况

集群范围包括桂林市的永福县、临桂区、雁山区、七星区、龙胜各族自治县、灵川县、全州县、兴安县、资源县和柳州市的融水县、融安县等 2 市 11 县（区）。

广西桂林有 300 多年的罗汉果种植历史，是全国罗汉果的主要原产地。2021 年桂林市罗汉果种植面积约为 14.4 万亩，年产罗汉果约 10.9 亿个，主要分布在永福县、临桂区、龙胜各族自治县三个县区。全市集中了世界上主要的罗汉果甜甙提取加工企业，包括桂林莱茵生物科技股份有限公司、桂林吉福思罗汉果生物技术股份有限公司、桂林甙元生物科技有限公司、桂林实力华顿罗汉果有限公司等，年深加工罗汉果能力达到 6 亿个以上，占罗汉果原果的 60% 以上。桂林市永福县是"东方神果"罗汉果的原产地。永福县罗汉果产量占世界总产量的 70% 以上，是全国最大的罗汉果生产、出口基地，被誉为"中国罗汉果之乡"，是全国罗汉果全产业链典型县。

生产的富硒罗汉果被评为"中国名优硒产品",培育了"永福罗汉果""中族中药""金色东方""林中仙""无糖甜""得宝""福元仙果"等一批罗汉果知名品牌。

柳州市融安县是广西三个罗汉果产区之一,也是柳州市罗汉果主产区,罗汉果已成为融安县重要的特色产品。近年来,通过将罗汉果纳入"5+2"特色帮扶产业,积极引导农民调整产业结构,通过"公司+合作社+农户"的方式因地制宜发展罗汉果种植,罗汉果已成为山区群众增收的支柱产业。2022年融安县罗汉果种植面积超过1.2万亩。融水县罗汉果种植面积达6000多亩,主要分布在安陲乡、怀宝镇、汪洞乡、良寨乡、四荣乡以及融水镇6个乡镇,2022年总产值达5000多万元。

## (二) 经营主体

广西罗汉果产业经过多年发展,涌现了一批具有相当规模的罗汉果各级农业产业化龙头企业,包括1家国家级农业产业化重点龙头企业、4家省级农业产业化重点龙头企业,以及多家市级农业产业化重点龙头企业。同时,以农民专业合作社为主体的罗汉果种植基地规模和数量不断扩大,带动罗汉果产业稳步发展。

桂林吉福思罗汉果生物技术股份有限公司总部位于广西桂林市雁山区,聚焦罗汉果甜味剂开发,打造一二三产业融合的罗汉果全产业链,主要开展罗汉果原料供应、深加工和市场营销的创新研发和商业化等业务。吉福思是全球率先发明甜苷含量40%以上的罗汉果甜苷提取物及其生产技术、获得专利并将其商业化的公司,也是全球率先发明口感纯净、稳定的罗汉果浓缩果汁及其生产技术、获得专利并将其商业化的公司,为开拓罗汉果国际市场奠定了良好的基础。

广西甙元植物制品有限公司是一家从事天然植物提取物研究、生产、销售的企业,是广西农业产业化重点龙头企业。公司开发的天然植物活性成分规格产品20余种,获得专利5项,有年育150万株脱毒罗汉果苗的标准化育苗场。公司与10个罗汉果种植合作社组成罗汉果产业联合体,原产地种植基地3万亩。

广西融安绿柳上品农业发展有限公司是集种苗培育、种植示范、鲜果仓储、产品研发、生产加工(烤整果、烤果心、低温脱水果等产品)、销售于一体化的罗汉果深加工企业，以工业化的理念发展罗汉果产业农业，初步形成了从原料到深加工产业链条，实现罗汉果产业集中集聚集约发展，年覆盖收购罗汉果种植面积超 1 万亩，带动种植户创收 1.5 亿元以上。

龙胜泰弘农业开发专业合作社是自治区级农民合作社示范社，采用"农户+基地+工厂（农副产品加工）"的模式发展罗汉果产业，统一为果农提供种苗、技术指导和保底收购等服务，让农民不愁种、不愁卖。

## 二 强链补链

### （一）培育科技支撑链

集群加强与中国科学院广西植物研究所和广西师范大学等科研院校的产学研合作，成立了广西罗汉果产业院士工作站、广西罗汉果产业化工程院、广西天然甜味剂工程技术研究中心、广西罗汉果健康品工程研究中心等自治区级工程中心和企业技术中心，以及 2 个广西重点实验室、2 个博士后工作站等研究平台，依托广西罗汉果产业技术创新战略联盟，围绕罗汉果育苗—种植—加工转化链条，深入开展天然甜味剂、大健康产品等研发与产业化应用研究。集群创建以来取得多项国家发明专利，获得省部级科技进步二等奖 2 项，为集群罗汉果产业提供了有力的科技支撑。

### （二）稳定原料供应链

加强完善新品种选育和良种种苗繁育体系。集群支持罗汉果种质资源品种保护项目 7 个，培育种苗 65 万个，2022 年，示范园已带动 5000 余户种植户，发展种植罗汉果 6 万余亩，在罗汉果育苗、种植、授粉等管护节点，组织种植户开展专业技术培训。

加强罗汉果标准化种植基地建设。大力推广应用罗汉果标准化生产技术，同时提升种植的集约化程度，统一技术标准，推进近百个原料生产能力示范基地建设，持续推广和优化罗汉果标准化栽培技术、罗汉果绿色立体种植技术等，从源头上保证罗汉果原料的质量安全，集群建成示范性标准化种植基地面积 11.94 万亩，优化罗汉果品种的区域、季节布局，提高罗汉果产量和品质，保障产业链的原料供应。

### （三） 做强产品加工链

扶持罗汉果产业初加工。在永福县、临桂区、龙胜各族自治县等种植区域面积较大的县域着力布局一批产地初加工示范基地，提升罗汉果加工能力，培育一批产地初加工经营主体。

提高罗汉果精深加工产品份额。开展罗汉果精深加工基地建设，以提取甜苷为主，改进罗汉果甜苷 V 提取工艺，提升罗汉果甜苷提取加工能力，降低甜苷提取成本，开发罗汉果饮料、罗汉果零卡糖、罗汉果酒、罗汉果饼干、罗汉果健康食品等以罗汉果甜苷为天然甜味剂的产品，建设罗汉果片剂、茶包剂、罗汉果含片、MVR 中药等功能食品、药品生产线。

提高罗汉果残渣综合利用率。支持罗汉果加工副产品综合利用，开展罗汉果藤蔓处理利用，生产有机肥，开发家畜饲料、有机肥料等，充分利用罗汉果生产过程中产生的残渣中的有效成分，做到"吃干榨尽"。

### 三　建设实施

集群在标准化生产基地、仓储保鲜和冷链物流设施、加工能力提升、新产品开发、品牌营销培育等方面开展建设。2020 年重点实施 132 个项目，总投资 3.77 亿元，其中使用中央资金 9400 万元，地方整合资金 240 万元，企业自筹资金 2.81 亿元。

永福县实施 15000 立方米仓储冷库建设，可实现 2000 吨罗汉果仓储。① "罗汉果特色小镇"完成了采摘体验、加工集聚、产品研发、产品展示、市场交易等功能区建设。融安县围绕罗汉果的生产、销售、加工、运输、贮藏等服务，积极开展生产基地建设并打造罗汉果深加工生产基地，引导企业引进先进设备，采用烘焙或低温脱水等方式加工罗汉果。临桂区开展罗汉果系列产品研发、产能提升及技术升级、高含量罗汉果甜苷 V 产品生产线改造、生产设备能力提升、扶持罗汉果合作社创建示范基地、标准化示范基地建设以及新建烘烤、扩建加工与冷库冷藏设施等建设。龙胜县大力推进罗汉果加工原料基地建设，扩大罗汉果精深加工项目产能。

---

① 《广西构建现代农业全产业链发展模式——奏响现代农业高质量发展新乐章》，广西壮族自治区农业农村厅官网，http://nynct.gxzf.gov.cn/xwdt/ywkb/t10784410.shtml。

## 四　取得的成效

### （一）产业发展水平显著提升

到 2020 年底，集群罗汉果产量达到 20.38 万吨，种植业实现产值 30.51 亿元，加工业实现产值 53.82 亿元，第三产业实现产值 15.61 亿元，总产值 99.94 亿元。[①] 2021 年桂林罗汉果年产量已经占到全国的 85%～90%。集群核心县永福县罗汉果总产量超 12 亿个，主产区农民年人均增收 1 万元以上。2022 年集群核心市桂林市罗汉果种植面积达 22.55 万亩，产量 22.52 亿个，种植面积和产量均居全国第一位，带动全市实现罗汉果全产业链总产值 150 亿元以上。集群已经初步形成了品种选育、基地种植、科技支撑、公共服务、整果利用、甜苷提取、加工转化、残渣循环利用、罗汉果+旅游、罗汉果电商和罗汉果冷链物流等环节的全产业链体系。

### （二）基地规模生产能力进一步扩大

广西罗汉果产业集群覆盖区域总种植面积为 29.84 万亩，占全区种植面积的 87%，其中示范性标准化种植基地面积 11.94 万亩。永福县 2022 年全县罗汉果种植面积 13 万余亩，辐射带动周边地区种植总面积超 30 万亩，总产量超 36 亿个。龙胜县 2021 年全县罗汉果种植面积首次突破 4 万亩，种植户达 12000 多户，受益人口 45000 多人，2022 年种植面积达到 6.47 万亩，同比增长 60.95%。融安县罗汉果种植面积从 2022 年的 1.2 万亩迅猛增长到 2023 年的 3.5 万亩。临桂区 2022 年罗汉果种植面积达到 4 万多亩，同比增长 19.45%，产量同比增长 19.23%。龙胜县、永福县罗汉果产业核心示范区被评为自治区级五星农业示范区。

### （三）研发加工能力快速提升

集群罗汉果甜苷、罗汉果干果、罗汉果果糖、罗汉果饮品等终端产品产量和产值逐年增加。成功自主选育罗汉果品种 37 个，开发出罗汉果甜苷、

---

① 《桂林举行罗汉果推介会 助力做大做强罗汉果优势特色产业》，桂林市人民政府网，https://www.guilin.gov.cn/ywdt/xqdt/202104/t20210426_2025038.shtml。

浓缩汁、饮料、食品等多个产品，畅销国内各大中城市，出口到欧盟等 26 个国家和地区，罗汉果甜苷在欧美市场逐渐取代蔗糖。2021 年，罗汉果干和罗汉果提取物出口同比增长 81.2%。永福县累计培育发展了罗汉果加工企业和专业合作社共 166 家，龙头企业 10 家，年加工罗汉果 30 亿个以上，罗汉果生果销售给企业深加工的量逐年增大，约占罗汉果销售量的 70%。对以甜苷提取为主的终端消费产品开展重点技术研发，开发出的罗汉果蜜、饮料等产品已超过 1000 种。

### （四）品牌建设取得的成效

罗汉果产品品牌培育及宣传营销体系不断完善，建设罗汉果智能服务平台，加强罗汉果生产全过程、全方位的质量管理体系建设，完善产品可追溯制度，提高产品的卫生安全质量。打造了"永福罗汉果""桂林罗汉果"地理标志区域公用品牌和企业品牌，提升罗汉果在日常健康消费市场认知度，罗汉果的知名度明显提升。桂林罗汉果已被纳入《中欧地理标志协定》互认清单。永福罗汉果被列入第一批中国特色农产品优势区，并入选中国农产品区域公用品牌百强。

## 五　联农带农

### （一）产业化联合体模式

桂林吉福思罗汉果生物科技有限公司打造"政府+企业+专业合作社+农户+金融+保险"六方罗汉果产业联合体，带动农民发展罗汉果种植产业，走出了一条具有鲜明地域特色的一二三产业融合发展之路，龙胜县罗汉果主产区农民年人均可支配收入增加 1500 元以上。罗汉果产业已成为规模最大、效益最好的特色农业主导产业。

### （二）订单农业+保底收购模式

在遴选集群建设实施主体过程中，永福县专门出台罗汉果订单生产收购奖励政策，每年县级财政安排专项资金 1000 万元，支持企业和种植户建立紧密利益联结机制，推行"让果农享受二次以上农户利益分配"措施，即由公司或专业合作社配送种苗、有机肥等农资补助果农，由公司或专业合作社与果农签订随行就市保底收购罗汉果合同,推行"企业+合作社+基地+农户"的经营新模式,形成企业与种植户之间稳定的利益紧密联结机制。通过实行产品保底收购和二次分配,2021年永福县签订收购订单种植面积占比超75%。

### (三) 罗汉果产销联盟模式

由永福罗汉果协会牵头组织全县28家罗汉果加工、销售企业抱团成立了"永福县福中福罗汉果有限公司"。福中福公司统一开展全县罗汉果育苗、种植、加工、销售和公用品牌升级打造"一条龙"服务,政府授权"永福罗汉果地理保护标志"和"永福罗汉果商标"给该公司统一使用,打造出永福罗汉果"拳头"品牌。2021年,永福罗汉果地头价达到了每个1.5元左右,罗汉果给当地果农人均增收1万元左右。

## 六 亮点经验

### (一) 政府扶优培强,激发市场活力

明确支持方式和管理要求,确保项目建设任务高效、规范完成。加大政策和要素支持力度,在设施农业用地管理、大健康产业标准制定、中药材产业发展等政策文件中均对罗汉果产业给予大力支持。比如在用地方面,桂林市给予工业园区内的罗汉果企业免年租等配套优惠政策,对农产品加工超过5亿元的投资项目优先保障用地。坚持经营主体投入和政府引导相结合,急需资金支持的集群建设优先给予资金支持。

### (二) 龙头企业引领,全面带动提升

集群通过重点扶持有优势、有基础、有前景,能带动区域特色经济发展的骨干龙头企业,树立行业典范,引领产业发展逐步进入高质量发展轨道。永福县在打造罗汉果全产业链中,引进了年加工能力3亿个罗汉果的广西贰元公司、年加工能力1亿个罗汉果的珍金公司等7家大中型罗汉果深加工企业,提升了2000吨罗汉果仓储能力,开发出罗汉果甜贰、浓缩汁等60多个产品,罗汉果附加值显著提高。同时,通过龙头企业示范带动,永福在全县范围内推动罗汉果烘烤技术升级,推广罗汉果有效物质提取、软饮

料制剂和中成药等加工模式，全面提升罗汉果产品烘烤质量和品质。

### （三）聚力精深加工，开拓国际市场

集群围绕罗汉果精深加工持续开展研发创新，创造独具特色的罗汉果终端产品。例如，针对国际市场需求开发罗汉果甜味剂系列新产品、罗汉果浓缩汁系列新产品、罗汉果风味粉系列新产品等极具市场潜力的新产品；针对国内市场需求开发罗汉果蜜、罗汉果茶膏、罗汉果粒粒茶等方便、健康的新产品。永福县从事罗汉果收购、加工的合作社和企业达 500 多家，以罗汉果特色小镇为核心在苏桥园区从事罗汉果精深加工和产品研发的企业和机构达 30 余家。桂林市引导数十家罗汉果加工企业入驻桂林经开区集聚发展，年深加工罗汉果能力达到 6 亿个以上。20 多家罗汉果加工龙头企业产品通过了中国国家出口食品生产企业备案、美国 FDA GRAS 认证、BRC 认证等，出口美国、欧盟、日本、新加坡、韩国和马来西亚等多个国家和地区。独具特色的优质罗汉果深加工产品，为集群开拓国内、国际市场保驾护航。

### （四）加强平台建设，推进融合发展

搭建产业发展平台。在永福县罗汉果特色小镇已建成罗汉果产业研发中心、罗汉果展览馆、罗汉果交易市场、文化广场等项目，推进罗汉果产业集聚和规模化、集约化生产，入驻罗汉果加工企业 20 余家。搭建科技服务平台。充分发挥高校和科研院所优势作用，成立了广西罗汉果产业技术创新战略联盟，就罗汉果产业共性关键技术开展联合攻关，累计成功自主选育罗汉果品种 37 个，开发出罗汉果甜苷、浓缩汁、饮料、食品等多个产品，畅销国内各大中城市，出口到欧盟等 26 个国家和地区。

### （五）加强营销宣传，打造优质品牌

建立了罗汉果行业互联网综合交易平台，提升罗汉果原果和产成品集中采购、统一配送和品牌运营能力。打造电商平台，通过项目遴选多家电商销售实施主体。设置"罗汉果号"飞机、动车、高速公路等广告，并在多地举办多场推荐会。加强对罗汉果的质量监管和品牌管理，桂林罗汉果产品成功获得国家无公害产品认证、有机产品及富硒农产品认定，"桂林罗

汉果"获得中国和欧盟地理标志认证，罗汉果产品竞争力和品牌影响力不断提升。

## 七 前景展望

2022 年 9 月，广西壮族自治区农业农村厅发布《广西"十四五"罗汉果产业高质量发展专项规划（2021～2025 年）》，提出构建罗汉果大产业"一核三区"的空间发展格局，从稳定原料供应链、加强产品加工与技术研发、加强生产性服务业建设、推进"罗汉果+"大健康产业发展、完善利益联结机制 5 个方面内容推动罗汉果全产业链高质量发展。到 2025 年，全区罗汉果种植面积 30 万亩，产量 22 万吨，全产业链产值 160 亿元，其中加工业产值达到 90 亿元以上，罗汉果产品监测合格率达到 90% 以上，规模化罗汉果种植占比 70% 以上。①

集群所在范围是广西罗汉果的核心区域，是推动自治区乃至全国罗汉果产业发展的中坚力量，依托集群建设带来的发展成效，继续推动广西罗汉果"一核三区"标准化种植提质增效、加工能力持续提升、国内外销售渠道不断拓展、品牌价值不断提升、科技支撑更加有力，激发更大产业效能，把罗汉果产业打造成为结构合理、链条完整、充满活力和核心竞争力较强的优势特色产业，为实现乡村振兴提供有力支撑。

---

① 《广西"十四五"罗汉果产业高质量发展专项规划政策解读》，广西壮族自治区农业农村厅官网，http://nynct. gxzf. gov. cn/jdhy/zcjd/t13063547. shtml。

# 跑出数字化加速度

## ——重庆荣昌猪产业集群

## 一　集群概况

### （一）基本情况

1. 重庆市生猪产业整体情况

重庆市作为国家现代畜牧业示范区，也是全国生猪优势产区，紧紧围绕农业农村现代化"总目标"，深入贯彻新发展理念，围绕做好"一头猪"文章，优化区域布局，调整产业结构，完善政策举措，大力招商引资，加强基地建设，加快推动传统生猪产业发展、技术创新和高质量发展。2022年，重庆市生猪生产稳步增长，同比增长5.4%，高于全国水平1.1个百分点；年末生猪存栏1197.1万头，同比增长1.5%，其中能繁殖母猪存栏118.2万头，同比增长1.8%。

荣昌猪是"中国三大、世界八大"优良地方猪种之一，至今已有400年历史，也是我国养猪推广面积最大、最具有影响力的地方猪种之一，具有适应性强、杂交配合力好、猪肉品质优良以及抗逆性（耐粗饲、耐高温等）、繁殖性能优秀等特点。"荣昌猪"已被纳入国家生态原产地保护产品名单和国家级资源保护名录，获得中国特色农产品优势区、中国百强农产品区域公共品牌、国家地理标志证明商标等荣誉。制定发布了《荣昌猪》（GB/T 7223—2008）生产标准，建立了覆盖全域的生猪标准化技术推广服务体系。

2. 集群地市荣昌猪产业整体情况

重庆荣昌猪产业集群位于成渝城市群发展主轴黄金结合点上，是成渝经济区的"战略腹心"，平均距重庆主城区约50公里、成都150公里，具备完善的"水、陆、铁、空"立体交通体系。集群形成了以荣昌区为核心，以合川区、铜梁区及大足区为拓展的"1+3"格局，面积6209平方公里。集群已形成集"科研、育种、养殖、加工、饲料、兽药、市场"于一体的完整生猪产业链。

2022年底，产业集群综合产值达到122亿元，"荣昌猪"存栏110万头。集群核心区——重庆市荣昌区是国家现代畜牧业示范核心区，拥有国家现代农业示范区、中国农产品优势区、国家生猪交易市场、国家生猪大数据中心等国家级平台，是全国唯一的以农牧为特色的国家高新区。2022年末荣昌区生猪存栏43.68万头，出栏64.44万头，猪肉产量5.08万吨。已建成重庆天兆2000头核心育种场、重庆日泉6500头父母代种猪场和10万头育肥场等规模化养殖场，荣昌区适度规模化养殖主体达400余家，规模化率达80%以上；2021年荣昌区已建成西南地区最大的现代化种猪场、种养生态循环基地，成为西南地区仔猪供种高地，拥有畜牧机械装备生产企业5家、饲料加工企业35家、GMP医兽药企业18家，建成西南地区最大的饲料生产基地、饲料兽药集散地。合川区的德佳食品集团生猪屠宰能力可达100万头，肉罐头加工能力达8万吨，为重庆第一大、全国第二大的肉食品罐头生产基地。

## （二）经营主体

重庆市农业产业化龙头企业已达到3716家。其中，国家级龙头企业41家、市级龙头企业751家、区县级龙头企业2924家，已组建15个产业化联合体，重庆农业产业化龙头企业已成为乡村产业振兴的中坚力量。集群拥有的龙头企业和合作社经营范围涵盖生猪养殖、饲料加工、兽药生产、肉制品加工、有机肥生产以及物流等全产业链。

## 二 强链补链

### （一）建强繁育体系

集群已建成西南地区最大的父母代猪场——高丰猪场，其占地650亩，年出栏10万头8周龄断奶仔猪。重庆琪金食品集团有限公司依托重庆市畜牧科学院、西南大学等畜牧科研优势，深化"产学研"合作，投资5000多万元建设荣昌猪资源保种场入选国家生猪核心育种场，截至2022年底，琪金荣昌猪资源保护场已保有荣昌猪种猪约1.1万头，保存荣昌猪血缘12个、荣昌种公猪 100 头、后备公猪 50 头，保种、育种成效显著。以保护优质荣昌公猪为核心，新建成一个存栏 600 头基础母猪的高标准荣昌猪资源保种场①，荣昌猪品种核心进一步强化。

## （二）健全智慧养殖体系

集群利用大数据技术建设的生猪智慧养殖场已实现 18 万头生猪精准饲喂和远程监控管理，节约了 50% 的人工成本、8% 的饲料成本，并帮助数万只级别的大中型养猪场每年累计增收 2000 万元。集群与国家生猪大数据中心"容易管"平台有机结合，实现 18.5 万头生猪全链条"一站式"实时监管。2023 年重庆荣昌猪养殖系统入选"第七批中国重要农业文化遗产名单"。农业产业化国家级重点龙头企业重庆琪金食品集团有限公司等养殖业龙头企业，以智能化设备应用、远程控制、信息采集及处理、生产全过程监控预警为切入点，逐步健全生猪智慧养殖体系。琪金公司持续推进智能化建设，建立溯源系统，应用智慧养殖平台服务，现已实现猪场管理、AI 巡检、精准饲喂、精准环控等 7 个方面的监控预测。

## （三）完善加工监测体系

持续完善生猪加工屠宰和仓储设施，新增和改造冷藏库容，购置加工设备生产线，增加屠宰产能和猪肉加工产能。通过建设国家级生猪大数据中心，汇集起生猪全产业链数据资源，构建起生猪全产业监测体系，与农业农村部及全国各大生猪养殖、饲料兽药和畜牧机械生产、生猪交易企业等实现数据共享；通过构建生猪产业监测预警系列模型，围绕生猪"生产、交易、监管、金融"四大核心布局，为国家精准调控生猪产业发展和国民经济提供第一手决策依据，有效破解生猪供求周期性失衡和波动的"猪周期"，将其打造为服务政府、行业用户及社会公众的国内生猪产业权威信息发布平台。

## （四）健全品牌体系

"荣昌猪"已获得国家地理标志证明商标，被纳入国家生态原产地保护产

---

① 徐勤：《荣昌猪启动遗传资源保护 未来年出栏商品猪 10 万头》，《重庆商报》2019 年 11 月 19 日。

品名单和国家级资源保护名录。荣昌猪已通过国家知识产权局审核的商标共有 46 件，已注册 29 类（肉）和 31 类（活体）国家地理标志证明商标，制定了荣昌猪商标授权管理办法，维护荣昌猪品牌公信力，培育出琪金荣昌猪、古昌土猪、艾迪荣昌猪、荣牧猪肉、吉吉荣昌烤乳猪等多个知名品牌，涉及冷鲜肉、烤乳猪、腌腊制品、熟食净菜等产品，荣昌猪产业链进一步延伸。

"荣昌猪"全产业链入选农业农村部第一批农业高质量发展标准化示范项目（国家现代农业全产业链标准化示范基地）创建单位名单，并成功举办成渝地区双城经济圈畜产品精深加工暨荣昌猪全产业链高质量发展论坛；还拍摄荣昌猪《品牌强国》公益广告；参展北京天安门《辉煌中国》农业展；策划开展荣昌猪品牌发布会、荣昌猪赛猪会、荣昌猪美食品鉴、专场推介会，推出代养一头荣昌猪等系列活动，加大宣传力度，做实品牌宣传推介。"荣昌猪"品牌价值达到 50.98 亿元[①]，名列全国地方猪品牌价值榜首。

### 三 建设实施

集群围绕良种繁育体系、健康养殖体系、品牌营销体系三大体系开展建设。企业发挥了显著的龙头带动作用，家庭农场、专业合作社起到了良好的联农带农作用。

### 四 取得的成效

#### （一）产业链各环节不断建强

建成国家级、市级荣昌猪资源保护场，培育引进新品种种猪，提供优良种猪。积极探索荣昌猪智能养殖，赋予示范场精准饲喂、智能环控、物联网 5G、智能管控等数字化设备，逐步形成生猪养殖"喝糊糊、饮温水、睡温床、享空调、全可视、智能管"的荣昌生猪养殖示范，提升荣昌猪养殖的效率和效益。持续完善生猪加工屠宰和仓储设施，新增和改造冷藏库容，购置加工设备生产线，增加屠宰产能、猪肉加工产能。优化升级兽药、

---

① 《荣昌猪全产业链建设开始加速》，重庆市农业农村委员会官网，http://nyncw.cq.gov.cn/zwxx_161/mtbb/202306/t20230615_12069051.html。

饲料加工产业，逐步形成以生物医药、饲料加工、生猪饲养机械装备和精深加工等为基础的生猪高新技术产业格局。

### （二）公共服务能力不断提升

建成重庆纳比微特检测技术服务有限公司和重庆华衡检测认证中心，开展动物病原微生物、饲料兽药、环境卫生等检验检测公共服务。建成国家生猪交易市场、在线电商平台，开展荣昌猪及产品的线上销售，目前累计交易额突破 900 亿元。建设国家生猪大数据中心，用数字化赋能荣昌猪产业发展。正布局建设的"农数谷"，将实现数字经济与现代农业的深度融合。

### （三）新型经营主体持续壮大

以荣昌猪"产业化龙头企业+科研机构+集体经济+合作社"模式，积极推进产业化联合体建设。荣昌区建设的"重牧硅谷"成功获批国家级科技企业孵化器，已入驻企业 50 余家，先后培育科技型企业 12 家。参与集群建设的龙头企业、农民合作社、家庭农场，涵盖生猪养殖、饲料加工、兽药生产、肉制品加工、有机肥生产以及物流等全产业链环节。

### 五 联农带农

依托集群内畜牧业资源优势和科研院所积累的技术优势，辐射带动周边农户参与发展，形成高新技术产业创新联盟、农村土地集中流转、新型农民工就业、农户生态搬迁的利益联结机制。探索分段饲养、农户代养、流转联结等模式，组建生猪产业联合体。

### （一）创新发展订单农业

引导龙头企业在平等互利基础上，与农户、家庭农场、农民合作社签订购销合同，合理确定收购价格，形成稳定的购销关系。支持龙头企业为农户、家庭农场、农民合作社提供贷款担保，资助订单农户参加农业保险。鼓励产销合作，建立技术开发、生产标准和质量追溯体系，设立共同营销基金，打造联合品牌，实现利益共享。按照"种养加结合、全产业链建设"的发展思路和"公司+家庭农场"的运作模式，龙头企业带动建设，发展生猪产业"公司+家庭农场",在推动生猪稳产保供、产业转型升级以及培育新型职业农民、种养循环产业等方面成效显著。

## (二) 鼓励发展股份合作

积极探索制定发布符合集群实际的农用地基准地价,为农户土地入股或流转提供参考依据。以土地、林地为基础的各种形式合作,凡是享受财政投入或政策支持的承包经营者均应成为股东方,并采取"保底收益+按股分红"等形式,让农户分享加工、销售环节收益。探索形成以农户承包土地经营权入股的股份合作社、股份合作制企业利润分配机制,切实保障土地经营权入股部分的收益。

## (三) 推进涉农资金股权化改革

在坚持土地公有制性质不改变、耕地红线不突破、农民利益不受损的前提下,开展"资源变资产、资金变股金、农民变股东"的农村"三变"改革探索,实现"产业连体""股权连心"。鼓励农民或村集体以耕地、林地、圈舍等生产资料入股企业或成立股份合作社,实现资源变资产。开展全面推行农业项目财政补助资金股权化改革,持股比例向农村集体经济组织、合作社、农户倾斜,实现"资金变股金"。

荣昌区安富街道普陀村与琪金集团签约,以村企合作的方式,按照"联合养猪、联合开店、共同创业、共同富裕"的要求共建乡村振兴示范村。琪金集团充分发挥集生猪保种、选育、能繁、养殖、屠宰、加工、深加工、配送和销售于一体的全产业链发展优势,在普陀村全面实施"荣昌猪"养殖合作计划,以"公司+大户(含合作社、小微企业、养殖大户)+脱贫户"的合作模式,与当地村民结成稳定的利益联合体,为村民免费提供良仔猪,同时提供技术培训、保底收购等,使农户收益得到最大化。琪金集团还利用自身品牌优势、营销优势,在全市推出300家琪金·荣昌猪专卖店的拓展计划,发动有意愿从事品牌猪肉销售的普陀村村民,和企业共同开设荣昌猪专卖店,从"打工人"变成"合伙人",共同获得门店收益,共同努力提高荣昌猪的品牌价值和市场影响力。由琪金公司牵头发起的荣昌猪发展协会正式授牌,吸纳会员31家,涵盖了荣昌猪保种育种、现代养殖、生物检测、兽药销售、饲料生产、加工销售、金融保险、环保治理等龙头企业以及中小型养殖场和养殖户。①

## 六 亮点经验

### (一) 加强组织领导

重庆市高度重视荣昌猪优势特色产业发展，加强组织领导，明确相关部门、单位职责分工，加强部门协作，建立健全体制机制。实行市级相关部门引导，区（县）政府相关部门负责实施，以企业为主体，社会监督、专家支持的管理体制，建立促进集群加快发展的激励机制和考核机制，全力推进集群建设。

县区农业农村、生态环境、林业、规资等相关部门以及各属地镇街加强沟通协调、联动合作，形成"左右联动、齐抓共推"的工作合力，群策群力解决项目推进过程中的难点堵点，确保荣昌猪产业集群项目建设取得实绩实效。分年度向有意向申报项目的业主发放项目告知书，严格按照各项目实施主体提交的实施方案开展督促指导，对正在实施项目的业主，在保证施工安全和建设质量的前提下，抢时间、赶进度，确保按期完成、早日投产。向各镇街和项目实施单位发放中期绩效考核反馈问题的整改方案，明确整改措施和工作要求，确保项目高效实施。

### (二) 创新工作机制

#### 1. 建立市场价格风险保障机制

国家生猪市场通过真实交易价格指导农户养殖，降低养殖风险。通过"养猪贷""售猪贷"等金融服务，解决农户养殖资金不足问题，提高规模化养殖率，降低成本。通过平台直销、优质猪品竞拍等方式，实现优质优价，减少中间环节，杜绝打白条，保障农户收益；鼓励饲料、兽药企业与规模养殖场、家庭农场等建立直销关系，减少中间环节，降低养殖成本。

#### 2. 健全土地流转风险防范机制

根据国务院、重庆市人民政府关于引导农村土地经营权有序流转促进

---

① 《荣昌猪全产业链建设开始加速》，重庆市农业农村委员会官网，http://nyncw.cq.gov.cn/zwxx_161/mtbb/202306/t20230615_12069051.html。

农业适度规模经营的通知要求，建立土地流转预付租金和保证金制度。工商企业租赁农民土地必须签订《流转土地履行责任承诺书》，提倡实行预付租金后用地。在生产经营过程中，当农民土地合法权益受损时，土地流转风险保证金将用于补偿农民损失；当农民土地耕种条件受到破坏时，将用于土地复垦。

3. 创新资金使用方式

采取先建后补、以奖代补、贷款贴息、政府购买服务等方式对相关主体给予支持，按照农业农村部、重庆市农委等发布的农业项目财政补助资金股权化改革方案相关规定执行。单个经营主体的社会资本投入（含金融资本）不重复计算，贴息等补助政策不重复享受。对于已有普惠性政策渠道支持的建设内容，原则上中央财政奖补资金不再支持。

## （三）突出科技支撑

### 1. 种养循环促增收

一方面，在集群区域内全面推进种养循环农业，通过降低农户农业生产化肥、农药投入，提高农产品质量，带动农户增收；另一方面，继续鼓励养殖企业流转农户土地作为畜禽粪污消纳地并聘用当地农民的流转聘用机制，通过农民进场务工，提升农民增收能力。

### 2. 大数据应用提效益

按照国家生猪大数据中心作为国家重要公共服务平台的功能定位，以荣昌区为支点，汇聚全国生猪产业链数据资源，激活全国生猪数据价值，搭建全国生猪全产业链各环节的大数据应用平台，实现行业数据共享交换，构建生猪产业监测预警模型，开发生猪产业大数据产品，建设产业信息门户，促进我国生猪产业数字化、智能化转型发展。依托国家级生猪大数据中心和国家级生猪交易市场，通过对全国生猪产业链数据资源的挖掘与分析应用，创新新品种培育、精细化饲养、养殖过程优化、污染控制和屠宰加工等方面技术手段，开发生猪产业大数据应用综合服务平台，构建生猪产业监测预警模型，服务生猪产业链主体，提升现代猪业设施装备水平、智能化管理水平、科学决策水平，发展"智慧养猪""绿色养猪"，确保猪肉质量安全，提高生猪产业主体效益，间接带动农户增收。国家级重庆（荣昌）生猪交易市场是我国最大的生猪现货电子交易市场，其通过"生猪产销、品牌建设"两大平台，提高荣昌猪品牌影响力，带动生猪销售，实现电商带动、品牌富农。

3. 科技人才有活力

发挥重庆市畜牧科学院、重庆市农业科学院、西南大学荣昌校区科技人才资源优势，与科研院校建立人才培养合作，着力培养农业人才和科技创新团队。近年来，荣昌区坚持做好"一头猪"文章，打造了首个以农牧为特色的国家级高新区、农业领域首个国家生猪技术创新中心、国家生猪大数据中心、国家生猪交易市场和国家级的荣昌猪保种育种场。同时，依托西南大学荣昌校区、重庆市畜牧科学院"一院一校"两大引擎，建有工程技术研究中心7个、企业技术中心4个。此外，荣昌区积极打造"悦来服务"品牌，实现高层次人才13类服务事项"一站式""网上办"。2022年，荣昌区委印发了《荣昌区加强国家生猪技术创新中心人才集聚九条措施（试行）》《荣昌区加强"一院一校"人才支撑十一条措施（试行）》，构建了引育并重的人才政策体系，明确了加强国家生猪技术创新中心人才集聚、"一院一校"人才支撑等政策措施，为打造国家生猪技术创新和产业发展新高地夯实人才基础。

推进农业科技专家大院、农业工程技术研究中心、院士工作站、博士后流动工作站、农业科技特派员队伍建设。采取开放引才、产业引才、以才引才等方式引进生猪产业养殖、加工、销售、饲料、兽药等相关环节的创新创业人才。加强畜牧兽医科技知识和技能培训，培养一支现代荣昌猪产业工人队伍。开展家畜禽饲养工和家畜禽繁殖工职业技能鉴定，提高从业人员素质。

4. 制定标准保质量

为实现荣昌猪标准化养殖，助力荣昌猪品牌化发展，2022年1月，重庆市发布全国首个地方猪种系列标准。截至2022年5月，重庆市已发布关于荣昌猪种质提升和饲养管理等地方标准10项。荣昌区畜牧发展中心根据这10条标准制作培训视频，向养殖户宣传讲解、推广运用这10条标准。①

## 七 前景展望

到2025年，集群引领全市形成和固化种养结合、健康养殖、生态高效、

---

① 赵伟平：《荣昌猪地方标准增至10条》，《重庆日报》2022年5月15日。

资源循环、协调发展的新型现代荣昌猪产业体系，法治水平显著提升，整体竞争力稳步提高，疫病防控能力明显增强，绿色发展水平显著提高，荣昌猪产品供应安全保障能力大幅提升。

健全荣昌猪良繁体系。坚持引种与繁殖相结合，提高种猪生产能力，建立与荣昌猪产业发展相适应的种猪生产经营体系。加强引进品种的选育和培育，建立优良种猪繁育基地。培植示范亮点。重点建设一批质量好、效益高的生猪标准化示范场，增强示范带动能力。培育优势主体。培育壮大龙头企业，打造集养殖、加工、物流于一体的荣昌猪产业集群，推进荣昌猪生产经营产业化。发展家庭农场、农民合作社和专业大户，建立健全利益联结机制。鼓励发展由龙头企业、家庭农场、专业大户等组成的荣昌猪产业化联合体。加强荣昌猪品牌建设，健全荣昌猪产业支撑体系，完善市场流通体系，健全荣昌猪防疫体系。

荣昌区将继续有效整合重庆市畜科院、西南大学等科技资源，利用好国家生猪大数据中心等国家平台，按照"国际猪种本地化、本地猪种国际化"思路，推进荣昌猪繁育体系建设，提高种猪、商品仔猪供应能力，加大生猪标准化养殖场、智慧养殖示范场建设力度，建成全域生猪数字化监管体系，打造优质商品猪保障基地和育种供种高地。按照"补链强链"的原则，构建以生猪产品精深加工为核心，以生猪绿色饲料、中药制剂和兽用生物制剂为基础，以智慧生猪养殖装备制造等为特色的生猪加工制造产业格局。基于生猪科技资源优势，建成集现代畜牧科技交流培训、商贸流通、会议会展、休闲旅游、农畜产品检验检测、生猪电子交易、生猪金融服务、农牧大数据服务等于一体的畜牧现代服务业产业链，打造畜牧现代新兴产业服务高地。力争到2025年，荣昌区能繁母猪保持在10万头，生猪出栏达到120万头，生猪养殖规模化率达到70%以上；建设5个生猪产业链相关技术研发中心；建设国家生猪大数据中心的"一体系、两系统、三平台"，形成智慧畜禽养殖试验区。①

---

① 《重庆市农业农村委员会关于印发重庆市畜牧业发展"十四五"规划（2021~2025年）的通知》，重庆市农业农村委员会官网，http://www.rongchang.gov.cn/zwgk_264/zfxxgkml/ghjh/202106/t20210630_9438019.html。

# 力保"小炒肉自由"

## ——湖南湘猪产业集群

## 一 集群概况

### (一) 基本情况

1. 湖南省湘猪产业整体情况

湖南是生猪养殖大省、生猪调出大省。湖南省委省政府将生猪产业纳入十大千亿产业,大力实施优质湘猪工程,加快推进生猪产业转型升级,全面提升生猪稳产保供能力。全省累计新建或改扩建 500 头以上的规模猪场 3336 个,投产万头以上大型猪场 769 个,生猪规模化养殖比重提高到 70%,高出全国平均水平 3 个百分点。2021 年全省出栏生猪 6121 万头,居全国第 2 位,占全国生猪出栏量的 9%。有 65 个生猪调出大县,生猪外销量稳居全国前列。全省调出生猪 800 万头,成为粤港澳大湾区的最大生猪供应省份。有生猪屠宰企业 328 家,其中生猪定点屠宰厂(场)116 家(其中,年屠宰能力 100 万头以上的 12 家、50 万头以上的 8 家、30 万头以上的 16 家)、小型生猪定点屠宰点 212 家,生猪屠宰产能 3875 万头,生猪定点屠宰厂(场)的生猪屠宰量占全省生猪屠宰总量的 70% 以上。开展生猪屠宰标准化示范厂(场)创建,发挥标准化示范厂(场)在质量管理、厂区环境、设施设备、生产经营、检测检验、清洗消毒、排放处理、肉品配送等方面的引领作用,已成功创建 5 个国家级、30 个省级标准化示范厂(场)。湖南省生猪屠宰企业逐步由散小企业向现代屠宰企业转变。

湖南省引导资源、技术、人才向湘猪优势产区集聚,实施宁乡猪、沙子岭猪、大围子猪等优质湘猪产业集群项目建设,构建了长株潭肉食精深加工区、湘南外向型优质猪肉供应区、洞庭湖农牧循环种养结合示范区、湘中湘西现代生态养殖示范区四大湘猪产业集群。引进 24 家省外大型生猪企业来湘发展，全国前 10 强生猪企业均在湖南布局落子。生猪产业现有国家级龙头企业 18 家、省级龙头企业 141 家，上市公司 6 家，居全国同行业前列。唐人神集团、新五丰公司、佳和农牧公司跻身全国生猪养殖企业 20 强。湖南省政府打造"湘猪乡味"省级区域公共品牌，开拓珠三角、长三角等省外市场。

2. 集群地市湘猪产业情况

湖南湘猪产业集群建设项目建设范围包括长沙县、湘潭市、娄底市、株洲市、绥宁县等地，旨在以宁乡猪、沙子岭猪、大围子猪、湘西黑猪、黔邵花猪等优质地方猪资源为主，培育湘村黑猪、湘沙猪配套系 2 个国家级新品种，构建长株潭肉食精深加工区、湘南外向型优质猪肉供应区、洞庭湖农牧循环种养结合示范区、湘中湘西现代生态养殖示范区，推动湘猪产业高质量发展。

长沙县将湘猪作为全县最重要的区域特色产业进行发展，全县有规模猪场 24 个，2023 年生猪存栏 54222 头，能繁母猪存栏 4870 头，生猪出栏 173094 头。全县广联、富饶两家屠宰场 2023 年屠宰生猪 667934 头，比 2022 年增加 138341 头，增长 26.12%。

湘潭市作为生猪产业大市，坚持生猪引进品种扩繁和沙子岭猪地方品种资源保护两手抓。全市现有种猪场 38 家，其中国家级原种猪核心场 1 家、国家级地方猪资源保护场 1 家，年供种能力达 20 万头。通过积极推进种业创新，与省畜牧兽医研究所、湖南农业大学等合作，历经 10 余年，以沙子岭猪和引进猪种为育种素材，培育出湘沙猪新品种，是湖南省第二个拥有自主知识产权的生猪新品种。2017 年以来，湘潭市先后创建生猪产业院士工作站 2 家，制定发布部级行业标准 1 项、省级地方标准 8 项，获得 4 项省级科技进步奖，全国首个特色生猪产业国家级学会服务站也在湘潭市落户。

绥宁县坚持现代畜牧业高质量发展，紧扣发展和安全两大主题，有序推进生猪产业，先后引进了双胞胎、新希望、新五丰、叁陆伍、佳禾、正大等大型生猪养殖企业，发展"公司+农户"养殖模式，形成了以大型规模场为引领、以适度规模场为主体、以家庭养殖为补充的生猪生产格局，全县建成设计年出栏 3000 头以上大中型规模养猪场 60 多家，其中，与新五丰合作的代养场有 5 家，年出栏 2 万余头，养殖户每头盈利 200 元。2023 年全县生猪出栏达 75.17 万头，生猪存栏达 49.1 万头。绥宁县已经成功创建

1 家国家级生猪产能调控基地、1 家省级核心育种场、2 家省级净化场、6 家省级产能调控基地、8 家省级畜禽养殖标准化示范场、4 家市级龙头企业、县级以上生猪产能调控基地 80 家。荣获"全国生猪调出大县""湖南省畜牧业生产监测工作优秀县""邵阳市生猪生产稳产保供工作先进县"等称号。

## (二)经营主体

集群内有多家生猪养殖加工与食品企业、农民专业合作社、家庭农场。按照"龙头企业+协会+农民合作社+家庭农场"的模式,使优质湘猪产业逐步走向品质化、标准化、品牌化、产业化、科学化、规范化。

湖南新五丰股份有限公司是农业产业化国家重点龙头企业、国家高新技术企业、湖南农业优势特色产业 30 强企业。新五丰以生猪养殖为基础,建立了集原料加工、饲料仓储、种猪繁育、商品猪饲养、生猪屠宰及肉品加工、生猪交易于一体的生猪全产业链格局,通过构建高效的整体运营体系,实现了对产业链中各环节产品质量的控制、产品结构的优化,使公司拥有生猪、鲜肉、冻肉等生猪产业链上的多样化产品种类以及生猪出口、内销、鲜肉商超专柜、电话订购等丰富的多层次产品销售渠道。自成立以来,新五丰一直从事供港澳生猪业务,是内地口岸公司中主要的活猪出口商之一。

湖南省流沙河花猪生态牧业股份有限公司旗下湖南宁乡猪资源场为国家级宁乡猪保种场、全国生猪标准化示范场,并被评为国家农业产业化龙头企业,荣获科技部"十一五"国家星火计划执行优秀团队奖。近年来,公司以宁乡猪特色养殖为基础,以市场为导向,以注册商标"流沙河"为主打品牌,通过引进国内外先进行业技术和设备,公司同时向市场推出了以"流沙河花猪"为原料的腌腊类、软罐头类、冻品类、生鲜类、火炼猪油、休闲类等六大类花猪产品,产品多次荣获中国中部(湖南)国际农博会金奖、最受消费者喜爱的品牌等奖项。

汇弘实业有限公司坐落在韶山高新技术产业开发区食品加工园内,公司拥有两条现代化生猪屠宰生产线和两条熟食深加工生产线,年屠宰规模100 万头,年产熟食深加工产品 6000 吨,库存容量 5 万吨。主要产品有冷冻分割肉、冷鲜肉、热鲜肉、冻乳猪、冻中猪、香肠、腊肉、肉粒、肉丸、水饺、培根、烤(中)乳猪等分割肉系列产品和熟食深加工产品,是一家集生猪饲养、屠宰，深加工、销售，冷冻冷藏、冷链物流，进出口贸易，农产品加工技术和服务于一体的省级农业产业化龙头企业。

## 二 强链补链

集群项目建设聚焦产业发展的薄弱环节，以项目工程建设为抓手，进一步完善"育种—养殖—屠宰—加工—营销"产业链条。

### （一）种质创新与基地建设不断加强

新改扩建种猪繁育与生产基地1.2万亩，购置设备设施3202台（套），提供优质地方种猪17.7万头。沙子岭猪实施育繁推建设，现有1个国家级保种场、2个扩繁场、3个保种区，共保存沙子岭种猪6000多头，年供种能力达20万头。通过加大技术攻关力度，打造种业高地，以沙子岭猪为亲本培育的湘沙猪配套系通过国家畜禽遗传资源委员会审定，成为湖南省第二个通过国家审定并拥有自主知识产权的畜禽新品种配套系。广益黑猪、湘岭猪新品种研发也在稳步推进。

宁乡花猪利用基因技术与大数据分析，科学核定曾祖代家系，为资源保存和种质特性挖掘提供了翔实可靠的依据。宁乡市投资1.2亿元建设集养殖、观光、体验、示范于一体的花猪养殖示范场，占地面积约457亩，建有主体栏舍、隔离舍、公猪舍、配怀舍、怀孕母猪舍、产仔房、育成舍、粪污收集中心、洗消中心等，总建筑面积约5万平方米，规划年产出花猪量5万头。

### （二）屠宰加工能力稳步提升

集群新改扩建屠宰产能，新改扩建冷库库容，购置肉品加工设备，肉品年加工能力显著提升。流沙河花猪和乐福来食品建设了8450平方米宁乡花猪深加工车间，专线加工灌汤猪蹄、芝士香肠等预制菜和西式低温肉品，较好地实现了副产增值。韶山汇弘实业有限公司100万头生猪屠宰项目建成投产。湖南百宜饲料以独创的"发酵—烘干立体式生物饲料生产"模式，开发了"精选原料、精准营养、精益工艺、精心喂养"的"四精"营养技术，为宁乡花猪专门打造了一款生物发酵料，已全面投产。支持年产能1万吨的湘村黑猪深加工产业园建成投产，新建的福州、中山、南京三个区域生鲜产品分拨中心投入运营，冷链配送、"湘村鲜到"电商平台与营销体系的加快建设，推动湘村黑猪年产值超过 17 亿元。

## （三）品牌影响力持续扩大

为加快推进湘猪产业化，讲好品牌故事，发掘品牌与产品文化内涵，有效扩大品牌影响力，集群各类主体举办和参加博览会等产品宣传活动，持续推进湘村黑猪、罗代黑猪、沙子岭猪区域公用品牌升级；宁乡花猪被评为2020 年湖南首批优秀"一县一特"农产品品牌；沙子岭猪获国家农产品地理标志产品认证；湘村高科荣获"湖南省省长质量奖"，湘村黑猪 6 个产品获"有机产品认证"；培育了毛氏雪花猪肉、三旺村香猪、豪亿湘猪等一批特色产品品牌。2021 年 6 月，时任全国人大常委会副委员长吉炳轩现场考察了部分湘猪集群建设项目，对建设成效给予了充分肯定。[①]

## 三 建设实施

根据地方猪产业发展实际，集群调整优化实施区域，支持宁乡猪、大围子猪、沙子岭猪、湘西黑猪、黔邵花猪、湘村黑猪、湘沙猪配套系等品种，围绕优质湘猪种源保护与良种繁育基地、标准化生产基地、屠宰加工基地、市场流通与品牌体系、优质湘猪数字化信息展示平台等工程开展建设。

集群技术推广部门等单位重点开展优质湘猪种质资源保护和良种繁育、科技创新与推广能力建设等。企业重点开展优质湘猪种质资源保护和良种繁育、标准化生产基地建设、产品加工营销体系建设、龙头企业培育与品牌建设等。家庭农场、农民专业合作社重点开展标准化生产基地建设。

## 四 取得的成效

## （一）基础条件明显改善

集群建成地方猪种质资源基因库 1 个，完成了宁乡猪、沙子岭猪、大围子猪等优质湘猪组织样品的收集，为种质资源提供了有效的保护。在新建地方种猪性能测定站的基础上，扩建了自动测定舍、单栏同胞测定舍、多功能

---

① 陈奕樊、冒蕞、孙敏坚：《立足湖湘特色畜牧资源 以法治方式促进畜牧业高质量发展》，《湖南日报》2021 年 6 月 3 日。

拍卖厅、隔离舍、展示区等设施，完善了沉淀池、氧化池、发酵池等粪污处理配套设施。建成了宁乡花猪种业创新中心，依托种业创新中心的平台优势，有利于进一步解决种源技术的"卡脖子"问题，强化科研保障能力，形成种质资源共建共享共管的氛围，推动科研成果转化和共享。与湖南农业大学合作组建湖南农业大学沙子岭猪研究院，开展沙子岭猪种质资源保护与种质资源创新，共同推进优质湘猪工程高质量发展。建成沙子岭猪质量可追溯体系1个，建立了从育种到仓储配送全过程覆盖、全流程跟踪的产品标识"身份证"制度。

## （二）生产能力较大提高

集群实施优质湘猪工程，支持规模养殖，支持"以大带小"，支持设施化智能养殖，累计完成投资 403 亿元，建成投产万头以上大型规模猪场 762个，集中建成了一批高标准的专业化繁育、规模化生产、特色化加工基地，全省生猪规模养殖比重提高到 66%，高出全国平均水平 4 个百分点。做强湘猪优势特色产区，成立新型经营主体，带动农户参与到湘猪产业发展当中，支持宁乡猪、大围子猪、沙子岭猪、湘村黑猪等优势特色湘猪打造集生产、加工、流通、科技、服务于一体的产业链，年地方猪出栏 130 万头。[①]

## （三）品牌建设力度加大

为加快推进湘猪产业化，集群突出讲好品牌故事，发掘品牌与产品文化内涵，有效扩大品牌影响力，持续推进湘村黑猪、罗代黑猪、沙子岭猪区域公用品牌升级。宁乡花猪被评为 2020 年湖南首批优秀"一县一特"农产品品牌；沙子岭猪获国家农产品地理标志产品认证；湘村高科荣获"湖南省省长质量奖"，湘村黑猪 6 个产品获"有机产品认证"；培育了毛氏雪花猪肉、三旺村香猪、豪亿湘猪等一批特色产品品牌。培育了湖南穗丰食品、汇弘实业、湖南浩祥肉联食品等 4 家省级及以上龙头企业，5 家市级龙头企业，新增宁乡大龙、丽平养殖等 6 家养殖示范农民合作社。

---

① 陈奕樊、冒蕞、孙敏坚：《立足湖湘特色畜牧资源 以法治方式促进畜牧业高质量发展》，《湖南日报》2021 年 6 月 3 日。

## 五　联农带农

集群建设培养壮大了三旺实业、长盛科技和汇弘实业等一批带动能力强的优质湘猪标准化生产、加工、营销企业，进一步发挥龙头企业在开拓市场、品牌营销等方面的优势，推动了农民合作社、家庭农场、农业产业化联合体等各类新型农业经营主体融合发展，也带动了区域生猪养殖、饲料生产、屠宰加工、种养循环、冷链配送、电商物流等多个行业发展。在有效提高区域内优质湘猪产业整体效益的同时，通过"公司专业合作社+农户"的合作模式，公司与农户之间形成了稳定的利益联结机制，降低了养殖户养殖风险，提升了单个养殖户应对市场风险的能力。宁乡市流沙河镇与"盒马鲜生"精准对接、优势互补，年销售花猪可达 720 吨，营业收入超 3800 万元。同时，流沙河镇还与湘菜品牌费大厨签订长期合作协议，年均花猪销售达 480 吨，产生直接经济效益达 2500 万元，通过"惠农网"等网络平台，累计帮助农户销售花猪产品 300 多万元。

## 六　亮点经验

### （一）建立建设推进机制

集群开始建设以来，湖南省成立优势特色产业集群建设工作领导小组和湘猪集群项目工作专班，明确协调指导、调度评估、监督检查、资金管理、宣传报道等各项工作职责，确保项目有序推进。省级印发年度产业集群建设方案，明确项目实施的组织架构、责任分工、管理程序与监督考核，县级细化方案，确定项目具体实施内容、制度与分工，为项目的规范化管理打下了基础。

为确保湘猪集群项目的有序实施，成立涵盖养殖、食品加工、工程造价领域的集群项目专家组，阶段性组织调研会商，为建设项目会诊把脉。专家组根据项目建设前期条件、优质湘猪的养殖基础、企业投资能力、企业信用水平、既往项目完成情况等，对各县申报的项目进行筛选。根据专家集体评审结果，确定每年的支持范围，以更科学的甄别项目，保证建设资金发挥最大效益。同时，启动资金项目监管平台建设，以信息化刚性手段加强项目资金监管，从项目的储备、申报、立项，到日常月度、季度、年度进展调度以及资金支出和绩效管理，都通过监管平台及时填报，项目管理水平与效率大幅提升。

### （二）创新金融支持方式

开创农业融资新模式，在全国率先启动建设银行"生猪活体抵押贷款"，破解养殖企业融资难题，宁乡花猪产业龙头企业流沙河花猪有限公司成为首批活体贷客户。[①] 自 2020 年以来，面对生猪稳产保供的复杂形势，湖南农担在省委省政府的安排部署下，在省财政厅的大力支持下，出台多项措施，积极为生猪产业适度规模经营主体提供融资担保服务，充分发挥了农业融资担保体系作用，在促生产、保供应上发挥了积极作用。从 2020 年 6 月到 2022 年 10 月，湖南农担累计为全省 2077 户生猪生产经营主体提供担保贷款 235516.15 万元。[②]

### （三）重视技术支撑服务

实施"招才引智"行动计划，组建了优质湘猪产业集群创新联盟，由中国科学院亚热带农业生态研究所一级研究员、中国工程院院士印遇龙带领专家团队为产业集群建设提供智力和技术支撑。省、市、县分别建立了由行业专家和基层技术服务人员组成的技术创新和指导团队，采用每月定期开展技术指导的形式，推广优质湘猪的养殖技术，解决优质湘猪产业发展过程中出现的难题。

### （四）坚持补齐短板导向

集群建设开展以来，着力补齐产业短板，坚持实施全产业链重点突破战略。项目实施的长沙市、湘潭市、娄底市、株洲市及 2022 年新增的常德市、衡阳市、湘西州、邵阳市，均坚持以省市级龙头企业或国家级龙头企业为引领，根据产业发展需求，将产业发展短板作为重点支持环节，良种繁育、产品加工等能力显著提升，通过产业集群的支持，实现全产业链的均衡发展。

---

① 《生猪活体可抵押贷款 农业农村部推介湖南经验》，农业农村部官网，http://www.moa. gov.cn/xw/qg/202101/t20210106_6359506.htm。
② 张尚武：《生猪活体可抵押贷款》，《湖南日报》2021 年 1 月 6 日。

## （五） 加强区域联动发展

为扩大优质湘猪的产业规模，带动更多的农户分享产业发展红利，集群发展布局坚持区域联动原则。娄底市（湘村黑猪）和湘潭市（沙子岭猪）是湖南省优质湘猪产业发展较好的区域，娄底市和湘潭市广泛分享发展经验，提供优质种苗和养殖技术，指导协同株洲市渌口区发展优质湘猪养殖，实现区域联动发展。其他区域也坚持区域联动原则，按照互有分工、区域互补开展建设，形成发展合力。

## 七 前景展望

湖南省为了稳定生猪生产，保持"猪周期"的发展平衡，做强生猪产业，省农业农村厅发布《湖南省稳定生猪生产做强生猪产业的十条措施》，力争到 2025 年，全省生猪种业产值达到 240 亿元以上，生猪出栏量稳定在 6000 万头以上，生猪屠宰产能达到 6000 万头左右，能繁母猪稳定在 350 万头以上，规模猪场稳定在 1 万个以上，生猪规模化养殖率提升到 78%，畜禽粪污资源化利用率稳定在 83% 以上，屠宰环节猪肉等生猪产品质量安全抽检合格率稳定在 98% 以上。大型规模养猪场基本实现养殖全程机械化。

集群将进一步加大生猪产能调控力度，加快生猪联合育种，推进设施化智能化养殖，支持养宰加销全产业链建设，推进种养绿色循环发展，严格动物疫病防控，推广降本增效技术，强化融资需求保障，加强屠宰行业监管，扩大生猪价格"保险+期货"保险试点范围，不断提升生猪产业竞争力。

# 筑牢国家"羊肉库"

## ——内蒙古草原肉羊产业集群

## 一 集群概况

### (一) 基本情况

#### 1. 内蒙古肉羊产业整体情况

内蒙古自治区的肉羊产业在国内具有重要地位，全国1/4的羊肉都来自内蒙古。内蒙古自治区以种业振兴推进肉羊产业现代化，培育的华蒙肉羊等品种已通过国家畜禽遗传资源委员会审定并命名；完成了多胎多羔羊培育及地方特色品种（系）核心群构建和精准选育；持续推进智慧畜牧业与标准化养殖技术体系建设，研发的SheepLink系统，涵盖数字化育种、基因组选育、性能测定数据自动收集等内容，已覆盖3个盟市，提高了肉羊产业生产效率。近年来，内蒙古自治区的羊存栏数量和羊出栏数量都呈现稳步增长的态势。2001年至2020年，内蒙古自治区的羊存栏数量从3515.9万只增长至6074.2万只，增长了72.8%；羊出栏数量也从2146.5万只增长至6458.3万只，增长了2.0倍。

#### 2. 集群地市肉羊产业情况

集群建设聚焦呼伦贝尔市的鄂温克族自治旗、新巴尔虎右旗、新巴尔虎左旗等旗县，形成了以呼伦贝尔羊等为主导品种的东部肉羊产业带，以乌珠穆沁羊、苏尼特羊为主导品种的锡林郭勒草原肉羊产业带。内蒙古自治区拥有全国最大的天然羊草草原，面积约1.63亿亩，其中，锡林郭勒盟、呼伦贝尔市羊草草原面积分别为9186万亩、4226万亩，两地羊草草原合计面积占全自治区的约80%，为草原肉羊产业发展提供了得天独厚的资源优势。

呼伦贝尔市拥有1.49亿亩天然草原，为畜牧业发展提供了丰富、优质的饲草资源，草原肉羊产业向集聚、集约、集群发展。市委市政府以畜牧业提质增效为主攻方向，推进肉羊产业标准化、规模化、产业化发展，探索创新肉羊产业发展模式，积极发展现代肉羊产业。2002 年呼伦贝尔羊通过了品种审定，并被自治区人民政府命名为呼伦贝尔羊。2019 年 11 月草原短尾羊通过国家畜禽资源委员会现场审定和命名。呼伦贝尔草原羊肉荣登中国农业品牌目录。呼伦贝尔市项目区的鄂温克族自治旗短尾羊年存栏数量 36 万只，肉、奶总产量分别达到 2.6 万吨和 7.6 万吨以上。

锡林郭勒盟草原总面积 2.89 亿亩，为畜牧业发展提供了丰富、优质的饲草资源。锡林郭勒盟形成以畜牧养殖、屠宰加工、物流配送、终端销售为基础，集科技创新、配套农资生产融合发展的特色集群。锡林郭勒草原羊肉被誉为世界顶级羊肉的代名词，肉羊存栏量稳定在 1100 万只左右，其中苏尼特左旗 2022 年羊存栏 95.4 万只，东乌珠穆沁旗羊存栏 314.7 万只。锡林郭勒盟肉羊良种繁育体系不断完善，全盟基本实现种公羊统一集中管理。东乌珠穆沁旗形成"乌珠穆沁羊原种场+扩繁场+核心群+标准化畜群"四级联合育种体系。乌珠穆沁羊、苏尼特羊被列入《国家级畜禽资源保护名录》。

## （二）经营主体

集群经营主体以龙头企业和农民养殖合作社为主。集群内拥有多家龙头企业和合作社，对肉羊产业发展起到了巨大的带动作用。

呼伦贝尔肉业集团历经十余年的发展，形成了年屠宰加工肉牛 30 万头、肉羊 150 万只，牛羊副产品、熟食深加工产品 5 万吨，养殖育肥肉牛 3 万头的总产能。集团通过公司+基地+合作社模式，在自身发展壮大的同时，也带动了地方现代养殖产业的发展。目前，已有近 6 万户农牧民加入呼伦贝尔肉业集团产业链。呼伦贝尔肉业集团取得了绿色食品商品注册标志，被授予区级农业产业化重点龙头企业和优秀农业产业重点龙头企业等荣誉。

内蒙古伊赫塔拉牧业股份有限公司是鄂温克旗招商引资企业，被认定为"内蒙古自治区农牧业产业化重点龙头企业"。生产厂区位于鄂温克族自治旗，拥有 7 万亩天然牧场、2000 平方米圈舍、7000 平方米厂房流水线、1770 平方米办公楼，速冻冷库、冷藏库可存储 4000 吨货物。公司引进国内先进的生产流水线，生产能力可达到每年屠宰 120 万只羊及 2 万头牛。购进先进设备，建立完善、可溯源的放牧养殖羊肉质量安全体系，可追溯系统

"从牧场到餐桌"全程质量监控,实现了鄂温克草原羊肉从养殖、屠宰到肉类产品加工、销售各个环节的追溯管理。

锡林郭勒盟额尔敦食品有限公司位于锡林郭勒畜产品加工园区,是一家立足草原、面向全国的专业从事牛羊肉生产销售的现代化食品企业。公司自有牧场3万亩,厂区占地面积12000平方米,建筑面积5000平方米。引进先进的吊宰生产线两条,配置有排酸冷库1000平方米、日速冻50吨的速冻冷库及可储1000吨的储藏冷库,具备年生产25万头只牲畜的能力。在经营上始终坚持专业化、规模化、绿色化、精品化、高品位、高品质原则,产品主要畅销北京、天津、上海、河北、东北、山西、山东、江苏、广州、深圳、海南等地。

## 二 强链补链

集群重点开展肉羊优良种畜供给、生产品质提升、加工优化、物流体系完善等建设,推动草原肉羊全产业链发展。

### (一)支持良种繁育

突出肉羊种质资源保护和利用,苏尼特右旗苏尼特羊良种科技有限责任公司被列入国家级畜禽遗传资源保种场,公司实施"内蒙古自治区苏尼特右旗苏尼特羊场建设项目",完善基础设施,建设成为国家一级原种种羊场,生产优质种羊。同时,建立完善的种羊生产技术规范和保种繁育技术规程,打造苏尼特种羊、优质种源基地,向养殖户示范推广现代化肉羊繁殖技术,提升养殖户生产效益,做好"苏尼特羊"优良品种提纯复壮。

### (二)提高生产加工能力

围绕苏尼特羊、乌珠穆沁羊、呼伦贝尔羊等地方良种和特色优势肉羊品种,以草原肉羊规范化屠宰、精细化加工、副产品综合利用为重点,提高内蒙古草原肉羊个体生产性能、繁殖成活率,重点是锡林郭勒盟额尔顿、大庄园和呼伦贝尔伊赫塔拉等年加工能力10万只以上农牧业产业化龙头企业精深加工能力提升。

### (三)加强肉羊流通配送体系建设

加强肉羊冷链物流配送、包装仓储等基础设施和收购网点、物流设施标准化、信息化建设。推动现有产地批发市场转型升级，完善交易专区、集配中心、电子结算、检验检测等设施设备。建造呼伦贝尔物产供应链平台，加快推进呼伦贝尔物产品牌运营中心建设，开展线上线下全渠道营销，重点是集群内自治区级以上农牧业产业化龙头企业肉羊现代流通体系建设。

## （四）拓展品牌营销

巩固提升呼伦贝尔草原羊肉区域公用品牌，依托新巴尔虎右旗、新巴尔虎左旗、鄂温克族自治旗等旗肉羊生产基地和加工龙头企业，强化运营管理，提升质量品质，健全溯源监管体系，注重知识产权保护，深度挖掘品牌内涵，全力开展品牌宣传推介，构建多渠道营销体系。通过加快拓宽销售渠道，提升产业效益，锡林郭勒羊品牌成为全区唯一入选农业农村部农业品牌创新典型案例，不断扩大集群羊肉产品影响力。《呼伦贝尔市农畜产品区域公用品牌建设三年行动方案（2021~2023年）》提出加大农畜产品区域公用品牌建设力度，围绕"呼伦贝尔"金字招牌，打响呼伦贝尔草原羊肉等区域公用品牌，着力提高农畜产品质量效益和竞争力。

## 三 建设实施

集群围绕生产能力提升、加工结构优化、社会化服务及区域优势品牌推广四大工程开展建设，涵盖标准化生产基地、产品精细化加工、冷链运输、品牌推广等全产业链多个环节。

依托企业主要进行肉羊养殖场和扩繁场建设、肉羊屠宰加工生产线建设，开展品牌推广等。家庭农场和养殖专业合作社主要进行良种羊养殖场基础设施建设、标准化养殖基地建设等。

## 四 取得的成效

## （一）设施条件不断改善

集群支持龙头企业和国有农牧场发展草原肉羊规模化养殖。为扩大呼伦贝尔羊养殖规模，呼伦贝尔农垦集团在哈达图农牧场公司建立呼伦贝尔羊扩繁场，与中国科学院等科研院所强强联手，打造呼伦贝尔羊种质资源创新利用与肉羊新品种培育基地和呼伦贝尔羊产业发展重要种源基地，通过供种带动周边肉羊养殖。呼伦贝尔羊扩繁场引进呼伦贝尔羊种公羊 100 只、种母羊 1000 只进行混群配种。新建和改造肉羊精深加工车间及屠宰加工生产线，购置饲料加工生产线和屠宰深加工及制冷设备设施，呼伦贝尔草原肉羊精深加工能力提升显著，产品加工转化率达到 74%。锡林郭勒大庄园投资 1.5 亿元建设加工牛羊肉成品、半成品、速烹食品、休闲食品、冷鲜食品的中央厨房。

## （二）品牌影响力持续扩大

采取加强品牌创建、品牌保护、品牌宣传等措施，做强"呼伦贝尔草原肉羊"等区域公用品牌，逐步在全区范围内推广实行统一追溯管理，持续开展绿色食品、有机农产品、农产品地理标志的检测、认证、使用等。大庄园肉业、羊羊牧业、额尔敦羊业均为锡林郭勒羊区域公用品牌首批品牌授权使用企业。实施草原羊追溯工程，订单合作，佩戴追溯耳标，录入身份信息，提价收购屠宰，专做品牌产品。2020 年底，锡林郭勒羊区域公用品牌正式对外发布，大庄园肉业、羊羊牧业、额尔敦羊业 3 家企业成为首批授权企业。2021 年，三家授权企业共屠宰加工追溯羊 12.5 万只，生产销售品牌产品 1451.7 吨。[①]

## （三）提质增效效果明显

集群获得多个绿色食品认证、有机认证、绿色有机产品、地理标志产品等。呼伦贝尔肉业集团先后通过了产品质量管理体系和食品安全管理体系认证，2014 年被认定为"国家农牧业产业化重点龙头企业"，2019 年通过了"蒙字标"产品质量管理体系认证，近于有机食品标准，大大提高了品牌占有率和社会影响力。通过实施草原羊追溯工程，呼伦贝尔已经为 100 万只羊建立了追溯体系，12 家草原羊肉企业加入了追溯系统，羊肉产品基本做到了从牧场到餐桌全程可控、全程可追溯；4 家企业获得锡林郭勒羊区域公用品牌授权，2023 年以竞拍价格向牧户共收购草原羊 4 万只，每斤羊胴体高于市场价格 4.2 元，加工生产后，推向全国中高端市场实现溢价销

---

① 《品牌引领，"锡林郭勒羊"声名远播！》，中国农业品牌研究中心网，http://www.brand.zju.edu.cn/2023/1208/c57338a2836314/page.htm。

售，总计带动牧民实际增收 500 万元。

## 五 联农带农

### （一）"龙头企业+合作社+牧户（家庭牧场）"模式

集群采取"龙头企业+合作社+牧户（家庭牧场）"合同制的利益联结机制，龙头企业牵头联合农牧业合作社、家庭牧场共同设立产业化联合体，汇集种养、加工、物流、销售等产业链各环节经营主体，聚拢各类资源要素，实现产加销一体化经营，将加工、销售环节的部分收益让利给农牧户，带动牧民增收。依托集群建设，培育了一批覆盖全产业链条、生产经营规模大、利益联结紧密、对农牧民增收有关键支撑带动作用的产业化联合体，共享加工流通增值收益和产业化发展成果。龙头企业与农牧民建立利益联结机制比例达到 83%。

### （二）"企业+科研院所+合作社+农户"模式

锡林郭勒大庄园肉业有限公司联合内蒙古农业大学食品科学与工程学院签署了"产学研战略合作协议"，与牧户、生产合作社开展订单收购并签订保底价格；屠宰季节引导牧民有序出栏，增加牧民收入，带动产业振兴。同时，投资建设"牧民之家"，实现了食宿、动检、卸羊、智能化网络视频监控、皮张议价销售、财务核算、银行结算的一条龙服务，为牧民增收、提升幸福指数起到了积极的示范引领作用。

## 六 亮点经验

### （一）全产业链发展

内蒙古自治区建立了农牧业全产业链重点链"链长"工作制度，自治区党委农牧办主任、农牧厅厅长担任产业链专班工作组组长，并组建重点链工作专班，建立"7个一"工作推进模式。2021 年，肉羊产业成功申报全国农业全产业链重点链，锡林郭勒盟额尔敦食品有限公司作为全区肉羊产业"链主"企业，在呼伦贝尔开展百亿级集群建设，聚焦草原肉羊生产能力提升、草原肉羊加工水平提升和区域公用品牌营销推广，促进全产业链要素的提升。同时，建立供应链平台，采用自营电商、直播、线下门店、招募分销商、大客户采购等方式全渠道开展销售，并对接物流、快递完成配送服务，使操作流程和信息系统紧密连接，各环节无缝衔接。

## （二）绿色品牌营销

深入实施农牧业品牌提升行动，项目区依托集群优势，坚持"绿色、有机、原生态"品牌核心价值，采取政府主导、企业运作、市场运营等方式，统筹推进产业区域品牌建设和培育。以"呼伦贝尔羊""苏尼特羊""乌珠穆沁羊"三大地方优势品种为主导，开展形式多样的区域品牌营销推广活动，参加中国农交会、绿色博览会、"内蒙古味道"展销会、呼伦贝尔草原羊肉美食节等活动，加强品牌营销推介和渠道建设。结合文旅开展呼伦贝尔绿色农畜产品宣传，设计草原肉羊广告形象推广到全国各地。呼伦贝尔草原羊肉等5个区域公用品牌入选"中国农业品牌目录"，锡林郭勒羊肉被评为"国家百强区域公用品牌"，入围"中国区域农业品牌影响力排行榜"，荣获"中国农产品区域公用品牌·市场新锐品牌"等奖项。通过建立健全品牌运营管理制度，加强农牧业品牌管理。

## （三）培优扶强

制定实施《培育农牧业产业化重点龙头企业五年行动计划》，推动龙头企业重心下沉，向中心乡镇苏木、物流节点和产业集聚区集聚，向产业发展潜力大、加工基础薄弱地区扩展，引领助推集群发展。深入推进草原牧区创业创新，实施创新培育行动，建立创新基地。逐步形成了以额尔敦食品有限公司为阿巴嘎旗羊业发展"领头羊"的产业发展模式。项目区的羊业生态基地建设于2017年，依托得天独厚的草原生态自然环境，引进国际领先技术，建立了肉羊全控产业链发展模式，实现"从牧场到餐桌"的安全食品生产供应链。

## 七　前景展望

内蒙古自治区已将肉羊产业列为重点产业链之一，并建立起由自治区分管领导为链长的"链长制"工作机制，自治区农牧厅已成立肉羊产业发展工作专班。力争在"十四五"期间，将内蒙古自治区肉羊产业打造成千亿级农牧业产业。

　　集群将进一步加强肉羊良种推广。积极培育国家级和自治区级肉羊核心育种场，推广"核心育种场+种羊场+扩繁场"联合育种模式，重点提高产肉性能、繁殖性能、羊肉品质和群体整齐度，推动优质肉羊种源基地建设。发展标准化养殖。通过采取加强标准化原料基地建设、提升标准化水平、加强质量监管等措施，完善肉羊标准体系，逐步推动将肉羊养殖场户纳入数据平台管理，对羊肉开展品质评鉴，用数据定量方式表达内蒙古品牌产品品质，推动肉羊产品优质优价。率先在锡林郭勒、呼伦贝尔两大草原牧区和国家级核心育种场建立无疫区和无疫小区，实现动物疫病净化。提高加工能力。采取发展肉羊精深加工、推进肉羊加工产业集聚集群发展、加强肉羊产业重点链建设等措施，培育一批年产值超过10亿元的肉羊加工企业、20亿元的草原肉羊产业化联合体、30亿元的草原肉羊加工园区。扶优龙头企业。采取优化龙头企业布局结构、培育壮大龙头企业队伍、推动龙头企业全产业链融合等措施，形成国家、自治区、盟市肉羊龙头企业梯队，引导肉羊龙头企业以加工流通带动业态融合，发展中央厨房、直供直销等业态。积极支持龙头企业上市。加强品牌建设。采取加强品牌创建、品牌保护、品牌宣传等措施，做强"呼伦贝尔草原肉羊"等区域公用品牌，逐步在全区范围内推广实行统一追溯管理，持续开展绿色食品、有机农产品、农产品地理标志的检测、认证、使用等。

# 养羊讲究科技范儿

## ——甘肃甘味肉羊产业集群

### 一 集群概况

#### （一）基本情况

1. 甘肃省肉羊产业整体情况

近年来，甘肃省立足资源禀赋和产业基础，坚持"兼顾生态、精养优养"，做足"羊"文章，做活"羊"经济，围绕"羊产业"深耕细作，采取"政策扶持、政府推动、市场拉动、品牌带动、群众参与"的模式，调结构、提品质、创品牌，打造绿色有机肉羊全产业链，带领农民走"羊"路，发"羊"财，通过育肥羊产业，构建现代乡村产业体系，实现以产业兴旺领航乡村振兴。甘肃省肉羊产业形成了"以规模养殖场为主导，以适度规模养殖户为补充"的生产体系。全省羊存栏 2595.6 万只，出栏 2278 万只，羊存栏量位居全国第三。甘肃省已建成肉羊屠宰企业 72 家，可实现年屠宰肉羊 900 万只。创建了"中天肉羊良种繁育与产业开发模式"等肉羊产业发展模式，打造了"山丹羊肉""民勤羊肉"等一批地方知名品牌。

2. 集群地市肉羊产业情况

甘肃甘味肉羊产业集群范围包括临夏州的临夏县、广河县、东乡县、临夏市、积石山县，白银市的会宁县、靖远县，武威市的民勤县、古浪县，庆阳市的环县等 10 个县市。集群地处黄土高原丘陵沟壑区，日照充足，气候干旱，耕地与草地交错分布，具备发展畜牧业的基础条件，且群众历来有养羊传统。立足当地资源优势、区位优势、比较优势、商贸流通优势，坚持走"草畜配套、种养循环、产加一体、粮饲兼顾、农牧结合"的绿色循环农业发展之路，经过项目建设，积极推广"政府扶持与农户自筹相结合"的能繁母羊养殖村发展模式和"规模养殖场（小区）+脱贫户""农民合作社+脱贫户""养殖专业村+农民合作社+脱贫户"等养殖模式，逐步形成了集种草、养殖、育肥、加工和销售的全产业链条，建立起了较完善的现代肉羊产业体系。

到 2022 年，集群内 10 个县市羊存栏、出栏、羊肉产量分别达到 900 万只、970 万只、18 万吨，比 2019 年分别增长 20%、29%、33%。集群内肉羊三次产业总产值达到 216 亿元（其中，第一、第二、第三产业产值分别达到 82 亿元、67 亿元和 67 亿元），增长 33%，带动全省肉羊一二三产业总产值达到 380 亿元以上，增长 22%。

临夏州肉羊饲养量达到 923.64 万只，由 2015 年的全省第六上升到第二，临夏州肉羊产业现已成为全州乡村经济发展的主导产业，也是甘肃省羊肉主产区和我国西部涉藏地区、东南沿海羊肉供应的重要地区。临夏县累计建成规模养殖场（合作社）211 个，发展规模养殖户 30 多户，推动肉羊产业朝着标准化、品牌化、现代化的发展方向快速迈进。

庆阳市大力发展以湖羊为重点的现代肉羊产业，培育形成了陇东黑山羊、环县滩羊等地方特色品种，打造了"环县羊羔肉"等羊肉品牌，成为全国重要的现代肉羊产业基地。在巩固拓展脱贫攻坚成果同乡村振兴有效衔接的新征程中，养羊是当地群众增收致富的主要来源。

## （二）经营主体

甘肃肉羊经过多年发展，在集群涌现了一批具有相当规模的各级农业产业化龙头企业、农民专业合作社，以企业和合作社为主体的养殖基地规模和数量不断扩大，带动肉羊产业稳步发展。

甘肃庆环肉羊制种有限公司秉持"科技创新、合作共赢"的发展理念，建有山城乡制种繁育和木钵镇商品羊标准化育肥两大基地，运用机器人饲喂、自动称重分群、羊群管理等现代化、规模化舍饲肉羊的科学饲喂和管理系统，探索研发并推广具有全国领先地位的生产技术，被农业农村部、甘肃省农业农村厅分别授予"畜禽养殖标准化示范场""甘肃省良种肉羊繁育基地"。公司积极发挥龙头示范带动作用，与县内肉羊养殖场户结成技术帮扶"对子"，定期上门指导应用科学养殖新技术，带动养殖场户增收 1000 多万元。积极开展"社带户养""户托社养"，完成退股 450 户，退还羊只 2178 只，带动 198 户脱贫户、181 个村集体发展肉羊产业，用切实有效的行动助力乡村振兴，助推农业农村现代化。同时，大力开发就业岗位，吸纳50名当地群众到企业就业，人均务工年收入4万元以上。

甘肃中盛农牧发展有限公司是全省十大农业产业化重点龙头企业之一。公司已建设2万只肉羊养殖场1个，存栏肉羊1万只，发展专业合作社和规模养殖户20户。被评为全省十大农业产业化重点龙头企业。公司通过"种植养殖横向一体化，实现农业内部有机融合；生产加工销售纵向一体化，实现全产业链融合发展"模式，实现从种养基地到产品加工、仓储智能管理、市场营销体系打造，再到农业休闲、乡村旅游、品牌建设、行业集聚等一二三产业重点环节建设的一体化，有效提高了农业生产的组织化、标准化、规模化和品牌化。"中盛中有"品牌产品被评为"甘肃省名牌产品"，畅销国内多个省份和蒙古国等国家。

甘肃中天羊业股份有限公司是农业产业化国家龙头企业、高新技术企业、甘肃省民营百强企业、全国新型职业农民培育示范基地、国家知识产权优势企业，主要从事优质肉羊品种改良、繁育、推广。公司依托兰州大学、甘肃农业大学、中国农业科学院北京畜牧兽医研究所、中国农业大学等科研单位的技术支撑，建立了国家核心育种场、国家肉羊性能测定中心、国家动物疫病净化创建场、农业部肉羊标准化示范场等平台，建立了甘肃省肉羊繁育生物技术工程实验室、甘肃省肉品加工与质量安全控制工程实验室、甘肃省院士专家工作站、省级企业技术中心等省级技术平台。经过多年探索总结成功推广"前期技术培训、中期投种回收、后期加工销售"的模式，实现了产业发展和农户脱贫致富的有机衔接，被确立为甘肃省发展肉羊产业推广的"中天模式"。

## 二 强链补链

集群通过对良繁体系、饲草料基地、科技服务等产业链关键环节进行建设，综合生产能力有了较大提高。

### （一）肉羊良种繁育体系基本形成

集群以原种场和资源场为核心，以繁育场为支撑，满足不同生产方式和生产规模需求的肉羊良种繁育体系初步建立。白银市以政府扶持为引导，扶持配套建设规模化、标准化、饲养国外肉用型品种为主的父本种羊场

1个。建设以生产多胎品种为主的肉羊良种扩繁场 10 个，建设肉羊人工授精站点 5 个，为周边农户提供服务，进一步提高肉羊繁殖性能。在会宁县 28 个乡镇，通过项目支持、以奖代补等方式，建设存栏 50 只基础母羊的繁育户 1 万户，新建一家万只种羊场。加大地方品种的保护开发力度，建设滩羊遗传资源核心保护场 2 个，开展会宁滩羊保种选育，着力构建肉羊良种繁育体系。以会宁本地寒滩、杜寒为母本，白头杜泊为父本开展会宁肉羊新类群选育，用 3~5 年时间，培育出适合白银市范围生长的会宁肉羊新类群。

## （二）饲草料基地建设基础良好

集群以优质充足的饲草资源保障肉羊产业健康发展。庆阳市环县依托高产优质紫花苜蓿种植、"粮改饲"等项目，支持养殖场、养殖户、饲草经营主体种植优质牧草 80 万亩以上。持续落实青贮揉丝打捆包膜机械、秸秆打捆机械、全混合日粮搅拌机等饲草收贮加工机械补贴投放政策，支持全年收贮青贮饲草 80 万吨以上、青干草 40 万吨以上、农作物秸秆 20 万吨以上，健全县内 26 个全日粮加工点联农带农机制，向养殖场、养殖户代发饲料物化补贴，生产配送全混合发酵日粮 8 万吨以上，保障县内饲草供给充足。

## （三）科技服务体系基本完善

集群不断完善畜牧科技产业链建设，增强肉羊养殖科技含量。广河县为推动肉羊产业高质量发展，建设牛羊大数据中心全产业链数字展示平台，全县牛羊品种、存栏量、牛羊饲喂情况以及专家库一目了然，真实呈现全县牛羊全产业链发展的每个环节。大数据平台联通 22 个核心繁育场和 146 家标准示范场的实时画面，实现养殖品种和过程的统一监管，通过数字化监管选育品种、饲喂的羊才是真正的"广河羊"，数字化的目的是实现产品可追溯，不仅可以让消费者吃到高品质的放心羊肉，还能打造提升"广河羊"品牌。数据平台不仅可以实现牛羊肉的可追溯，同时可以实现产销连接，为牛羊全产业链发展奠定基础。①

---

① 赵梅：《科技创新为养殖业提质增效》，《经济日报》2023 年 9 月 30 日。

### 三　建设实施

集群围绕肉羊良种繁育体系、标准化养殖基地建设、屠宰加工、市场流通体系、品牌体系、饲草料体系等开展建设。通过建设，打造生产、加工、流通、服务一体化产业发展体系，带动农民增产增收。

农牧部门主要开展良种繁育体系和品牌建设，家庭农场和养殖专业合作社主要开展标准化养殖基地建设。企业和养殖专业合作社主要开展良种推广、肉羊屠宰加工、冷链运输建设等。

### 四　取得的成效

#### （一）生产和研发条件得到改善

集群持续加大投入力度，推动养殖基地规模化、标准化建设。环县依托庆环肉羊制种基地，打造一级车间纯种选育；建成二元杂交示范点 50 个，打造二级车间杂交扩繁；围绕 211、341 国道线两条"百公里、百万只"集中育成示范带，新建育肥场 41 个，积极推进以大学生为主的新型经营主体领办经营示范社 52 个，带动引导 244 个"331+"合作社将主营方向转为育肥，打造三级车间专业育肥；建成百万只肉羊屠宰场、18 万吨乳制品加工厂，打造四级车间屠宰加工；支持增设羊肉熟食加工生产线，引进大型企业筹建环有熟食加工厂，开发预制菜品，打造五级车间熟食开发。"五级车间"和"全链条"发展思路，形成了从一只种羊到一条链的全产业链发展模式。[①]

集群和国内高校、科研院所合作建立研发基地，培育农业科技人才队伍，和多家研究所签订科技服务协议。环县成立肉羊种质创新中心，研究绵羊基因组选择、精原干细胞移植、胚胎移植、手工克隆以及干细胞育种等育种新技术，同时组建了肉羊育种专家组，正在培育产羔多、生长快、肉质好的肉羊新品种，将面向全国供应。

#### （二）品牌影响力不断增强

集群持续打造特色品牌，创建区域公用品牌 6 个，不断创新品牌宣传推

---

① 乔洁、鲁明：《甘肃环县：擦亮"金字招牌"促羊业腾飞》，《农民日报》2023 年 8 月 4 日。

介方式，集群品牌影响力和市场竞争力持续增强。"环县羊羔肉"是国家地理标志保护产品，入选全国区域品牌百强榜，荣获全国十佳羊肉品牌第一名、全国绿色农业十佳畜牧地标品牌、第五届中国农业（博鳌）论坛指定产品、第二届中国食品博览会"中国名宴"称号等殊荣。"环县羊羔肉"通过品牌全国巡展、奥运冠军进校园推介、银西高铁"环县羊羔肉"号冠名宣传等一系列宣传活动，扎实推进"甘味"羊肉品牌环县示范基地创建，极大地提升了"环县羊羔肉"品牌的知名度和影响力。"环县羊羔肉"与甘肃中盛农牧集团公司"中盛中有"羊肉入围全国十佳羊肉品牌，品牌溢价效应带动了农户增收。临夏羊肉熟食品已形成"东乡手抓"等许多品牌，其餐饮店分布全国各地；还有民勤羊肉、临夏市"伊佳源"、古浪县"甄程"羊肉、民勤县"苏武沙羊"等特色品牌。此外，"靖远羊羔肉"也建立其独特的原始风味和品牌形象，在省内外专营"靖远羊羔肉"的餐馆多达上千家，营运户400多户。

### （三）产品品质快速提升

集群注重种羊选育，助力肉羊产业高质量发展。广河县共发展核心基础母羊繁育基地32家，养殖基础母羊24.5万只，年繁育羊羔53万只，推动肉羊异地引进育肥向自繁自育转型，品种繁杂低产向优质高产升级。此外，还加大研发力度，开展肉羊从传统放牧到集中育肥养殖的研究，研发生产绿色、安全、高生长效能的肉羊深加工产品，研发生产从牧场到餐桌可追溯健康食品。

### 五　联农带农

集群创新联农带农激励机制，通过龙头企业和合作社的辐射带动，带动农户进入产业、实现就业、增加收入，有力地推动了肉羊产业快速发展和农民增收。通过项目实施，带动项目区从事肉羊养殖或与肉羊养殖有关的从业人员近40万人，比项目实施前增加了30%以上。①

---

① 《甘肃省甘味肉羊产业集群项目》，甘肃数据库网，http://www.gsjlxkgc.com/index.php/index/index/detail_news.html?news_id=7000。

## （一）定向投入模式

古浪县出台农业产业奖补和"羊十条"政策，投入资金 1.3 亿元扶持群众产业发展，建成投运八步沙羊产业链服务中心等 24 项重点农业产业项目，新建养殖暖棚 6534 座、日光温室 1214 座，改造提升日光温室 2262 座。肉羊存栏量 355 万只，位列全省第一。[①] 民勤县建成规模化养羊小区 601 个，培育养羊专业村 100 个、繁育户 1 万户，肉羊饲养量达 420 万只，羊肉产量达 4.6 万吨，建成羊肉屠宰精深加工生产线 8 条，年加工能力达 125 万只。[②] 环县把草羊产业作为群众增收的主导产业来抓，已建成万只湖羊示范合作社 7 处、千只湖羊示范社 124 处、"331+"合作社 244 处，建成年出栏量 5000 只以上的规模育肥合作社 41 家，建成标准化羊棚 2 万座、草棚 1.24 万座，培育湖羊养殖专业户 1.5 万户、提标专业户 4577 户。[③]

## （二）利润分配模式

集群龙头企业采取"企业+合作社+农户""企业+养殖小区+农户""企业+村集体+家庭牧场+农户"等模式以及组建农业产业化联合体，利用部分企业利润按订单交易量进行二次返还分配，带动农户发展产业、增加收入。

1. "企业+合作社+农户"

农业产业化龙头企业领办、创办或对接农民专业合作社，建立与农户的利益联结机制。按照"企业+合作社+农户"发展模式，企业与合作社、合作社与农户分别签订生产订单，明确利益分配方式。古浪县甘肃甄程农牧科技发展有限公司以绿色农作物种植、畜禽生态养殖、有机肥生产、肉食品精深加工为主业，现有甄程牌"大漠羊""凉州牛"两个大类系列、多个精加工产品，畅销北京、上海、广东、山东、重庆、成都等地，并与多家餐饮品牌确立了长期稳定的合作关系。由企业对接当地合作社，合作社

---

① 《古浪：产业奖补促增收 乡村振兴添活力》，甘肃省农业农村厅官网，http://nync.gansu. gov.cn/nync/c107892/202403/173873418.shtml。

② 《民勤：肉羊产业链 铺就致富路》，民勤县人民政府网，http://www.minqin.gov.cn/art/ 2024/3/5/art_465_1234112.html。

③ 《甘肃环县："五级车间"助推肉羊产业高质量发展》，中国农网，https://www.farmer. com.cn/2023/06/05/wap_99930030.html。

统一向农户提供优良品种，由龙头企业负责产品精深加工、品牌创建、市场营销等。

2. "企业+养殖小区+农户"

农业产业化龙头企业直接或与农户共同投资兴办规模化、标准化、集约化的种养示范小区，会宁县的会宁陇原中天羊业有限责任公司与会宁大沟、四房、刘寨、新塬、新庄、土门、土高、柴门等8个肉羊重点乡镇的1000户脱贫户签订《投母收羔养殖协议》，与县域内种羊场及养殖小区通过租赁、入股等方式进行合作，建成年存栏2万只以上的良种肉羊繁育区，以此鼓励农民到种养小区生产饲料、养殖肉羊，建立肉羊生产基地。①

3. "企业+村集体+家庭牧场+农户"

农业产业化龙头企业通过与村集体组织签订养殖订单，由村集体与家庭牧场、养殖农户再签订生产协议，明确养殖标准，确定合理的收购价格，由村集体组织农户生产，建立饲料生产基地和养殖小区，企业负责产品开发与加工销售。民勤县的农业发展有限责任公司通过此模式运营，打造现代农业产业园区，带动产业转型升级。

4. 农业产业化联合体

由龙头企业、农民合作社、家庭牧场、养殖大户、农业社会化服务组织共同组建农业产业化联合体，围绕产业发展建立管理章程、制定建设方案，以全产业链开发为目标，集群10个县市的上百家养殖企业、养殖合作社和家庭农场联合建设种羊场和养殖基地等，鼓励和支持龙头企业、合作社通过统一生产、统一营销、信息互通、技术共享、品牌共创等方式创建联合体。

## 六　亮点经验

### （一）放大品牌效应

为了持续放大"甘味"品牌效应，甘肃省农业农村厅制发《甘肃省"甘味"农产品品牌目录管理办法》，加快实施以"甘味"品牌为统领、以

---

① 《白银市委书记苏君带领调研督查组调研会宁陇原中天羊业有限公司项目建设情况》，搜狐网，https://www.sohu.com/a/330183517_158626。

地方公用品牌为支撑、以企业商标品牌为根本的品牌营销战略，进一步增强了产业链产品及企业市场竞争力。2021年，"甘味"品牌在中国区域农业品牌影响力指数百强榜排名第一。

民勤县荣获"中国肉羊之乡"称号，"民勤羊肉"获批国家地理标志保护产品。环县与两户企业共同开展肉羊繁育、育肥、饲草料加工、肉羊屠宰及精深加工、销售等业务，加大研发力度，培育国家级肉羊品牌体系，促进环县羊产业高质量发展。环县建设的环州故城，是集历史文化和羊文化于一体的文旅胜地，将古城文化和环县羊羔肉品牌结合在一起，通过品牌文化带动环县羊产业，实现交通、餐饮等服务业多项产业融合发展。

为进一步扩大优势特色品牌的区域影响力，东乡县深入挖掘"东乡贡羊"历史沿革、品质特点、产地环境等产品特色，并组织开展了"东乡贡羊"等地域品牌认证申报工作；组织企业参加和开展了以"东乡贡羊·天下共飨"为主题的"东乡贡羊"与阿里拍卖战略合作发布会，参加农业农村部在北京、山东、武汉、广西、兰州等地举办的农产品展销活动，大力宣传和推介东乡县特色畜产品，提升产品知名度和市场影响力；通过东西协作等帮扶机制，与中石化、碧桂园等帮扶企业开展"东乡贡羊"等农特产品订单产销对接工作，使东乡特色农产品实现快卖增收，有效解决了农产品销售困难问题；东乡县成立"东乡手抓羊肉"品牌管理专职机构，通过制定"地方标准"、品牌申报、无公害农产品认定等途径，持续提高"东乡手抓羊肉"产品的附加值；通过规范养殖（育肥）、繁育、屠宰加工、储存、营销、配送等工作，提高市场竞争力和品牌优势；积极与科研单位、大专院校开展多领域的技术合作，研发"东乡手抓"肉羊高附加值产品，延伸产业链条。

## （二）建强科技支撑

依靠科技支撑，集群各地养羊愈加讲究科技范儿。临夏州深入实施创新驱动发展战略，助推农业农村技术进步，发展现代化养殖业，使牛羊产业发展提质增效，赋能乡村振兴。国家肉羊产业技术体系与临夏州人民政府签订科技服务协议，以广河县、东乡县、积石山县为重点提供科技支撑，从技术指导服务、科技成果转化、技术研发和试验示范等方面，举办专题科技服务活动，选派专家开展技术服务，有力助推了当地肉羊特色产业发展。临夏州成立州政府咨询委员会，聘任国家肉羊产业技术体系首席科学家为首席顾问，为全州肉羊产业发展提供决策和技术咨询。甘肃省现代草食畜产业技术体系在临夏设立区域试验站，26 名首席专家和岗位专家为临夏州草食畜牧业发展提供全力支持。同时，强化产学研结合，集群有关县市与中国农业大学、西北农林科技大学、四川农业大学、甘肃农业大学及中国农业科学院、甘肃省农业科学院等院校和科研院所合作，建立产学研基地和新产品研发中心，增强新技术、新产品研发能力。

东乡县成立了集科研开发、品种选育、品牌培育、检测检验于一体的东乡县肉羊产业研究中心，组建专家组，引进兰州大学、甘肃农业大学、省畜牧总站、省农科院等 6 个专家团队入驻 12 家羊场，为羊全产业链发展注入了科技力量。

武威市与国家肉羊产业技术体系、科研院所、高等院校建立合作关系，特聘国内肉羊产业专家开展肉羊产业技术研发攻关。派驻基层一线 658 名科技特派员，做给农民看、带着农民干、帮着农民赚，架起了农民养殖增收致富的桥梁，延长了农业产业链，打通了科技服务的"最后一公里"。不断创新服务模式，从产业发展规划指导、关键共性技术攻关、新品种新技术示范推广、全产业链技术服务等方面提供服务支撑，开展"进百企入千户"科技服务活动 777 场，印发各类产业关键技术培训手册 9700 余册，培训农牧民 6.9 万人次；充分发挥"武威科特派"公众服务平台作用，组建各产业微信群，搭起生产一线群众与专家在线沟通的桥梁，实现科学技术与经济社会的紧密结合。①

环县人民政府与西北农林科技大学、兰州大学、甘肃农业大学达成合作协议，获得肉羊良种繁育体系建设、品种改良、草产业等方面的科技支撑。引进德华生物股份有限公司，建立与澳大利亚、英国等国家技术团队的合作关系，利用国内外先进实用技术开展肉羊良种杂交选育和先进技术示范推广。聘请 86 名国内高校羊业专家组成的"国家队"、32 名外国专家组成的"国际队"，组建以当地畜牧兽医部门专业人员为主要成员的"地方队"，构建了梯队形羊产业技术队伍，从种羊繁育、饲草料配方等多个方面发力，全力推动环县肉羊的品种、品质全面提升。

---

① 颉满斌、包雨纯、吴积文：《甘肃武威："星星之火"进田间"科技之花"遍陇原》，《科技日报》2023 年 11 月 22 日。

在环县肉羊产业发展的"科技"名片——甘肃庆环肉羊制种有限公司种羊繁育基地，有澳大利亚胚胎移植专家长期驻守，有国内各大专业院校专家教授长期蹲点，也有省市县的"羊专家"和环县的养羊大学生团队。通过"科技制种、基因育种"高新技术推广和良种基因培育，成为中国肉羊种业"芯片"的生产基地"羊业硅谷"，这也为国内养羊业提供了"环县方案"。

### （三）做实政策支持

甘肃省下发资金支持集群实施良种补贴。以市场需求为导向，以建立与畜牧业转型、结构调整、区域布局和不同生产方式相适应的良种繁育体系为目标，资金重点支持标准化养殖基地建设；坚持引种与培育相结合，立足优势产业和区域化产业基地，支持开展肉羊良种补贴和畜牧业特色产业培育，持续推进甘肃肉羊特色优势产业健康发展。为应对国内肉羊市场价格波动，环县及时出台有关"托底"政策，细化肉羊保护价收购政策，由政府补贴差价，对县内羊只保价格、保销售、保收入，严格落实种羊收购保供奖补政策；积极拓展多元化羊肉产品市场，加快甘肃肉羊销往全国市场的步伐，确保肉羊产业健康稳定发展。环县以闭环产业链体系为抓手，出台《关于促进羊产业健康稳定发展的十条意见》，提出支持发展与兜底保障并重，推行供应链金融支持，启动"基金撬动、银社联结、以羊定贷、购羊放贷、售羊还贷、封闭运行、多方共赢"的"金羊供应链贷"，进一步夯实产业发展基础，筑牢风险防线。

### 七　前景展望

《甘肃省特色农产品及食品加工产业链实施方案》提出到 2025 年，甘肃全省羊存栏量、出栏量、羊肉产量分别达到 3130 万只、2720 万只和 44 万吨，打造全产业链产值突破 500 亿元的肉羊产业。建设环县百亿级产业园，东乡、民勤 2 个 50 亿级产业园；打造 6 个 30 亿级的产业强县，形成一批支撑加工产业链上下游协同发展的"链主型"龙头企业，培育营业收入 1 亿元以上的企业 10 个、10 亿元以上的 1 个。

以羊肉产品加工为重点，实施全产业链打造提升，以产业园为平台健全完善屠宰、加工、冷链物流和产品营销体系，推进重点项目建设，着力培育壮大加工龙头企业，做响"甘味"品牌，夯实产业链前端，做强产业链中端，发展产业链后端，优化落实人才引进、财政金融、土地、科技支撑、营商环境等政策措施，为肉羊产品加工产业补链强链延链提供强劲动力，实现全产业链高质量发展，成为全国重要的绿色优质羊肉产品生产核心基地。

# "稻虾共作"激发新活力

## ——江西鄱阳湖小龙虾产业集群

## 一　集群概况

### （一）基本情况

1. 江西鄱阳湖小龙虾产业整体情况

江西省水域资源丰富，适宜小龙虾人工增养殖的大水面180万亩、河沟低洼地（塘）200万余亩、宜渔稻田600万余亩，资源条件得天独厚，作为全国小龙虾主产地，发展潜力巨大。近年来，江西省坚持绿色发展理念，围绕"生态鄱阳湖、绿色农产品"品牌战略，加速推进渔业供给侧结构性改革，大力发展小龙虾增养殖和稻虾综合种养，系统布局高效养殖等新技术的研发和应用，不断向产业链下游和价值链高端延伸，实现小龙虾养殖的转型升级和提质增效，全省小龙虾产业呈快速发展态势，养殖产量、面积、产值大幅增长，江西小龙虾产业发展稳居全国第一梯队，已成为江西农业最具活力、潜力和特色的产业之一。全省小龙虾养殖规模近五年来实现翻番，2022年，全省小龙虾养殖面积已增长到249万亩，养殖产量达25万吨，综合产值达300亿元。

2. 集群地市小龙虾产业情况

江西鄱阳湖小龙虾产业集群以九江市彭泽县、都昌县、永修县，上饶市余干县、万年县、鄱阳县，南昌市新建区、南昌县，鹰潭市余江区，吉安市吉水县，赣州市大余县，萍乡市湘东区等7市12个县区为小龙虾产业集群核心县区，辐射带动全省小龙虾产业发展。按照"全产业链开发、全价值链提升"的思路，将"小龙虾"打造成带动渔业增效、农民增收的"大产业"。

九江市彭泽县依托优良的生态资源优势，发展小龙虾生态养殖，通过土地流转、资金入股、劳务就业等形式带动群众增收致富，积极引入凯瑞、凯琛等农业龙头企业，加大对小龙虾的研发投入，规划建设面积 800 亩的虾蟹精深加工区，打造全国最大、标准最高的单体小龙虾加工厂，全县稻虾共作面积突破 15 万亩，荣获"中国小龙虾产业十强县""全国小龙虾全产业链典型县"。永修县地处鄱阳湖畔，河道纵横，湖泊众多，水网密布，气候适宜。近年来大力发展以稻虾为主导的特色农业，实现了从无到有、从有到优，形成了集生态养殖、加工贸易、仓储物流、餐饮文化于一体的全产业链发展格局。目前，永修县小龙虾养殖面积达 21 万亩，打造了万亩以上稻虾养殖基地 5 个，千亩以上稻虾养殖基地 30 余个，小龙虾年产量近 3 万吨，稻虾产业综合产值达 15 亿元。都昌县充分利用沿鄱阳湖水资源丰富的优势，大力发展小龙虾产业，形成了集生态养殖、苗种繁育、冷链物流、精深加工、贸易出口于一体的小龙虾产业链，全县小龙虾养殖总面积达 12.2 万亩，其中虾稻共作养殖面积 7.2 万亩，低洼池塘、港、堰和大水面养殖面积 5 万亩，小龙虾总产量达 1.81 万吨，年产值可实现 5.79 亿元。

上饶市是江西省渔业重点大市，境内鄱阳湖面积 160 多万亩，约占整个鄱阳湖的 1/3，依托全市高标准农田项目建设，全市大力发展稻虾共作产业。余干县积极引导村民发展"稻虾连作"，推广"稻虾共作"绿色种养模式，实现"一水两用、一田双收、稳粮增效"，逐步形成了稻渔轮作、水农共融、农旅共振的产业模式，全县共发展虾稻共作、虾稻轮作种养面积 3 万亩，年产小龙虾 450 万公斤、优质稻米 1550 万公斤，综合产值 1.8 亿元。鄱阳县现有稻虾、荷虾共作种养水田 10 多万亩，通过统一管理、统一种养、统一销售，实现种田养虾双丰收。

南昌市是江西小龙虾主产地之一，全市稻田养虾总面积突破 13 万亩，占全省稻田养虾总面积的 6.5% 左右，养殖总产量约 1.7 万吨，占全省总产量的 7.7% 左右。全市小龙虾主产区集中在新建区、南昌县及进贤县等环鄱阳湖县（区）。[①]

鹰潭市余江区大力推广稻渔综合种养体系，挖掘土地最大附加值，发展稻渔综合种养面积 4 万余亩，提高生态效益和促进一二三产业融合，不断推动乡村振兴。

吉安市吉水县地处江西省中部、赣江中游。当地依托赣江优质的水源，

---

① 鄢玫：《小小龙虾乾坤大》，《江西日报》2023 年 6 月 16 日。

因地制宜大力发展稻虾共作产业，将赣江畔的冷浸田、易涝田改建成稻渔综合种养基地，形成以"稻虾共作"为主要模式的稻渔综合种养产业。吉水县现有稻虾共作、稻虾轮作基地面积 4.3 万亩，小龙虾总产量 6000 多吨，稻虾基地水稻平均单产 1210 斤，小龙虾平均亩产 295 斤，稻渔基地平均每亩纯利润 3000 多元，全县稻渔产业产值达 5 亿元。小龙虾产业有力带动了当地农民增收致富，助力乡村振兴。

赣州市大余县大力推进稻虾生态种养示范基地建设，通过统一规划、充分整合，实现零散的稻虾种养逐步规模化、标准化，并采取"技术引领+统一购销"模式，充分解决农民生产资金、技术和销售等多方面难题，构建集"苗种繁育、立体养殖、物联流通、精深加工、餐饮消费"于一体的稻虾产业链。目前，建成稻虾、稻藕轮作基地 5 个，种植面积 7000 多亩。

萍乡市湘东区是中国杂交水稻之乡，全区围绕"产地生态、产品绿色、产业融合、产出高效"的发展定位，发展以"稻虾共作"为主要模式的稻渔综合种养产业，全区稻渔综合种养总面积达 1.8 万亩，成功获评"江西省整县推进稻渔综合种养示范县"。

## （二）经营主体

集群经营主体以龙头企业和农民专业合作社为主，集群内拥有多家国家级龙头企业，对小龙虾产业发展起到了巨大的带动作用。

九江凯瑞生态公司是一家集"鄱阳湖"品牌系列虾蟹稻养殖技术开发、生物科技、物联网、电商平台、虾蟹产品加工、冷链物流配送、乡村休闲旅游于一体的农业产业化国家重点龙头企业。公司着力推动区域特色农业产业产品标准化、品牌化、系列化、数据化发展，为区域生态农业经济提质增效，更好服务区域乡村振兴发展探索出了一条新路子。公司持续做好小龙虾产业的"延链、强链、补链"文章，让"彭泽小龙虾"走出了一条创新化、产业化、品牌化的特色之路。

潜网生态小龙虾产业园集团有限公司拥有线上交易平台、线下交易中心、物流配送中心、水产加工中心、冷链仓储中心、国家虾稻实训基地等六大核心业务板块，创办了中国小龙虾交易中心，入驻商户 580 多家，日高峰交易量达 2500 吨，2021 年小龙虾交易量达到 84 亿元，在全国同行业中位列第一，是国家电子商务进农村示范点和全国农业农村信息化示范基地。

公司打造"江西虾谷",致力于将鱼米之乡永修县打造成百亿级小龙虾产业县,成为引领江西现代农业发展的标杆。

南昌绿畜园农业发展有限公司是新建区铁河乡的绿色农业龙头企业,有稻虾共作基地 800 亩,年产小龙虾近 20 万公斤。借助"水稻+小龙虾"模式,促进农业增效增收,为农户提供家门口就业的岗位。公司稻虾共作、稻虾轮作的种养基地,每亩经济效益可提高 4000 元到 5000 元。

## 二 强链补链

### (一) 加强种业根基

集群从产业发展源头抓起,大力开展品种繁育。利用赣中南地区年平均气温高于赣北以及江苏、湖北等区域的优势,突破"早繁苗"技术,发展"繁养分离""南繁北养"模式,有效突破苗种繁育受限瓶颈,实现"养大虾、早出虾、出好虾"的目标。共建设 8 个年繁育亿尾以上的鄱阳湖水系小龙虾良种繁育中心,形成了以鄱阳湖小龙虾良种选育繁育中心为龙头,以规模化良种繁育生产基地为基础的鄱阳湖小龙虾良种生产体系。

### (二) 提升产地加工能力

集群加快改造传统加工主体,引育龙头企业,建设多条精深加工生产线,培育 7 家具有一定规模的加工企业,不断补齐加工能力不足、加工产品单一的短板,提升产业附加值。引导企业积极发展精深加工,开发小龙虾调味料、口味虾、虾壳素等多种类型的加工产品。九江市彭泽县充分发挥农产品精深加工业对现代农业的支撑作用,规划建设占地 800 亩虾蟹精深加工区,配套建设小龙虾清洗、自动运输、蒸煮,口味加工包装和真空压缩保鲜等生产线,打造全国最大、标准最高的单体龙虾加工厂,日收购小龙虾近 400 吨,加工熟食小龙虾 2 万盒,产值约 1200 万元,带动 2200 余人就业。南昌市建成首条小龙虾预制菜生产线,每天可以生产 1 万余斤小龙虾预制菜品,年总产能达到 10 余万斤,总销售额 400 余万元。

### (三) 完善商贸流通功能

集群加大小龙虾活储基地建设、技术创新、生产升级等方面的扶持力度，调整小龙虾集中上市的频率，延长小龙虾错峰上市的时限。强化交易、电商、冷链物流、餐饮体验等一体化的物流体系功能布局，重点建设集线上线下、鲜活储运、冷链物流和相关服务于一体的综合性交易平台。江西小龙虾交易中心已开通至东南沿海 12 条物流线路，覆盖 100 多个城市。

### （四）加强市场品牌打造

集群实施"东进、南下、北上"战略，持续擦亮"鄱阳湖"金字招牌，逐步推进主体由"同质竞争"关系转变为"鄱阳湖"大品牌下的"合作共赢"局面。吸引省内外市场主体开设鄱阳湖品牌小龙虾专卖店达 210 多家，每年营销小龙虾及其产品达 3 万多吨，东南沿海地区已成为江西鄱阳湖优质小龙虾主要市场。鄱阳湖小龙虾在国内主流的农交会、农博会多次亮相，绿色生态的稻虾米在优质渔米评比推介活动中连年斩获多项金奖、银奖。小龙虾美食节庆文化日益风靡，近两年来各地先后举办了 20 余场节庆活动，"点燃"了文旅消费热潮。

### （五）积极培育新型主体

支持新型主体发展壮大、参与集群建设、发展产业化联合体，为拓宽种养户小龙虾的销路，坚持推动种、加、销全环节升级，以统一育苗供应、统一技术指导、统一收购销售等方式推动小龙虾产业化发展。通过主体类型丰富、环节关联紧凑、联结机制创新的"龙头企业+合作社+家庭农场+农户"和"五统一分+塘长制"相结合的联农带农模式，形成了优势互补、分工合作，实现抱团发展。本着"利益共享、风险共担"的原则，以土地流转、资金入股、基地务工、专家指导自行养殖等多种方式，发展订单式养殖，形成"产—供—销"一体化的完整产业链。

### （六）强化科技服务支撑

集群在全国率先开展无环沟稻虾综合种养示范推广，探索"一虾二稻""二虾一稻"模式，建立了不挖沟的核心示范基地 21 万多亩。开发出"繁养分离，定量养虾"养殖模式和小龙虾"早繁苗"育苗技术，形成由南向北梯次供苗的"南繁北养"模式，突破了苗种供应瓶颈，摆脱了省外进苗的依赖，实现全省苗种自给自足，奠定了小龙虾上市快人一步（半个月）

的先手优势。[1] 通过举办江西省小龙虾产业技术创新论坛，汇聚多方专家，为江西小龙虾产业发展献计献策，同时组织专家开展现场技术指导。多频次开展小龙虾养殖技术培训会和试点示范现场教学，分享最新养殖技术成果，指引小龙虾产业发展方向。

## 三 建设实施

集群围绕小龙虾繁育基地、生产基地、加工车间、仓储物流、交易市场、品牌建设等方面，以补齐短板为重点，开展工程项目建设，不断完善小龙虾产业链条。

集群各地以补齐短板为重点开展建设，如鄱阳县建设年产小龙虾种苗1亿尾良种繁育基地2500亩，标准化稻虾综合种养基地和池塘生态化养殖基地1万亩，完善基地田间工程、防逃设施、进排水系统；建设年加工能力5000吨的小龙虾冷藏、加工及物流配送车间；完善冷藏、冷冻、冷链物流等设施及配套基础设施，建设年交易量3万吨以上小龙虾交易平台、2座年交易量1万吨以上产地交易市场。余干县开展1万亩稻虾综合种养示范基地提升改造，1万亩小龙虾苗种与标准化生产基地，小龙虾精深加工生产线，鄱阳湖小龙虾交易市场冷链服务系统设施，小龙虾活储、加工、调水车间等建设。万年县开展稻虾共作标准化基地、小龙虾交易市场、小龙虾品牌直销店、品牌打造、小龙虾质量安全检测与技术培训服务、新型农业经营主体扶持等建设。

彭泽县开展标准化生产基地、年加工1.5万吨虾壳粉生产线、小龙虾交易市场冷库、专卖店建设，积极开展鄱阳湖品牌宣传。都昌县开展稻虾综合种养基地、基地生产水平提升、品牌全产业链数字化等建设。永修县开展小龙虾标准化生产基地、小龙虾加工厂、小龙虾交易中心、产地冷链物流、品牌网点、小龙虾节庆活动等建设。

南昌县开展养殖基地改造提升、小龙虾加工生产线、小龙虾酱卤自动化生产线、年交易存储2万吨冷链物流中心建设。吉水县开展标准化稻虾综合养殖基地、绿色食品产业园小龙虾加工等建设。湘东区购置小龙虾精深

---

① 《江西省小龙虾养殖规模近五年来实现翻番 综合产值达330亿》，农业农村部官网，http://www.moa.gov.cn/xw/qg/202306/t20230607_6429585.htm。

加工设备、冷链物流车，开展品牌直销店建设，举办节庆活动等。

## 四 取得的成效

江西小龙虾产业呈健康蓬勃发展态势，产业集群规模效应不断显现，逐步形成了以环鄱阳湖区、吉泰盆地、赣南片区为主的三大稻虾综合种养产业经济区。养殖面积达 270 万亩，养殖产量 28.5 万吨，第一产业产值达 97 亿元，综合产值达 330 亿元。依托鄱阳湖生态资源优势，示范推广无环沟稻虾综合种养"一虾二稻"模式，不断扩大养殖规模。稻虾综合种养模式中单季水稻产量稳定在 500 公斤以上，亩产小龙虾 100 公斤以上，亩均增效可达 1800元以上，直接带动养殖户增收 5 亿元以上。全省已打造年繁育亿尾以上的小龙虾良种繁育中心 8 个、规模化苗种繁育基地达 220 余处，各类小龙虾加工企业突破 20 家，年加工能力达 15 万吨，建立电商企业 80 余家，开设鄱阳湖品牌小龙虾专卖店 210 多家，每年营销小龙虾及其产品达 3 万多吨。小龙虾已成为江西渔业最具活力、潜力和特色的朝阳产业，稳居全国第一梯队。[①]

## 五 联农带农

### （一）技术创新带动农民增收

集群通过科技示范推广，大力发展"无环沟"稻虾综合种养，积极推广"一虾二稻""二虾一稻"等模式，在稻虾综合种养模式中，综合效益是单一种植水稻收益的 6~8 倍，极大地激发了农民种粮积极性，并在较大程度促进了土地流转，每亩土地流转价格提升 200~300 元。在带动农民增收的同时，实现了"一水两用、一田双收、稳粮增渔、粮渔双赢"的良好局面。

### （二）产业化联合体发展模式

充分发挥龙头企业示范带动作用，支持龙头企业牵头，与农民合作社、家庭农场、广大农户分工协作，创建要素优化配置、生产专业分工、收益共同分享的农业产业化联合体。九江凯瑞公司与彭泽县祥瑞水产专业合作

---

① 《江西省小龙虾养殖规模近五年来实现翻番 综合产值达 330 亿》，农业农村部官网，http://www.moa.gov.cn/xw/qg/202306/t20230607_6429585.htm。

社、彭蠡虾蟹养殖专业合作社、鸿瑞种养殖专业合作社及荣东家庭农场等38家专业合作社组建了凯瑞农业产业化联合体,以"公司+合作社+家庭农场+种植大户"的运作模式开展生产经营,带动农户2000余户,辐射带动周边区域稻渔综合种养面积10万亩以上,带动农民增收作用显著。

## 六　亮点经验

### (一) 高位统筹,推进全方位保障

出台《江西省小龙虾产业发展三年行动方案(2020~2022年)》,安排中央、省级资金超过2亿元,对小龙虾标准化生产基地、加工活储、交易平台与休闲餐饮、公共区域品牌等建设进行全方位支持。各级政府持续加大投入,出台专项扶持政策。江西省农业农村厅联合江西省财政厅、江西省政府金融办等部门制定了《江西省淡水养殖保险试点实施方案》,将稻虾综合种养纳入淡水养殖保险范畴,提高养殖户参保积极性和抗风险能力,为助推小龙虾产业发展提供政策保障。为规范和加强江西鄱阳湖小龙虾产业集群建设项目管理,提高资金使用效益,及时制定实施《江西鄱阳湖小龙虾产业集群建设项目管理办法(试行)》。

### (二) 科技发力,推动绿色生态种养

集群依托南昌大学、江西农业大学、江西省农科院及各级水产技术推广机构的技术积累与创新,积极解决小龙虾产业发展瓶颈问题。通过养殖模式、育苗技术创新,突破了苗种供应瓶颈,实现全省苗种自给自足。推广无环沟稻虾综合种养"一虾二稻""二虾一稻"模式,开展示范,不断挖掘低洼田、内涝田、冷浆田、莲田等宜渔资源,实现"不与人争粮、不与粮争地",在确保粮食生产的前提下扩大养殖规模,并促进了粮食增产和绿色循环发展,为推动小龙虾产业可持续发展奠定了坚实的基础。永修县借助集群建设契机,聚力稻虾轮作,产业快速发展,获得"中国生态小龙虾之乡"的称号,为绿色生态种养打造了江西样板。

### (三) 龙头驱动,育强经营主体

将重点龙头企业的支持范围由传统的以农产品的生产、加工、流通业

为主，扩展到了以休闲观光、电子商务、农业科技服务为主业，引育一批产业化龙头企业，新培育农业产业化国家重点龙头企业1家。依托龙头企业示范带动作用，不断创新探索利益联结方式，结合实际从资金、技术等多方面解决农户生产经营问题，带动农户分享产业发展红利。九江市创新企业与农户的利益联结模式，按照公司统一提供苗种、水质检测、技术指导、质量标准、市场价收购、养殖户分户经营的"五统一分"模式发展稻虾蟹综合种植养殖。解决了养殖户前期资金投入和技术问题，改变了养殖户过去单打独斗的局面。通过为农民合作社或塘长做贷款担保等金融服务，创新探索与农民合作社、家庭农场、农户组建新的经营实体（塘长制），形成了紧密的利益联结机制和有效的风险防范机制。

## 七 前景展望

依托鄱阳湖小龙虾产业集群建设项目的带动作用，江西省小龙虾产业得到快速发展，已实现小龙虾产前、产中、产后有效链接和延伸，基本形成了集繁苗、养殖、加工与流通、餐饮于一体的小龙虾全产业链。全省小龙虾产业稳居全国第一梯队，发展成效显著。下一步，通过在生产规模上再拓展、关键技术上再突破、培育主体上再发力、品牌建设上再提升、全产业链开发上再深入，以集群所在环鄱阳湖区为核心发展区，持续带动吉泰盆地、赣南片区，不断壮大三大稻虾综合种养产业经济区，进一步推动江西小龙虾产业迈上新台阶，成为拓宽农民就地就近就业空间、促进农民增收、推进乡村全面振兴的强有力抓手。

图书在版编目（CIP）数据

乡村特色产业集群建设与案例研究／崔永伟主编
. -- 北京：社会科学文献出版社，2024.5
ISBN 978-7-5228-3191-6

Ⅰ.①乡…　Ⅱ.①崔…　Ⅲ.①乡村-农业产业-特色
产业-产业集群-研究-中国　Ⅳ.①F323

中国国家版本馆 CIP 数据核字（2023）第 255066 号

## 乡村特色产业集群建设与案例研究

主　　编／崔永伟

出 版 人／冀祥德
组稿编辑／任文武
责任编辑／刘如东
责任印制／王京美

出　　版／社会科学文献出版社·生态文明分社（010）59367143
　　　　　地址：北京市北三环中路甲 29 号院华龙大厦　邮编：100029
　　　　　网址：www.ssap.com.cn
发　　行／社会科学文献出版社（010）59367028
印　　装／三河市东方印刷有限公司

规　　格／开　本：787mm×1092mm　1/16
　　　　　印　张：16.75　字　数：270 千字
版　　次／2024 年 5 月第 1 版　2024 年 5 月第 1 次印刷
书　　号／ISBN 978-7-5228-3191-6
定　　价／98.00 元

读者服务电话：4008918866